YINGXIAO JICHU YU SHIWU

国家中等职业教育改革发展示范学校建设系列成果

营销基础与实务

主　编　陶正群　简　艳

副主编　赵珩夙　王敬云　胡　敏　郑中华　代　兵

主　审　杨志诚　陈醒初

重庆大学出版社

内容提要

本书是在人才需求行业调研、职业岗位能力与典型工作任务分析基础上完成的。采用项目导向、任务驱动模式,利用校企合作力量共同编写,注重学生知识、技能和情感态度的全面发展,通俗易懂,简练实用。本书按照市场营销活动的基本思路安排了10个项目的内容,即认识市场与市场营销、市场调查、分析市场营销环境、分析消费者行为、细分与定位市场、产品策略、价格策略、渠道策略、促销策略、如何成为一名优秀的营销员等。每一项目、每个任务中配有教学目标、教学任务、任务导入、任务分析、知识呈现、能力测评、任务拓展、项目检测等参考教学资料,便于中高职会计、物流、电商专业的教师、学生使用。

图书在版编目(CIP)数据

营销基础与实务/陶正群,简艳主编. —重庆:
重庆大学出版社,2015.5
国家中等职业教育改革发展示范学校建设系列成果
ISBN 978-7-5624-8936-8

Ⅰ.①营… Ⅱ.①陶…②简… Ⅲ.①市场营销学—
中等专业学校—教材 Ⅳ.①F713.50

中国版本图书馆 CIP 数据核字(2015)第 055748 号

营销基础与实务

主　编　陶正群　简　艳
副主编　赵珩夙　王敬云　胡　敏
　　　　郑中华　代　兵
主　审　杨志诚　陈醒初
策划编辑:顾丽萍
责任编辑:孙先芝　　版式设计:孙先芝
责任校对:邹　忌　　责任印制:赵　晟

*

重庆大学出版社出版发行
出版人:邓晓益
社址:重庆市沙坪坝区大学城西路 21 号
邮编:401331
电话:(023)88617190　88617185(中小学)
传真:(023)88617186　88617166
网址:http://www.cqup.com.cn
邮箱:fxk@ cqup.com.cn(营销中心)
全国新华书店经销
重庆联谊印务有限公司印刷

*

开本:787×1092　1/16　印张:14.75　字数:293 千
2015 年 5 月第 1 版　　2015 年 5 月第 1 次印刷
印数:1-2 000
ISBN 978-7-5624-8936-8　定价:32.00 元

编 委 会

前　言

在异常激烈的市场竞争中,各行各业都在争夺消费者的数量,让消费者满意,让社会需求得到满足,使自己得到生存与发展。怎样才能做到、做好呢?《营销基础与实务》中讲述了有关的理论和大量实例,可以参照选择最适合的营销活动、最优的营销策略来实现自己的目标。希望同学们在学习过程中善于思考,"不怕做不到,只怕想不到",结合营销实际活动学好这门课程。

本书以任务导入、任务分析、知识呈现、能力测评、任务拓展和项目检测等为主线进行编写,整篇以任务导入为载体引出各项目的知识和训练,实现教学案例真实、丰富、有针对性,课程内容新颖、实用,教学方法多元化,课程标准职业性,教学过程环环相扣,真正体现"做中学、学中做"的教学模式。教材编写过程中,不仅将理论与实践相结合,突出实用性,还结合学生的智力特点、知识结构和能力基础等,力争将动脑思考与动手操作相结合,真正体现职业教育特色。教学方法建议采用项目引领、任务驱动法,建议学时为 108 学时。

本书由 10 个项目组成,陶正群、简艳担任主编,赵珩夙、王敬云、胡敏、代兵、郑中华担任副主编,杨志诚、陈醒初担任主审。其中,项目一由陶正群、简艳编写,项目二、项目七由陶正群、胡敏编写,项目三、项目六由王敬云编写,项目四、项目九由赵珩夙编写,项目五由郑中华编写,项目八由代兵、周勇编写,项目十由简艳编写,附录部分的经典案例分享由陈醒初总经理编写,全书由陶正群、简艳统稿。

本书在编写过程中,得到了重庆教育管理学校各级领导、经贸教学部全体同事、重庆大学出版社的大力支持与帮助,重庆邮电大学会计系夏兰、重庆子午铝材有限公司陈醒初、重庆浩博会计服务公司黄梅对本书的编写进行了直接指导,提出了很多宝贵的建议,在此一并表示衷心感谢。

由于编写时间仓促和作者水平有限,书中难免存在不妥之处,敬请广大读者不吝赐教,以便今后进一步改进和提高。

编者
2015 年 1 月

Contents 目 录

项 目

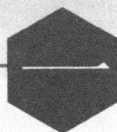

认识市场与市场营销

教学目标

●知识目标

能辨别市场、市场营销两个概念

能归纳市场营销观念的发展变化

能概述市场营销层次的划分及相互关系

●技能目标

能结合市场的内涵判定产品有无市场

能利用现代市场营销观念和营销层次的组合指导实际的营销活动

●情感目标

能提高学生对现象的分析判断能力

能树立学生的发展世界观

能养成学生的创新思维

教学任务

任务一　认识市场与市场营销

任务二　选择现代市场营销观念和营销层次的组合

任务一　认识市场与市场营销

任务导入

小明家今年年初在重庆南岸区开了一家顶呱呱有限责任公司,长辈们经常商议如何寻找新市场、开拓新业务、招聘新员工、做好市场营销……他即将从职业学校毕业,准备一展身手,开始创业,但他苦于没有学好本领,不明白究竟什么是市场? 什么是市场营销? 市场营销有哪些基本活动? 从何下手? 等等。为了自家的生意,他决定从市场、市场营销的基本内涵开始认真学习。

任务分析

通过学习市场、市场营销的基本内涵,能让学生判定产品是否有市场,能让学生认识基本的市场营销活动。

知识呈现

一、市场的含义

(一)过去的含义

1. 市场看作买卖的场所

这是一个时间和空间的市场概念,如南坪市场。

2. 市场是商品交换关系的总和

这是经济学家从揭示经济实质角度提出的市场概念。市场是社会分工和商品生产的产物,是商品内在矛盾的表现,是供求关系,是通过交换反映出来的人与人之间的关系。

3. 消费者是市场

消费者(用户)需要或欲望的存在,并拥有其可支配的交换资源;存在由另一方提供的能够满足消费者(用户)需求的产品或服务;要有促成交换双方达成交易的各种条件。

4. 需求就是市场

市场的发展是一个由消费者(买方)决定,而由生产者(卖方)推动的动态过程。在组成市场的双方中,买方需求是决定性的,如北京的蔬菜市场很大。

5. 市场就是人口 + 购买力 + 欲望

市场这三要素是相辅相成、缺一不可的,只有三者有机地结合起来,才能构成完整的、现实的市场,才能决定市场的规模和容量。

(二)现代大市场的含义

现代大市场是建立在社会化大生产、大流通的基础之上,与生产、分配、交换、消费密切联系,超越时空、多方位参与并具有现代化特征和信息反馈功能的经济"多媒体"。

这个含义要用以下4个要点来认识:

1. 全方位的市场

即生产、分配、交换、消费等领域都存在市场。

2. 广泛化的市场

即市场时间广、空间广。

3. 多元化的市场

即买者、卖者、交通、银行、信息、政府、消费者协会等部门多方参与。

4. 综合性的市场

即交易方式手段多样化、现代化,电子商务的采用,商业自动化、电脑管理(如自动收银系统 POS、信息管理系统 MIS、电子自动订货系统 EOS、全球定位系统 GPS、商品条形码 BarCode、企业资源计划系统 ERP)等广泛应用在市场活动中。

【链接百度百科】

市场的类型,从不同的角度认识,市场有不同的类型。具体内容见 http://baike.baidu.com/view/2558950.htm? fr = aladdin,此略。

二、市场营销的含义

到目前为止,市场营销还没有一个统一的定义,营销学者和相关组织都从不同角度、不同的侧重点进行阐述。下面介绍两个富有远见卓识的定义:

(一)菲利普·科特勒对市场营销的定义

市场营销是个人与群体创造并与他人交换产品和价值以满足需求和欲望的一种社会管理过程。

正确理解市场营销含义可以从以下几个方面考虑:

①营销的主体既包含营利性的企业,也包含非营利组织和个人。

②市场营销是一个整体活动。

③市场营销的对象不仅是市场需要的产品、劳务或服务,而且包括思想、观念以及人物的营销。

④市场营销的核心是交换。

⑤市场营销活动受到微观和宏观环境的影响,因此市场营销是一个动态的过程。

⑥市场营销是企业或组织的一种管理功能。

⑦市场营销是一种观念。观念的变化,对企业及组织产生全面而深刻的影响。现代营销观念要求企业把满足顾客需求放在经营的首位,是企业一切活动的出发点。

(二)现代大市场营销的含义

现代大市场营销是企业以现代大市场观念为指导,运用现代营销手段组合,把产品推向消费者的全部活动。

①现代大市场观念:从全方位、广泛化、多元化、综合性角度认识市场。

②现代营销手段组合:对市场调查、环境分析(其中重点包括消费者分析、竞争者分析)、市

场定位、4P营销策略(包括产品策略、价格策略、渠道策略、促销策略)等一系列营销活动进行整合。

（三）企业市场营销活动的环节

企业市场营销活动包括市场调查(环境分析、消费者分析等),进行市场定位,制定产品策略、价格策略、渠道策略和促销策略等一系列经营活动。本书将在后面依次进行介绍。

【链接百度百科】

市场营销与推销的区别。具体内容见如下网址: http://jingyan.baidu.com/article/8cdccae9bacd6b315413cd37.html,此略。

任务巩固

1. 市场的内涵有很多种,但是现代大市场的含义才是比较全面概括的,即现代大市场是集全方位、多元化、广泛性、综合化于一体的经济"多媒体"。

2. 企业市场营销活动包括市场调查、进行市场定位,制定产品策略、价格策略、渠道策略和促销策略。现代市场营销应以现代大市场观念为指导,应用现代营销手段来进行一系列的活动。

能力测评

案例分析:认识市场、市场营销。

【案例1-1】向和尚推销梳子

有一天,经理向4位营销员布置了任务,要他们到庙里找和尚推销梳子。"给和尚推销梳子?"营销员都以为自己听错了,但是经理还是坚持要他们去完成这个任务,并说自己年纪大了,谁完成得好谁就来接替他的职务。于是,4位营销员就出发了。

第一位营销员空手而回,说:到了庙里,和尚说没有头发不要梳子。第二位营销员回来了,销了十多把,他介绍经验说:我告诉和尚,头皮要经常梳,有益健康;经念累了,梳梳头,头脑清醒。第三位营销员回来了,销了百余把。他说:我跟老和尚讲,您看这些香客多虔诚,磕了头起来头发都乱了,香灰落在他们的头上。您在每个庙堂的前面放一些梳子,他们磕完了头可以梳梳头,会感到庙里关心香客,下次还会再来。第四个营销员回来了,他推销掉了几千把,而且还有订货。大家不相信,他解释说:我到庙里跟老和尚说,庙里经常接受人家的捐赠,得有回报给人家,买梳子送给他们是最便宜的礼品。您在梳子上写上庙的名字,再写上3个字"积善梳",说可以保佑他们,这样可以作为礼品储备在那里,谁来了就送,保证庙里的香火更旺。

案例思考:本案例的市场在哪里?有哪些市场营销活动?假如你是第五位营销员,你打算怎么去做?

活动要求:1. 分小组讨论本案例的问题。

2. 小组成员交流分享。

3.各小组选派一名代表在全班交流分享。

4.任课教师点评和指导。

任务拓展

市场营销的"4C""4R""4V"组合理论。

1.市场营销的"4C"组合

　　　4P　　　　　　　　4C

产品：(Product) ⇨ 顾客：(Customer)

价格：(Price) ⇨ 成本：(Cost)

渠道：(Place) ⇨ 便利：(Convenience)

促销：(Promotion) ⇨ 沟通：(Communication)

有人认为，4C缺乏可操作性，企业应该用4C来思考，用4P来行动。4P是站在企业的角度来看营销，把握着企业的现在；而4C是站在消费者的角度来看营销，决定了企业的未来。

2.利益导向的"4R"组合

寻找公司产品与顾客需要的关联(Relevance)

追踪顾客的反应(Reaction)

与顾客建立互动的关系(Relationship)

吸引更多回头客的回报(Return)

从长远来看，企业要遵循双赢的原则，4C没有体现既赢得客户，又长期拥有客户关系的营销思想，这就要用4R来解决。

思考：从4P到4R的变化说明了什么？

3.4V理论

在新经济时代，培育、保持和提高核心竞争力是企业经营管理活动的中心，也成为企业市场营销活动的着眼点。4V理论正是在这种需求下应运而生的。所谓"4V"是指"Variation(差异化)""Versatility(功能化)""Value(附加价值)""Vibration(共鸣)"。

差异化营销是指企业凭借自身的技术优势和管理优势，生产出性能上和质量上优于市场上现有水平的产品，或者是在销售方面，通过有特色的宣传活动、灵活的推销手段、周到的售后服务，在消费者心目中树立起不同一般的良好形象。

功能化指以产品的核心功能为基础，提供不同功能组合的系列化产品，增加一些功能变成高档品，减掉一些功能就变成中低档产品，以满足不同客户的消费习惯和经济承受能力。

附加价值指除去产品本身，包括品牌、文化、技术、营销和服务等因素所形成的价值。

共鸣指企业为客户持续地提供具有最大价值的创新产品和服务，使客户能够更多地体验到产品和服务的实际价值效用，最终在企业和客户之间产生利益与情感的关联。

任务二　选择现代市场营销观念和营销层次的组合

任务导入

小明经常思考自家公司的营销活动,分析远近闻名的公司(特别是百年老店)有什么神秘的经营之道。不久,他总结出:一个长久的公司都有先进的经营思想或理念指导所有的经营活动。循着这个思路,他开始了市场营销观念和营销层次组合的学习。

任务分析

通过学习市场营销观念和营销层次的组合,能让学生利用现代的营销观念和营销层次组合指导实际的营销活动。

知识呈现

一、市场营销观念的概念

市场营销观念,又称营销哲学或营销理念,是企业市场营销的思维方式和行为准则的高度概括。现代的市场营销不是产品之争,而是观念之争。

【案例1-2】

日本汽车中本田汽车在美国销量最大(从大到小依次为本田、丰田、日产),而在日本的销量比丰田少4倍之多(从大到小依次为丰田、日产、本田)。为什么呢? 主要由于日本人知道本田是由生产摩托车的厂商发展起来的,而不是汽车本行出生。这是观念引起的差异。总之,思想决定观念,观念决定思路,思路决定出路。即观念决定活动行为。

二、市场营销观念的演变

从西方企业市场营销活动的发展历史来看,主要出现了以下5种有代表性的营销观念:

(一)以生产为中心的营销观念 ——生产观念或产品观念

1. 产生

生产观念出现在19世纪末20世纪初的供不应求即卖方市场的条件下。

2. 生产观念的表现

企业能生产什么产品就销售什么产品;生产多少就销售多少;不怕卖不掉,只怕没有货;凭票供应等。

3. 生产经营的重点

只关心生产,以产促销。即努力提高生产效率,增加产量,降低成本,生产出让消费者买得到和买得起的产品。因此,生产观念也称作"生产中心论"。

【案例 1-3】

美国福特汽车公司的创办人福特曾经说过:"不管顾客的需要是什么,我们的汽车就是黑色的"。因为在那个时代,福特汽车公司通过采用大量流水生产组织形式,大大提高了福特汽车的生产效率,降低了汽车的生产成本,从而大大降低了福特汽车的售价,使福特汽车供不应求,清一色的黑色汽车畅销无阻,不必讲究市场需求特点和推销方法。显然,整个市场的需求基本上是被动的,消费者没有多大的选择余地。

4. 从生产观念派生出产品观念

产品观念认为,只要产品质量好,有特色,价格廉,就会受到消费者的青睐,而不愁销路。不太重视产品品种、式样与功能等的创新和销售。产品观念易引发"营销近视症",即过分重视产品而忽略顾客需求,只致力于大量生产或精工制造、改进产品,而忽视市场需要,其最终结果是产品被市场冷落,经营者陷入困境甚至破产。

例如:"好酒不怕巷子深"就是典型的产品观念;铁路行业曾经只关注产品,以为顾客需要火车而非运输,忽略了航空、公共汽车、卡车以及管道运输日益增长的竞争。

(二)以销售为中心的营销观念——推销观念

1. 产生

推销观念出现在 20 世纪 30 年代到第二次世界大战结束的供过于求即买方市场的条件下。市场上开始出现生产过剩和商品供过于求的现象,从而市场竞争加剧,产品销售取代产品生产而成为企业经营中的首要问题。

2. 推销观念的表现

企业推销什么产品,消费者就会买什么产品;诱劝用户,强迫推销;滥用广告。

3. 企业经营的重点

以销售为中心。即注意运用各种推销手段和广告宣传向消费者大力推销产品,以期提高市场占有率,扩大产品销售。在这种情况下,推销观念的出现提高了市场营销在企业经营工作中的地位,是经营指导思想的一个进步。但是,推销观念并未脱离以生产为中心、"以销定产"的范畴。因为它的着眼点仍然是产品,即仍是着眼于既定产品的推销,至于推销的产品是否满足顾客的需要,则未予以足够重视。

【案例 1-4】

美国皮尔斯堡面粉公司 20 世纪 20 年代以前的口号是:"本公司旨在制造面粉"。20 世纪 30 年代左右,它的口号改为:"本公司旨在推销面粉"。一些存货待售的企业,则更加重视推销技巧。

(三)以消费者为中心的营销观念——顾客营销观念或市场营销观念或服务营销观念

1. 产生

顾客营销观念出现在 20 世纪 50 至 60 年代的买方市场下,消费者占主导地位。

第二次世界大战以后,随着科学技术的高速发展和各主要资本主义国家庞大的军工业转产民用产品,生产效率进一步提高,生产规模继续扩大,社会产品供应量剧增,品种花色日新月异。由于各资本主义国家普遍实行了高工资、高福利和高消费政策,刺激和促进消费者购买力大幅度地提高,使消费者需求和欲望不断地发生变化,迅速地由原来的卖方市场转变为以购买者为主导的买方市场。

2.顾客营销观念的表现

消费者需要什么产品,企业就应当生产和销售什么产品。换而言之就是:能卖什么,就生产什么;一切为了顾客;顾客是永远的;为顾客当采购员;为消费者服务是企业的职责等。

3.企业营销的重点

以消费者需求为中心和出发点,集中企业一切资源和力量,综合运用各种营销手段,通过千方百计地适应和满足消费者需求,以实现企业的利润目标。

【案例 1-5】

20 世纪 50 年代前后,美国皮尔斯堡面粉公司经过调查,了解到第二次世界大战后美国人民的生活方式已发生了变化,家庭妇女采购食品时,日益要求各种各样的半成品或成品(如各式饼干、点心、面包等)来代替购买面粉回家做饭。针对消费者需求的这种变化,该公司主动采取措施,开始生产和推销多种成品或半成品的食品,使销售量迅速上升。1958 年,该公司又进一步成立了皮尔斯堡销售公司,着眼于长期占领食品市场,着重研究今后 3 年至 30 年消费者的消费趋势,不断设计和制造新产品,培训新的销售人员。而福特汽车公司在相当长的一段时间里,由于无视消费者需求的变化,坚持生产和推销款式单一、色彩单调的汽车,使该公司的销售量日趋下降,甚至面临倒闭,后来,福特公司改变了营销观念,根据消费者需求特点改变了产品,推出了不同排量、档次、型号和颜色的汽车,扭转了局面,打开了销路。

通过比较可以看到:推销观念的中心出发点是卖方需要;而市场营销观念是买方需要。推销的宗旨就是以卖方需要为出发点,如何把卖方的产品换成现金;而市场营销的观念则是考虑如何通过产品以及与创造、传送产品和最终消费品有关的所有事情,来满足顾客的需要,通过满足需求来创造利润。

(四)以社会长远利益为中心的营销观念——消费者—社会营销观念或生态平衡营销观念或社会效益观念

1.产生

消费者—社会营销观念出现在 20 世纪 70 年代后期,当时有社会资源浪费、环境污染、片面追求消费者需要的现象层出不穷。人们认识到,单纯强调市场营销观念,可能忽视满足当前消费需要与全社会的整体利益和长远利益之间的矛盾,从而导致资源浪费、环境恶化、危害人类健康等诸多弊端。

2.消费者—社会营销观念的表现

企业的合理行为应该是在满足消费者需求的同时,还要考虑社会的整体利益和长远利益,在此基础上谋求企业利润目标的实现。企业提供任何产品或服务时,不仅要满足消费者的需要和符合本企业的利益,而且要符合消费者和社会的整体利益和长远利益。表现在:无污染食品、绿色食品、回报社会、承诺制等。

【案例1-6】汉堡包快餐行业受到的批评

汉堡包快餐行业提供了美味可口的食品,但却受到了批评。原因在于,它的食品虽然可口却没有营养。汉堡包脂肪含量太高,餐馆出售的油煎食品和肉馅饼都含有过多的淀粉和脂肪。出售时采用方便包装,因而导致了过多的包装废弃物。在满足消费者需求方面,这些餐馆既损害了消费者的健康,又污染了环境。

思考:汉堡包快餐行业为什么受到批评?(分析:因为它一味地迎合消费者,却忽略了消费者和社会的长远利益。)

(五)现代大市场营销观念——系统营销观念

1.产生

系统营销观念出现在20世纪末,盛行于21世纪,市场营销活动与其他经营管理协调发展。

2.主要观点

①仍然以消费者为中心,并顾及社会利益。

②经营思想要适应现代大市场、大流通的要求,要丰富和发展消费者—社会营销观念的内容。如企业的经营和营销手段要达到理性化、人性化、现代化。

③营销手段要更加先进、更具有特色。如企业要更加重视顾客心理、优质服务、公共关系、企业形象等的作用。

④对营销观念的认识更加广泛和深入,把市场营销看作是一个营销系统。企业要树立和遵循长远的全局观念,从成立之初就必须从组织结构、管理机制和运营方式等各个层面树立和奉行长远的全局观并贯彻始终。如企业可以通过建立"客户网络系统""信息网络系统""专业网络系统",从而构成"大营销网络系统"来提升企业生产经营的效益。

3.市场营销的重点

企业必须树立和遵循长远的全局观念,从各个层面构建大营销网络系统,并贯彻始终。

三、营销层次的划分

企业营销从它的发展过程和实际情况来看可以分为4个层次:

(一)功能营销——基础层次

功能营销只是满足消费者对产品功能的需要,是一种商品实体营销。

(二)服务营销——重要层次

服务营销能满足消费者对产品附加服务的需要,是一种无形营销。

【案例1-7】

台湾富豪王永庆当年卖米,"服务到家"。他卖米不同于别人,别人卖米,夹一点沙子好像很平常,但他卖的米却把沙子挑尽;他送货上门也不同于他人,上门之后要量一量人家米缸大小,请教用户的吃米习惯,一家有多少大人、小孩等,回去就做数学题,算出这家用户要多久会把米吃完,在下次人家要买米的前两三天,他便主动把米送到了;他为人送米,还把人家的旧米倒出来,抹干净米缸,先倒新米进去,再倒旧米在上面。这种至诚至善的服务态度和竞争方法,很快便使他稳操胜券,在卖米的同行中站稳了脚跟。

（三）关系营销——高层次

关系营销是企业与顾客、分销商、经销商、供应商等相关组织或个人建立、保持并加强关系,通过互利交换及共同履行诺言,使有关各方实现各自的目的。企业与顾客之间的长期关系是关系营销的核心概念,是一种无形营销。

建立 CRM 系统。CRM(Customer Relationship Management)意为"客户关系管理",就是通过对企业和顾客有关的信息进行收集、储存、传输,以便企业主管人员能够全面准确地了解客户关系状况,采取相应的营销措施,维持老客户、开发新客户,从而使企业获得较好的收益。

关系营销的最终结果,是为企业带来独特的资产,即市场营销网络。

【案例1-8】

海尔集团总裁张瑞敏先生曾在哈佛大学讲述:在中国做生意,第一要靠关系,第二要靠关系,第三还是要靠关系(关系是一种资源)。菲利普·科特勒指出:80%的销售额来自20%的企业忠诚客户,反之,如果企业丧失了20%的老顾客,将会失去80%的销售业绩。有资料显示,吸引一名新客户的成本是维持一名忠诚顾客的5倍。实验证明,一个满意的顾客会引发8笔潜在的生意;一个不满意的顾客会影响25个人的购买意愿。因此,防止顾客流失,进行"反叛离管理"成为关系营销的重要内容之一。

（四）知识营销——最高层次

知识营销也叫技术营销,是一种无形营销。企业要运用新的科学技术开发新产品,采取先进的营销手段如电子商务,及时传递商品知识,提高交易速度。

例如:目前很多大企业设置了CKO(首席知识官)。Intel Inside 的意思是不管做什么电子产品,无论是软件还是硬件,它的核心部件总有一块是英特尔的,即产品核心是英特尔技术。

4个营销层次是紧密联系、不可分割的,企业要综合运用才能取得理想效果。如果企业只做好了一个层次的营销,那就不能取得满意的、长远的效益。比如现今某些商家只注重服务营销或者关系营销,取得的仅仅是短期效果,不能像同仁堂那样成为百年老店。

任务巩固

1.从西方企业市场营销活动的发展历史来看,主要出现了以下5种有代表性的营销观念:生产观念、推销观念、顾客营销观念、消费者—社会营销观念和现代大市场营销观念。

生产观念也是产品观念,其生产经营的重点是只关心生产,以产促销。

推销观念经营的重点是以销售为中心。

市场营销观念也是顾客营销观念,其营销的重点是以消费者需求为中心和出发点。

消费者—社会营销观念也是社会效益观念或生态平衡营销观念,企业的合理行为应该是在满足消费者需求的同时,还要考虑社会的整体利益和长远利益。

现代大市场营销观念也叫系统营销观念,其市场营销的重点是企业必须树立和遵循长远的全局观念,从组织机构、管理机制、运营方式等各个层面构建大营销网络系统,树立和奉行长远的全局观并贯彻始终。

2. 企业营销从其发展过程和实际情况来分有4个营销层次:功能营销、服务营销、关系营销和知识营销。它们是紧密联系、不可分割的,企业要综合运用才能取得理想效果。

能力测评

案例分析:选择现代市场营销观念和营销层次组合指导实际的市场营销活动。

【案例1-9】宝洁公司和一次性尿布

宝洁(P&G)公司以其寻求和明确表达顾客潜在需求的优良传统,被誉为在面向市场方面做得最好的美国公司之一。其婴儿尿布的开发就是一个例子。

1956年,该公司开发部主任维克·米尔斯在照看其出生不久的孙子时,深切感受到一篮篮脏尿布带给家庭主妇的烦恼。洗尿布给了他灵感。于是,米尔斯就让手下几个最有才华的人研究开发一次性尿布。

一次性尿布的想法并不新鲜。事实上,当时美国市场上已经有好几个牌子了。但市场调研显示:多年来这种尿布只占美国市场的1%。原因在于,首先是价格太高;其次是父母们认为这种尿布不好用,只适合在旅行或不便于正常换尿布时使用。调研结果还表明,一次性尿布的市场潜力巨大。美国和世界许多国家正处于第二次世界大战后婴儿出生高峰期,将婴儿数量乘以每日平均需换尿布次数,可以得出一个大得惊人的潜在销量。

宝洁公司产品开发人员用了一年的时间,试图研制出一种既好用又对父母有吸引力的产品。产品的最初样品是在塑料裤衩里装上一块打了褶的吸水垫子。但在1958年夏天现场试验的结果,除了父母们的否定意见和婴儿身上的痱子以外,一无所获。于是,又回到图纸阶段。

1959年3月,宝洁公司重新设计了它的一次性尿布,并在实验室生产了37 000个,样子相近似于现在的产品,拿到纽约州去做现场试验。这一次,有2/3的试用者认为该产品胜过布尿布。行了!然而,接踵而来的问题是如何降低成本和提高新产品质量,为此要进行的工序革新比产品本身的开发难度更大。一位工程师说它是"公司遇到的最复杂的工作"。生产方法和设备必须从头开始。不过,到1961年12月,这个项目进入了能通过验收的生产工序和产品试销阶段。

公司选择地处美国最中部的城市皮奥里亚试销这个后来被定名为"娇娃"(Pampers)的产品。试销发现,皮奥里亚的妈妈们喜欢用"娇娃",但不喜欢10美分1片的价格。因此,价格必须降下来。降多少呢?在6个地方进行的试销进一步表明,定价为6美分1片就能使这类新产品畅销,使其销售量达到零售商的要求。宝洁公司的几位制造工程师找到了解决办法,用来进一步降低成本,并把生产能力提高到使公司能以该价格在全国销售"娇娃"尿布的水平。

"娇娃"尿布终于成功推出,直至今天仍然是宝洁公司的拳头产品之一。它表明,企业把握市场的真正需求需要市场调研,要通过潜在用户的反应来指导新产品开发工作。企业各职能部门必须通力合作,不断改进产品和调整定价。最后,公司做成了一桩全赢的生意:减轻了令每个做父母者最头疼的一件家务负担,为宝洁公司带来了重要收入和利润。

案例思考:宝洁公司开发一次性尿布的决策是在什么基础上进行的?"娇娃"尿布的开发过程是否体现了现代大市场营销的基本精神?

活动要求:1.分小组讨论本案例的问题。

2.小组成员交流分享。

3.各小组选派一名代表在全班交流分享。

4.任课教师点评和指导。

任务拓展

营销理论新发展

1.直复营销

按照美国直复营销市场协会的定义,直复营销是使用一种或多种广告媒体,在任何地方都可产生可度量反应或达成交易的一种相互作用的营销体系。包括直邮销售、网络营销、电话营销、电视营销、大众传媒直复营销等不同方式。其中,网络营销随着英特尔技术的成熟在直复营销中脱颖而出,受到越来越多的企业和消费者的青睐。

网络营销是指组织借助因特网、电脑通信和数字交互媒体等现代化技术而开展的各种营销活动,包括网络调研、网络新技术开发、网络分销、网络促销、网络服务等。

2.绿色营销

所谓绿色营销,是指企业以环境保护观念作为其经营哲学思想,以绿色文化为其价值观念,以消费者的绿色消费为中心和出发点,力求满足消费者绿色消费需求的营销策略。绿色营销是传统营销的延伸及发展。

3.体验式营销

所谓体验式营销,是指企业以消费者为中心,通过对事件、情景的安排及特定体验过程的设计,让消费者在体验中产生美妙而深刻的印象,并获得最大程度上的精神满足的过程。在消费需求日趋差异性、个性化、多样化的今天,消费者已经不仅仅关注产品本身所带来的"机能价值",更重视在产品消费的过程中获得的"体验感觉"。

体验营销是一种满足心理需求的产品(服务)的营销活动,它通常是和营造一种氛围、制造一种环境、设计一种场景、完成一个过程、作出一项承诺紧密结合在一起的,而且它还要求顾客积极主动地参与。因此,企业在实施体验营销的过程中,各个部门之间需要具有高度的整体协调性,在每一个业务环节中都要注重营销的一致性和整体性,关注消费者在购物的前、中、后的全部体验。

事实上,麦当劳餐厅的简单食谱本身对顾客而言并不存在多大的吸引力,顾客之所以热衷于麦当劳,主要是为了那儿整洁明快的摆设、快捷的服务及小孩们所喜好的各种娱乐活动。简而言之,顾客真正的需求是购买和消费的体验。

4.文化营销

广义的文化营销是指人类社会历史实践过程中所创造的物质和精神财富的总和。狭义的文化指社会意识形态和微观组织自身特有的精神财富。文化营销指的是企业(或其他组织)以文化为载体进行营销的行为方式。在文化营销观念下,企业应给予企业、产品、品牌以丰富的个性化的文化内涵;强调企业中的社会文化与企业文化;努力从文化的角度考虑和检验公司的经营方针。

在实施文化营销过程中应该注意:人性化、个性化、社会性、生动性、公益性。

文化营销的例子很多,如"国窖1573"用自己的历史久远衬托其品质优越;杏花村与唐代诗人杜牧的关系;星巴克致力于抢占人们的第三空间,创造了一种全新的咖啡文化。

项目训练

一、基本训练

(一)选择题

1. 从自身利益出发,企业考虑较多的观念是( )。

A. 推销观念　　　　　B. 社会市场营销观念　　　　　C. 生产观念

D. 产品观念　　　　　E. 市场营销观念

2. 一次性的用品,极大地方便了广大的消费者,企业也有利可图,但它不符合( )。

A. 绿色营销观念　　　　　　　　　B. 社会市场营销观念

C. 大市场营销观念　　　　　　　　D. 生态营销观念

3. 市场营销学中,营销策略包括( )。

A. 服务　　　B. 产品　　　C. 定价　　　D. 渠道　　　E. 促销

4. 生产观念强调的是( )。

A. 以量取胜　　　B. 以廉取胜　　　C. 以质取胜　　　D. 以形象取胜

5. "皇帝的女儿不愁嫁"是一种( )观念。

A. 产品观念　　　B. 生产观念　　　C. 市场营销观念　　　D. 推销观念

(二)判断题

1. 市场营销学中的市场就是指人们交易的场所。　　　　　　　　　　　　( )

2. 市场营销的中心任务是把商品卖出去。　　　　　　　　　　　　　　　( )

3. 需求与需要的差异主要在于有无购买力。　　　　　　　　　　　　　　( )

4. 只强调"祖传秘方"是一种产品观念。　　　　　　　　　　　　　　　( )

5. 任何产品,只要货真价实,就会永远畅销。　　　　　　　　　　　　　( )

6. 关系营销就是要求企业在进行交易时和顾客搞好关系。　　　　　　　　( )

7. 市场营销观念的核心就是一切以消费者的需要为中心。　　　　　　　　( )

8. 由于产品观念是一种古老的营销观念,现在已经没有企业采用了。　　　( )

9. 直复营销就是把产品直接销售给顾客,也称直销。　　　　　　　　　　( )

10. "顾客就是上帝"意味着顾客或用户需要什么,企业就应当生产或经营什么。( )

（三）简答题

你知道哪些新的营销理论,请介绍给你的同学。（还可在网上查询）

（四）课堂讨论

请看下面这个小故事:龟兔赛跑——最终双赢。龟兔赛跑的故事,连幼儿园的小朋友都知道。兔子骄傲,半路上睡着了,于是乌龟跑了第一,兔子不服气,要求再赛一次。第二次赛跑,兔子吸取教训,一口气跑到了终点,兔子赢了。乌龟又不服气,对兔子说,前两次都是按你指定的路线跑,第三次该按我指定的路线跑。兔子想,反正我跑得比你快,你怎么指定我都同意。一开始兔子当先,快到终点时,一条河挡住去路,兔子过不去了。乌龟慢慢地爬到河边,一下游过去了。当龟兔商量再赛一次的时候,突然改变了主意:何必这么竞争呢,咱们合作吧！陆地上兔子背着乌龟跑,很快跑到河边;过河时乌龟驮着兔子游。结果是双赢。

①上面的故事说明了什么？你从中得到什么启示？

②结合实际,谈谈还有哪些观念需要转变？这将会对市场营销产生什么影响？

二、提升训练

（一）案例分析

（1）顾客永远是正确的。日本著名的大仓饭店是世界上独具一格的高级饭店,是顾客真正的"家外之家"。大仓饭店有一条不成文的信条:顾客永远是正确的。大仓饭店的职工受过严格的训练,必须诚心诚意地接受每位顾客的意见和建议,使顾客的要求尽可能得到满足,成为名副其实的"顾客之家"。

请问:①大仓饭店的做法是否欠妥？

②列举你的理由。

③全班可分为正方、反方讨论,各方将讨论结果拿出来进行辩论;教师进行点评。

（2）美国某钟表公司自1869年创立到20世纪50年代一直被认为是美国最好的钟表制造商之一,该公司在市场营销管理中强调生产优质产品,并通过著名的珠宝商店、大百货公司等构成的市场营销网络分销产品,1958年之前公司销售额始终呈上升趋势,但此后市场销售额和占有率开始下降。

请问:①该公司坚持了什么样的营销观念？

②其失误主要在哪些方面？它应该怎样做？

（二）营销实训

（1）实训题目:市场营销观念的应用。

（2）背景资料:假如你负责小王家族的公司,运用5种不同的市场营销观念,各会怎样经营？

（3）要求:先分组讨论（提出的对策要有一定的新颖性）,然后写在自己的作业本上,字迹工整。

XIANGMU

项目 二

市场调查

教学目标

● **知识目标**

能阐述市场调查的内容、程序

能辨别市场调查的方式和方法

能说出调查问卷的构成部分和注意事项

能描述调查报告的构成部分

● **技能目标**

能设计调查问卷

能采取适当的方式方法进行市场调查

能分析调查结果，撰写简单的调查报告

● **情感目标**

能提高学生的交流沟通、处理问题的能力

能培养学生全面、细致的为人处世态度

能养成吃苦耐劳的精神

教学任务

任务一　认识市场调查的程序、方式和方法

任务二　运用与分析问卷调查，撰写调查报告

任务一　认识市场调查的程序、方式和方法

任务导入

小明发现，自家经营的顶呱呱公司经常出现供不应求或供过于求的情况，库存一会儿多，一会儿又不够，让家人伤透了脑筋。后来，他听说经营市场的关键是要调查好市场，收集足够的市场情报，明白市场的真实需求。为了解决自家公司出现的困境，让父母对经营的商品做到心中有数，他寻思着学习如何运用市场调查的程序、方式、方法收集市场信息(商业情报)。

任务分析

通过学习市场调查的程序、方式和方法，让学生可以完成小规模的市场调查活动，整理出有针对性的市场信息，撰写简单的市场调查报告。

知识呈现

【案例2-1】

在20世纪90年代，《海南时报》编辑部萧主任与出生在重庆的妻子一道在海南销售充水降暑降温坐垫，遭受失败。其教训是，事先未调查海南人是否需要降暑降温坐垫，而只是凭直觉判断该市场在四季如夏的海南是存在的。当时，在三大火炉城市之一的重庆，这种充水降暑降温坐垫十分畅销，他们认为这种产品在海南一定有销路，于是就在重庆买了1万只垫子到海南，计划以高价出售。然而事与愿违，这批垫子卖了3年都卖不动，后来因垫子橡胶老化，粘在一起，夫妇俩只好雇民工把垫子扔进大海。生意失败后，萧主任才想起了市场调查。他们通过对海口市民的调查后才知道，因海口市紧临大海，尽管白天气温高达37 ℃，但到晚上却很凉快。而海口的市民中，主要是两类人：一类是本地人，他们已习惯这种天气，无需水垫子降温；另一类是全国各地到海口经商的人，他们要么整天到处跑生意，要么整天坐在装有空调的办公室里，他们也不需要这种降温用品。萧主任最后总结：做任何生意之前，首先要做市场调查，决不能随大流或先做了再说。

一、市场信息概述

市场信息是对市场运行过程与状况的客观描述，是对经济事物运动变化状态及其相互关系的现实反映。企业掌握市场信息的多少，直接关系到经营活动的成败。

(一)什么是市场信息

市场信息是关于市场活动及相关因素的各种消息、情报、数据、资料的统称，它是市场经济活动的现状及其变化状态的反映。它一般通过新闻、报道、报告、通告、法令、政策、指示、广告、

报表、文件、书信、合同等语言、文字或图像表现出来。

例如:从电视广播广告上可以知道某种商品的质量、价格、效用等信息。

(二)市场信息的分类

(1)按市场信息来源的不同划分,有内部信息和外部信息

内部信息:来自企业内部,如企业内部的购销调存情况、财务报表等。

外部信息:来自企业外部的其他渠道,如新闻报道的市场动态、问卷调查反映出的消费者情况等。

(2)按市场信息产生过程的不同划分,有原始信息和加工过的信息

原始信息:又叫一次信息、一手资料,通过市场调研得到。如产品销售数据、职工工资发放表。

加工过的信息:又叫二手资料,通过间接调查得到。如统计局公布的经济数据、媒体传播的有用信息等。

(3)按市场信息作用的不同划分,有定性市场信息和定量市场信息

定性市场信息:不具有数量的特征。如今年空调的销量会大增。

定量市场信息:有明显数量的特征。如今年空调销量会上升到500万台。

(三)市场信息来源

(1)市场调查

市场调查就是根据调查的目的和任务,由调查人员或委托专门的调查机构通过发放问卷、面谈、电话调查等方式收集、整理并分析第一手资料的过程。它所收集的资料是指没有经过任何加工整理的原始资料。

(2)内部记录

内部记录,主要包括企业内部的各种文件、简报资料、计划、统计、会计、业务资料、其他资料等。如本企业的营销战略、策略及管理制度;劳动力、资金、设备、物质等的利用情况;企业各项财务报告、销售记录、业务员访问报告、企业平日剪报,同业资料卷宗等方面的资料;进货来源与销售去向的变化情况等。

(3)营销情报

营销情报主要包括竞争对手状况、商品实体和包装、价格、销售渠道、产品生命周期和广告等方面的资料。这类信息可以通过录像、远距离录音设备等手段获得。

(4)期刊和书籍

期刊和书籍又称出版资料,是指可以免费或支付很少的费用从公共图书馆收集的资料,它包括政府出版物、社会组织出版物、图书、期刊(杂志)、研究报告等。如现代的企业从古书中获得制酒、制药的宫廷秘方。

(5)商业性资料

商业性资料是标准化的市场信息服务业资料,是指支付一定的费用从信息服务业获取的资料。它包括消费者资料、零售商资料、批发商资料、工业品生产商资料、广告商资料和媒体资料等。

二、市场调查的程序

(一)市场调查前的准备

市场调查前的准备阶段是市场信息收集处理的决策阶段和打基础阶段,是对整个市场信息收集处理工作进行的大体设计,它是调查的开始阶段,一般从情况分析入手,进而提出问题,确定调查目标。

(二)设计市场调查方案

1.市场调查方案的内容

(1)确定市场调查的目的和要求

根据市场调查目标,在方案中列出本次市场调查的具体目的和要求。确定调查目的,就是明确在调查中要解决哪些问题、通过调查要取得什么样的资料、取得这些资料有什么用途等问题。

(2)确定市场调查的对象

市场调查的对象一般为消费者、零售商、批发商。零售商和批发商为经销该产品的商家;消费者一般为使用该产品的消费群体。

(3)市场调查的内容

市场调查内容是收集资料的依据,是为实现市场调查目标服务的,可根据市场调查的目的确定具体的市场调查的内容。

(4)问卷的设计或者拟订调查表

(5)市场调查的地区范围

市场调查的地区范围应与企业产品销售范围相一致。

(6)样本的抽取

市场调查样本要在调查对象中抽取,由于市场调查对象的分布范围较广,因此应制订一个抽样方案,以保证抽取的样本能反映总体情况。

(7)资料的收集和整理方法

市场调查中,常用的资料收集方法有访问法、观察法、实验法、文案调查法、网上调查法。资料的整理方法一般可采用统计学中的方法,如利用 Excel 表,可以很方便地对调查表进行统计处理,获得大量的统计数据。

2.市场调查工作计划的制订

(1)组织领导及人员配备

可由企业的市场部或企划部来负责调查项目的组织领导工作。针对市场调查项目成立市场调查小组,负责项目的具体组织实施工作。

(2)访问员的招聘及培训

访问人员可从高校经济管理类专业的大学生中招聘,核定需要招聘访问员的人数并对访问员进行必要的培训。

(3)工作进度

为市场调查项目整个进程安排一个时间表,确定各阶段的工作内容及所需时间。

（4）费用预算

市场调查的费用预算主要有调查表设计印刷费、访问员培训费、访问员劳务费、礼品费、调查表统计处理费等。企业应核定市场调查过程中将发生的各项费用支出,合理确定市场调查总的费用预算。

（三）组织实地市场调查

1. 做好实地市场调查组织领导工作

按照事先划定的调查区域确定每个区域调查样本的数量、访问员的人数、每位访问员应访问样本的数量及访问路线,每个调查区域配备一名督导人员;明确市场调查人员及访问人员的工作任务和工作职责,做到工作任务落实到位,工作目标和责任明确。

2. 做好实地市场调查协调、控制工作

市场调查组织人员要及时掌握实地市场调查的工作进度完成情况,协调好各个访问员间的工作进度;要及时了解访问员在访问中遇到的问题,帮助解决。

（四）市场信息处理

实地市场调查结束后,即进入资料的整理和分析步骤针对市场信息处理内容进行全面的分析工作,计算出各种分析指标和绘制出各种图表。

系统地统计分析后,有关调查成果应该形成文字材料,这就是调查报告。市场调查报告是对所收集的调查资料进行系统、科学的整理、分析后,开始撰写并要提交的资料。

三、市场调查的要求

企业的营销决策依赖市场调查所获得的大量市场信息。市场调查是企业营销管理的首要步骤,它帮助企业发现存在的问题和机会。决策需要强大的证据支撑,信息在企业的经济决策和经济活动中发挥着导向作用,是科学决策的前提和基石。市场信息是决策的有力保障。为了保证市场信息的质量,市场信息的调查必须满足如下四个基本要求:准确性、及时性、全面性、经济性。

四、市场调查的方式

市场调查方式是指收集市场信息的形式,主要解决"向谁调查"和"调查多少总体单位"的问题。调查方式按照调查的对象不同,有4种专门的调查方式,即市场普查、典型调查、重点调查和抽样调查。

（一）市场普查

市场普查是专门组织的对市场调查对象总体中的全部单位无一例外、全面地进行一次性调查,又称为全面调查或整体调查。其中,调查对象是指调查所面对的总体。调查单位是调查对象总体中的每一个具体单位。

【案例2-2】

中盐北京市盐业公司开展食盐市场普查工作,于2005年9月开始了面向北京城八区和密云地区包括所有零售店、餐饮店和工厂、学校、工地等在内的盐类普查活动。此次普查根据初步估算将涉及十万个左右的客户,根据调查表的情况对各客户的详细资料、进货渠道、用途、年用量等进行较为全面的了解,并进行分析,建立企业完整的用户档案,为企业下一步发展提供决策依据。

（二）典型调查

典型调查是在对调查对象总体进行全面分析的基础上，有意识地选取若干个典型单位进行深入、细致的调查，以认识同类市场现象的本质及其规律性的一种专门的调查方式。分为"解剖麻雀"式典型调查和"划类选典"式典型调查。典型调查的关键在于选择典型单位。

典型单位就是指有代表性的单位，即在本质与发展规律方面能代表同类事物的单位。

思考题：如果对本市零售商业进行一次调查活动，总结商店经营成功的经验，你认为应该选择哪些商店作为典型单位？

（三）重点调查

重点调查是从调查总体中选择少数重点单位进行调查，用来反映总体基本情况的调查方式。所谓重点单位，通常是指在调查总体中具有举足轻重的、能够代表总体的情况、特征和主要发展变化趋势的样本单位。其标准有两个：重点单位数目少；重点单位的标志值占总体总量的绝大比重。

例如：了解全国钢铁生产的基本情况，只要对全国为数不多的大型钢铁企业的生产情况进行调查，就可以掌握我国钢铁生产的基本情况了；对我国 32 个大中城市的零售商品价格的变化进行调查，可以及时了解全国城市零售商品价格的变化趋势。

又如：农作物产量调查、成交额调查、利税额调查；交通枢纽的货运量调查；几大专业银行的贷款额调查；大型零售商销售额调查等可分发调查表进行经常性的重点调查。

（四）抽样调查

抽样调查是从调查总体中按照一定原则（随机原则或非随机原则）抽取一部分单位作为样本进行调查，并用样本的结果推断总体的调查方式。它是市场调查中最常用的一种调查方式。

统计学中，将容量小于或者等于 30 个个体的样本称为小样本，大于或者等于 50 个个体的样本称为大样本。在市场调查及各种社会调查中，一般抽取大样本。

五、市场调查的方法

（一）实地调查法

实地调查法是指由调查人员或委托专门的调查机构通过发放问卷、面谈、电话调查等方式收集、整理并分析第一手资料的过程。按调查者的行为方式划分，主要有访问法、观察法和实验法。

1. 访问法

访问法又叫沟通法，是指通过访问的方式向被调查者了解情况以获取资料的一种方法。它包括直接访问法（最常用的是个人访问和开小组座谈会）、电话访问法、邮寄访问法等。

（1）直接访问法

直接访问法又称人员调查或面谈法，是调查人员直接向被调查者口头提问，并当场记录答案的一种面对面收集信息的方法。根据不同的调查对象，直接访问法又可以分为居民入户调查、个别采访和座谈会调查法。

1）居民入户调查

居民入户调查是指调查人员直接深入事先抽中的家庭或用适当的方法选定的居民户，再依据问卷或调查提纲进行面对面的调查。这种方法在我国运用较广泛。

2）个别采访

个别采访是指调查人员就某一个专门的问题，有目的地选择一些在这方面有特殊经历或特殊经验的个人进行访问，以获取比较丰富和详尽的资料。此方法灵活方便。

3）座谈会调查法

座谈会调查法又称集体访谈法。它是指由一个经过专门训练的主持人，请参加座谈的人员就相关信息收集主题进行研究讨论、发现意见，来获取资料的一种方法。

直接访问法的程序主要由访问前准备阶段、进入面访和结束访谈3个阶段组成。调查者应掌握访问的技术和技巧，不断积累访问调查的经验，学会控制或引导被调查者按问卷要求回答问题的能力，以获取真实可靠的资料。调查过程中的技巧可分为进入访问、提出问题、听取回答、引导和追问、结束访问等几个环节。

【课堂实践】假如每个人都是一位访问员，请在同学之间彼此作自我介绍，看谁既大方又得体、深得好感。

【课外实践】就"洗发水"作一份调查提纲，选定一个熟人，再选定一个陌生人，现场进行个别采访，积极体验。

（2）电话访问法

电话访问法分为传统的电话访问法和计算机辅助电话访问法。

提示：电话访问中常用的礼貌用语有"您好、请问、请稍后、对不起、打扰了、麻烦您、请您再说一遍、让您久等了"等。访问忌语有"喂、不知道、大声点、我问你贵姓、你快点讲啦、你出声啦、急什么、有本事就投诉我、你怎么不早点说、你到底有没有听我讲、听不见、刚才不是告诉你了吗、有没有搞错、说那么大声、你知不知道、我不知道、我不清楚、你说得不对、你为何不问清楚、你怎么这样烦、说吧、什么、听不清、重讲"等。

（3）邮寄访问法

邮寄访问法是指市场调查人员将印制好的市场调查问卷或市场调查表，通过邮政系统寄给选定的被调查者，由被调查者按要求填写后再寄回来，从而获得市场信息的方法。

邮寄访问法的一个主要问题是问卷的回收率低，影响调查的代表性。因此，采用这种访问方法进行调查时，首要的任务是要解决问卷回收的问题。

2. 观察法

观察法是指由资料收集人员或机械装置在现场对有关对象的人群、行为方式和具体场景进行观察、记录，从而收集信息资料的一种方法。观察法的分类如下：

（1）直接观察法

直接观察法，就是市场调查人员在现场凭借自己的眼睛观察市场行为的一种市场调查方法。

（2）间接观察法

间接观察法是通过对实物的观察追溯和了解过去所发生过的事情，故又称为对实物的观察法。如通过观察垃圾，可以了解居民消费情况。

（3）仪器观察法

仪器观察法是由市场调查者间接地借助仪器（闭路电视监控系统、收视计数器、扫描仪等）把被调查者的活动按实际情况记录下来，以获取各种原始资料的一种非介入式市场信息收集方法。

记录技术是指在观察调查中，对观察对象进行记录的方法和手段，记录技术的好坏直接影响着调查结果。记录技术主要包括制作观察卡片、运用代码、速记法、追忆法、机械记录5种。

【案例2-3】

一次，一个美国家庭住进了一位日本人。奇怪的是，这位日本人每天都在做笔记，记录美国人居家生活的各种细节，包括吃什么食物，看什么电视节目等。一个月后，日本人走了。不久，丰田公司推出了针对当今美国家庭需求而设计的物美价廉的旅行车。如美国男士喜爱喝玻璃装饮料而非纸盒装的饮料，日本设计师就专门在车内设计了能冷藏并能安全防止玻璃瓶破碎的柜子。直到此时，丰田公司才在报纸上刊登了他们对美国家庭的研究报告，同时向收留日本人的家庭表示感谢。

3. 实验法

实验法是指在设定的特殊的实验场所、特定的时间、特殊的状态下，对被调查现象中的某些变量之间的因果关系及其发展变化过程加以观察分析，以收集相关信息的一种调查方法。

【案例2-4】

美国某公司准备改进咖啡杯的设计，为此进行了市场实验。首先，进行咖啡杯选型调查，他们设计了多种咖啡杯，让500名家庭主妇进行观摩评选，研究主妇们用干手拿杯子时，哪种形状好；用湿手拿杯子时，哪种不易滑落。调查研究结果是选用四方长腰果型杯子。然后，他们对产品名称、图案等，也同样进行了实验。

（二）文案调查法

文案调查法是指调查人员从各种文献、档案材料收集有关历史和现实的各种市场经济活动资料的调查方法。文案调查法的调查对象是各种文献、档案中包含的信息资料，属于二手资料。收集二手资料的方法有：

1. 有偿购买

企业可以向信息资料的所有者直接购买，也可以向掌握信息资料的商业性机构购买。

2. 索取

索取是一种无偿收集文案资料的方法，它不需支付费用。企业可以向一些免费提供信息资料的机构直接索取。

3. 企业查找

企业查找是指企业指定专门人员进行信息资料的收集、整理分析和提供的工作。

4. 交换

交换是指不同企业和部门之间相互交换各自拥有的信息资料的方法。

【案例 2-5】

某公司是一家欧洲船运集装箱制造商,20 世纪 70 年代,它对美国的潜在市场很感兴趣,因为集装箱运输方式在美国很少使用。该公司拟订要了解美国在这方面的市场状况来预测营销机会。该公司详细地查阅了有关文献资料,结果表明,美国对集装箱运输方式持有一种消极的态度,并了解到相关原因。这样,该公司就知道若想在美国成功经营应该克服什么。

(三)网上调查法

网络调查(也称网上调查)是指利用因特网作为技术载体和交换平台,针对特定营销环境进行调查设计、收集资料的活动。网上访问目前已经成为业内广泛采用的一种调查手段。

利用因特网进行调查,相应地也有两种方式:一种是利用因特网直接进行问卷调查收集一手资料;另一种方式是利用因特网的媒体功能,从因特网收集二手资料。

网络直接调查可以分为网络问卷调查法、网络实验法和网络观察法,常用的是网络问卷调查法。网络问卷调查法按采用的技术可以分为站点法、电子邮件法、随机 IP 法和视讯会议法等。

网络间接调查主要是利用因特网收集与企业营销相关的市场、竞争者、消费者以及宏观环境等方面的信息。网上间接调查的渠道主要有 WWW、Usernet News、BBS、E-mail,其中 WWW 是最主要的信息来源。网络间接调查方法,一般通过搜索引擎检索有关站点的网址,然后访问所想查找信息的网站或网页。

任务巩固

1.市场信息是关于市场活动及相关因素的各种消息、情报、数据、资料的统称,它是市场经济活动的现状及其变化状态的反映。包括内部信息和外部信息;原始信息和加工过信息;定性市场信息和定量市场信息。市场信息主要来源于市场调查、内部记录、营销情报、商业性资料、期刊和书籍等。

企业的营销决策依赖市场调查所获得的大量市场信息。市场信息是决策的有力保障。市场调查过程一般分为市场调查的准备、设计调查方案、实地进行市场调查和市场信息处理 4 个阶段。

市场调查的基本要求是准确性、及时性、全面性、经济性。

2.市场调查方式是解决市场调查活动中"向谁调查?"和"向多少人进行调查?"问题的。常用的调查方式有:市场普查、典型调查、重点调查和抽样调查,而抽样调查的运用更为普遍。

一次调查样本确定多少,直接影响到调查的结论,需要考虑各方面因素确定合适的调查样本。

3.市场调查的方法是指在市场调查过程中收集与调查项目有关的信息资料时所采取的不同方法,它是保证企业实现调查目的所必需的一项重要的工作。包括实地调查法、文案调查法和网络调查法。

实地调查法按调查者的行为方式,分为访问法、观察法和实验法。

能力测评

1. 如果在本校全体学生当中抽取部分学生作为样本进行调查,你认为采取什么方式确定调查对象最好? 应确定多少调查对象合适? 并说明理由。

2. 针对不同的调查目的,确定选择合适的调查方法,并设想其具体的操作。

①调查了解某校两个班级学生晚自习时间的利用情况,可以采取哪些调查方法? 如何操作?

②调查了解目前中职毕业生的就业情况,能采取哪些调查方法? 如何操作?

3. 论述利用电话调查法,如何进行我国房地产行业发展现状的调查?

活动要求:①分小组讨论。

②小组成员交流分享。

③各小组选派一名代表在全班交流分享。

④任课教师点评和指导。

任务拓展

抽样调查的方法与直接访问法的程序

1. 抽样调查的方法

抽样调查的方法有两大类:一类是随机抽样,就是依据概率理论,按照随机原则选择样本,完全不带调查者的主观意识。另一类是非随机抽样,就是依据市场调查研究任务的要求和对调查对象的分析,主观地、有意识地在调查对象的总体中进行样本选择。

(1)随机抽样方法的运用

①简单随机抽样又叫纯随机抽样,是按随机原则直接从总体中抽取样本单位,保证总体中每个单位在抽选时都有同等的中选机会的抽样组织形式。常用的方法有抽签法、随机数字表法。

例如:94家上市公司中抽取12家作为样本,可用随机数字表法抽取。

②等距抽样又叫机械抽样,是先将总体各单位按一定标志排列起来,然后按照固定的顺序和一定的间隔来抽取样本单位。

排列所依的标准有两种:一种是按与调查项目无关的标志排队。例如:在住户收入调查时,选择住户可以按住户所在街区的门牌号排队,然后每隔若干个号码抽选一户进行调查。另一种是按与调查项目有关的标志排队。例如:住户收入调查时,可按住户平均月收入排队,再进行抽选。

在排队的基础上,还要计算抽选距离(间隔),计算公式为:抽选距离 $= N/n$。

确定抽选距离之后,可以采用简单随机抽样方式,从第一段距离中抽取第一个单位,为简化工作并防止出现某种系统性偏差,也可以从距离的1/2处抽取第一个单位,并按抽选距离继续抽选剩余单位,直到抽完为止。

例如:从600名大学生中抽选50名大学生进行调查,可以利用学校现有的名册顺序按编号排队,从第 1 号编至 600 号。

抽选距离 = N/n = (600/50)人 = 12 人

如从第一个 12 人中用简单随机抽样方式抽取第一个样本单位,若抽到的是 8 号,依次抽出的则是 20 号、32 号、44 号……

③分层随机抽样又叫分层抽样,是先按某一标志将总体的各单位进行分类,然后再从各类中按随机原则抽选样本单位进行调查。

例如:2 万户居民中按经济收入高低分类,从中抽取 200 户居民进行购买力调查,可用等比例分层抽样或不等比例分层抽样进行。

④整群抽样又叫成批抽样,是先将总体各单位划分成若干群,然后以群为单位从中随机抽取部分群,对中选群的所有单位进行全面调查。

在实际工作中,为了便于调查,节省人力和时间,往往是一批一批地抽取样本,每抽一批时,把其中所有单位全部加以登记,以此来推断总体的一般情况。因此,在大规模的市场调查中,当群体内各单位间的误差较大,而各群之间的差异较小时,最适宜采用整群抽样方式。

例如:对工业产品进行质量调查时,每隔 5 个小时,抽取一个小时的产品进行检查。

⑤多阶段随机抽样,是指把抽样过程分为若干阶段,通过对多个阶段的抽样后才产生完整的样本的一种抽样组织形式。

例如:我国职工家计调查。把抽样过程分为两个阶段:第一阶段从全国各城市中抽选调查城市;第二阶段从第一阶段中选定的城市中抽选调查户组成样本。

(2)非随机抽样方法的运用

市场调查中,采用非随机抽样通常出于以下几个原因:客观条件的限制,无法进行随机抽样;为了快速获得调查结果,提高调查的时效性;在调查对象不确定,或无法确定的情况下采用。例如:对某一突发(偶然)事件进行现场调查等;总体各单位间离散程度不大,且调查人员具有丰富的调查经验时。

非随机抽样方式主要有 4 种:任意抽样、判断抽样、配额抽样和滚雪球抽样。

①偶遇抽样又称任意抽样或者便利抽样,是根据调查者的方便与否来抽取样本的一种抽样方法。"街头拦人法"和"空间抽样法"是方便抽样的两种最常见的方法。

"街头拦人法"是在街上或路口任意找某个行人,将其作为被调查者进行调查。如在街头向行人询问其对市场物价的看法,请行人填写某种问卷等。

"空间抽样法"是对某一聚集的人群,从空间的不同方向和方位对他们进行抽样调查,如在商场内向顾客询问对商场服务质量的意见,在劳务市场调查外来劳工打工情况等。

②主观抽样又称判断抽样或者目的抽样,是指凭调查人员的主观意愿、经验和知识,从总体中选择具有代表性的样本作为调查对象的一种抽样方法。判断抽样选取样本单位一般有两种方法:一种选择最能代表普遍情况的调查对象,常以"平均型"或"多数型"为标准,应尽量避免选择"极端型"。

③定额抽样又叫配额抽样,是非随机抽样中最流行的一种。配额抽样是首先将总体中的所有单位按一定的标志分为若干类(组),然后在每一类(组)中用便利抽样或判断抽样方法选取样本单位。配额抽样与分层抽样相似,所不同的是,配额抽样不遵循随机原则,而是主观地

确定对象分配比例。

④滚雪球抽样是从几个合适的样本开始,然后通过他们得到更多的样本,这样一步步扩大样本范围的抽样方法。适用于调查总体的个体信息了解不充分的情况。

思考题:准备从学校 2013 级和 2014 级会计专业 200 名学生中抽取 50 名学生作为样本进行调查,如何运用非随机抽样的具体方法抽取这 50 名学生?

2. 直接访问法的程序

主要由访问前准备阶段、进入面访和结束访谈 3 个阶段组成。调查者应掌握访问的技术和技巧,不断积累访问调查的经验,学会控制或引导被调查者按问卷要求回答问题的能力,以获取真实可靠的资料。调查过程中的技巧可分为进入访问、提出问题、听取回答、引导和追问、结束访问等几个环节。

(1)进入访问

进入访问,访问员的首要任务是获得被访者的合作。自我介绍是访问开始时的重要步骤之一,访问员应使被访者感到他是可信的。简短的介绍是较有效和直接的,然后便可以开始提问,除非被问及,否则不用再解释。有些被访问者会怀疑访问员的身份,此时可以出示相关的证件,同时还要消除被访者的顾忌,使之配合调查工作。

例如:您好! 我叫×××,是×××学校的学生,我们正在进行一项市场调查研究,我想占用您几分钟的时间,向您请教(或了解)有关问题的看法,希望您能够协助。

(2)提出问题

提问要领:访问员应清楚明朗地读出问卷中的每个问题,读时勿太慢或太快;每个问题都要严格按照问卷中的用词来提问;严格按照调查表上问题的顺序提问;详细地询问问卷中的每个问题;对调查表上的问题不要加上自己的意见。

在提问过程中还要注意按规定的程序操作。

(3)适当追问

所谓"追问"指的是访谈者就受访者前面所说的某一个观点、概念、语词、事件、行为等进行进一步的探询,将其挑选出来继续向对方发问。在追问时,应注意把握追问的时机和度。追问有以下技巧:

重复提问:用同样的措辞再一次提问,刺激他们进一步说出自己的看法。

观望性停顿:停顿或沉默,即通过停顿、沉默或注视,暗示你在等待受访者提供更详细的答案。

重复应答者的回答:复述受访者的回答,让其再一次思考回答是否正确,是否有遗漏。

中性的问题:问一个中性的问题具体向受访者指明要寻找的信息类型。

对开放题的追问:先广度,再深度。

如:广度问题:您刚才提到的×××,具体指什么? 还有呢?

深度问题:为什么您会说×××呢? 还有呢? 还有呢?

(4)记录回答

记录封闭式问题应答的规则:一般是在反映应答者回答的代码前打钩或画圈。

记录开放式问题应答的规则:在访问期间记录回答;使用应答者的语言,按原话逐字逐句记录;不要摘录或释义应答者的回答;记录包括与问题的目标有关的一切回答;记录包括访问员的所有追问问题和回答。

(5)结束访问

何时结束访问主要根据访谈内容、访谈气氛、访谈时间 3 个要素决定。实地访问员在相关信息没收集到之前不应当结束访问,正常的结束是在完成所有调查问题之后。

任务二　运用与分析市场调查问卷,撰写市场调查报告

任务导入

在顶呱呱公司的经营中,小明知道了市场调查的方式方法及程序,也知道了调查问卷是最常用最有效的调查工具,但他不知道怎么设计、分析问卷? 为了自家公司的效益,他又开始学习市场调查问卷的相关知识。

任务分析

通过学习问卷调查的相关知识,让学生能设计调查问卷,整理分析问卷,撰写市场调查报告。

知识呈现

一、市场调查问卷的设计

问卷是市场调查的基本工具,问卷的设计质量直接影响到市场信息处理的质量。

(一)问卷的类型

一般而言,问卷的类型包括封闭式、开放式和混合式 3 种形式。

1.封闭式问卷

封闭式问卷就是由封闭式问题组成的问卷。封闭式问题将研究问题的答案事先固定下来,封闭式问卷的题型是标准化的。

2.开放式问卷

开放式问卷就是由开放式问题组成的问卷,它是指研究问题、答案都没有事先固定,或者只提供答案的回答方向。

3.混合式问卷

混合式问卷就是由封闭式问题和开放式问题共同组成的问卷。

(二)问卷的结构

通常完善的问卷,在具体结构、题型、措辞等方面会有所不同,但在结构上一般都由开头部分、主体部分和背景部分组成。

1.开头部分

开头部分一般包括标题、问候语、填表说明和市场调查问卷编号等内容。

（1）标题

标题概括说明调查研究主题，使被调查者对所要回答什么方面的问题有一个大致的了解。确定标题应简明扼要、鲜明，易于引起回答者的兴趣。

例如："大学生消费状况调查""我与广告——公众广告意识调查"等，而不要简单采用"问卷调查"，这样的标题容易引起回答者因不必要的怀疑而拒答。

（2）问候语

问候语是问卷的导言或介绍词，主要包括询问人代表的单位、询问的目的、请求被调查人合作等。问候语要通俗易懂、简明扼要，一定要研究被调查者的心理状态，激发他们的兴趣，争取他们的积极合作。

例如："同学们：为了了解当前大学生的学习、生活情况，并作出科学的分析，我们特制作此项调查问卷，希望广大同学予以积极配合，谢谢。"

（3）填表说明

在开头部分中，还要说明如何填写问卷，对被调查者给予保密，以及对被调查者的合作表示感谢等。有些问卷还有交表时间、地点及其他事项说明等。问卷说明既可采取比较简洁、开门见山的方式，也可在问卷说明中进行一定的宣传，以引起调查对象对问卷的重视。

例如："女士（先生）：改革开放以来，我国广告业蓬勃发展，已成为社会生活和经济活动中不可缺少的一部分，对社会经济的发展起着积极的推动作用。我们进行这次公众广告意识调查，其目的是加强社会各阶层人士与国家广告管理机关、广告用户和经营者等各方的沟通和交流，进一步加强和改善广告监督管理工作，促进广告业的健康发展。本次问卷调查并非知识性测验，只要求您根据自己的实际态度选答，不必进行讨论。根据统计法的有关规定，对您个人情况实行严格保密。"

（4）编码

整份问卷的编码在问卷的右上角对每份问卷编码。

2.主体部分

主体部分是问卷的核心内容，它包括了市场调查的全部问题，主要由问题和答案组成。主体部分主要涉及的内容：

（1）行为调查

包括对被调查者本人行为进行了解或通过被调查者了解他人的行为。如购物、旅游、服务的具体活动与行为。

例如："您是否拥有××物？""您是否做过某事？""您希望购买哪种牌子的自行车？""您打算何时购买高级组合音响？"等。

（2）行为后果的调查

例如："为什么购某物？""为什么做某事？""您为什么希望购买这种牌子的自行车？"等。

（3）主观评价的调查

对人们的态度、意见、感觉、偏好、能力、兴趣、评价、情感等方面的态度进行了解，这类问题不询问事件本身,只要求对行为或事件进行评价。

例如:"您是否喜欢××牌子的自行车?"

3. 背景部分

背景部分通常放在问卷的最后,主要是关于被调查人特征的项目,可使研究者根据背景资料对被调查者进行分类、比较、分析。在实际调查中,应根据调查目的、调查要求而定,并非多多益善。

如在消费者调查中,消费者的性别、年龄、民族、家庭人口、婚姻状况、文化程度、职业、单位、收入、所在地区等。又如,对企业调查中的企业名称、地址、所有制性质、主管部门、职工人数、商品销售额(或产品销售量)等情况。

(三)问卷设计的程序

1. 明确设计主题,把握调查的目标和内容

在设计问卷的开始阶段,首先要深入彻底地研究本次调查的总体方案,充分把握本次调查的目标和内容。

2. 设计调查问卷初稿

设计市场调查问卷初稿,围绕市场调查主题考虑提出哪几方面的问题,这些问题是否满足了市场调查主题的要求。

(1)列出调查问题清单:先大类再细化

(2)确定问题的类型及提问、回答形式

开放式问题是一种应答者可以自由地用自己的语言来回答和解释有关想法的问题类型。封闭式问题是一种需要应答者从一系列应答项中作出选择的问题。量表应答式问题则是以量表形式设置的问题。

(3)决定问题的措辞

用词必须清楚;避免诱导性的用语;考虑应答者回答问题的能力;考虑应答者回答问题的意愿。

(4)确定问题的排序

问卷不能任意编排,问卷每一部分的位置安排都具有一定的逻辑性。

3. 进行问卷的试验性测试

市场调查人员必须在正式调查展开前,将事先设计好的问卷草案,送给少数单位或个人试填,对问卷进行可行性测试。通过事前小范围试验取得依据,以发现可能存在的问题,在正式实施前作出弥补和修改。

一般来说,所有设计出来的问卷都存在着一些问题,因此,需要将初步设计出来的问卷,在小范围内进行试验性调查,以便弄清问卷初稿中存在的问题,了解被调查者是否乐意回答和是否能够回答所有的问题,哪些语句不清、多余或遗漏,问题的顺序是否符合逻辑,回答的时间是否过长等。如果发现问题,应作必要的修改,使问卷更加完善。试调查与正式调查的目的是不一样的,它并非要获得完整的问卷,而是要求回答者对问卷各方面提出意见,以便修改。

4. 设计正式问卷

将试验性回答中发现的问题进行整理和分析,具体包括问卷的检查推敲、问卷的模拟试验、问卷的修改及问卷的定稿印刷等几项工作。

（四）提问方式的设计

1. 封闭式问题

封闭式问题是指调查者事先已经设计好了问题以及问题的各种可能答案,被调查者只能从备选答案中选定一个或几个现成答案的问题。这种问题的设计方法常见的有二项选择法、多项选择法、排序法、程度评定法等。

①二项选择式:是非判断式或单项选择式,提出的问题仅有两种答案可以选择。"是"或"否","有"或"无等。这两种答案是对立的、排斥的,被调查者的回答非此即彼,不能有更多的选择。

例如:您家里现在有吸尘器吗?

　　　有……1　　　　　　　无……2

又如:您是否打算在近 5 年内购买住房?

　　　是……1　　　　　　　否……2

再如:请问您在最近半年内买过新科 DVD 吗?

　　　买过……1　　　　　　没买过……2

②多项选择式:是对一个问题事先列出几种(3 个或 3 个以上)可能的答案,让被调查者根据实际情况,从中选出一个或几个最符合被调查者情况的答案。

例如:请问选择 VCD 时的主要考虑因素是_____(限选 3 项)

价格……1　　　质量……2　　　功能……3

服务……3　　　品牌……5　　　安全……6

又如:某手表厂欲了解本企业产品在同类产品中的市场占有率,设计问句:

　　　"你所使用的手表是哪一种牌子的?"

a. 西湖(　　)　　b. 宝石花(　　)　　c. 梅花(　　)　　d. 上海(　　)

e. 钟山(　　)　　f. 天津(　　)　　g. 天霸(　　)　　h. 其他(　　)

再如:您喜欢下列哪一个牌子的牙膏?（在您认为合适的□内划√）

　　　中华□　芳草□　洁银□　康齿灵□　美加净□　黑妹□

使用这种问句在设计选择答案时,应考虑所有可能出现的答案,在问题的最后通常可设"其他"项目,以便使被调查者表达自己的看法。要注意选择答案的排列顺序。此外,一般这种多项选择答案应控制在 8 个以内。

③排序法:顺位比较式,是在多项选择式问句的基础上,要求被调查者对所询问问题的各种可能的答案,按照重要程度不同或喜爱程度不同,对所列答案定出先后顺序。

例如:请您按照您喜欢的程度对以下牌子的洗发精进行排列,最喜欢的为1,依次类推。(统计时将每一商品所得进行平均,就得出其在消费者心中的印象。)

　　　华姿　飘柔　力士　沙宣　蜂花　飘逸　奥丽斯　诗芬

又如:您选购电视机时,对下列各项,请按照您认为的重要程度以1,2,3,4 为序进行排序:

a. 图像清晰(　　)　b. 音质好(　　)　c. 外形漂亮(　　)　d. 使用寿命长(　　)

再如:您选购空调的主要条件是(请将所给答案按重要顺序1,2,3……填写在□中)

价格便宜□　　　外形美观□　　　维修方便□　　　牌子有名□　　　经久耐用□

噪音低□　　　制冷效果□　　　其他□

④程度评定法:是以量表形式设置的问题。将全部调查表汇总后,通过总分统计,可以了解被调查者的大致态度。

例如:请问您喜欢收看中央一套的"新闻联播"节目吗?

非常喜欢……1　　　　　比较喜欢……2　　　　　一般……3

不太喜欢……4　　　　　很不喜欢……5

又如:与您认为最好的啤酒相比,您认为××啤酒(在您同意的程度上划√)

	理　想	较理想	一　般	不太理想	不理想
口味	5	4	3	2	1
泡沫	5	4	3	2	1
纯度	5	4	3	2	1
包装	5	4	3	2	1
价格	5	4	3	2	1
购买方便	5	4	3	2	1

再如:询问消费者关于某一滋补保健品的效果时,可以设计如下的五段量表:

好　　　　较好　　　　一般　　　　较差　　　　差
(　　)　　(　　)　　(　　)　　(　　)　　(　　)

2. 开放式问题

开放式问题是指对问题不提供任何答案,被调查者可以根据自己的意愿自由地、不受限制地作出回答的问题类型。这种问题的设计方法常见的有:

①事实问句:这类问题的主要目的是为了获得有关事实性资料。因此,问题的意见必须清楚,使被调查者容易理解并回答。通常在一份问卷的开头和结尾都要求回答者填写其个人资料(如职业、年龄、收入、家庭状况、教育程度、居住条件等),或与消费商品有关的情况(如产品商标、价格、购买地点、时间、方式等),这些问题均为事实性问题。

例如:"您通常什么时候看电视?""您使用的空调是什么牌子的?""您家庭的年人均收入是多少?""您的职业是什么?"

②自由回答法:自由回答法是指提问时可自由提出问题,回答者可以自由发表意见,并无已经拟订好的答案。

例如:"您觉得软包装饮料有哪些优缺点?""您认为应该如何改进电视广告?"

③词语联想法。

④文章完成法。

⑤图画完成法。

（五）选择问题的措辞

1.通俗、明确表达问题的意图

（1）问句要具体

例如：“您为何不看电影而看电视？”这个问题包含了“您为何不看电影？”“您为何要看电视？”和“什么原因使您改看电视？”等。防止出现此类问题的办法是分离语句中的提问部分，使得一个语句只问一个要点。

（2）避免用不确切的词

例如：“普通”“经常”“一些”等，以及一些形容词，如“美丽”等，各人理解往往不同，在问卷设计中应避免或减少使用。

例如：“您是否经常购买洗发液？”回答者不知道经常是指一周、一个月还是一年，可以改问：“您上月共购买了几瓶洗发液？”

（3）避免使用含糊不清的句子

例如：“您最近是出门旅游，还是休息？”出门旅游也是休息的一种形式，它和休息并不存在选择关系，正确的问法是：“您最近是出门旅游，还是在家休息？”

（4）避免使用过于专业化的术语

2.避免引导性问题

例如：“消费者普遍认为××牌子的冰箱好，您的印象如何？”

引导性提问会导致两个不良后果：一是被调查者不加思考就同意所引导问题中暗示的结论；二是由于引导性提问大多是引用权威或大多数人的态度，被调查者考虑到这个结论既然已经是普遍的结论，就会产生心理上的顺向反应。此外，对于一些敏感性问题，在引导性提问下，不敢表达其他想法等。因此，这种提问是调查的大忌，常常会引出和事实相反的结论。

3.避免答案遗漏、重叠

4.避免直接提出敏感性问题

例如：“您是否离过婚？离过几次？谁的责任？”等。

又如：直接询问女士年龄也是不太礼貌的，可列出年龄段：20 岁以下，20 ~ 30 岁，30 ~ 40 岁，40 岁以上，由被调查者挑选。

5.避免笼统的估算或者需要记忆的问题

如“您去年家庭的生活费支出是多少？用于食品、衣服分别为多少？”除非被调查者连续记账，否则很难回答出来。一般可问：“您家上月生活费支出是多少？”

（六）确定问题的秩序

1.问题的安排应先易后难

将较容易的问题放在前面，难度较大的或比较枯燥的问题放在后面；将一般的问题放在前面，敏感性的问题放在后面；将被调查者较熟悉的问题放在前面，较生疏的问题放在后面；把影响情绪的问题安排在问卷结束部分。

2.问题的安排应有逻辑性

问题的安排从整体上看可按时间顺序，也可按空间顺序排列；可按类别顺序，也可按性质顺序排列；可按内容顺序，也可按功能顺序排列。

3. 开放式的问题放在最后

从问题的类别上看,一般是将封闭式问题放在前面,开放式问题放在后面。

【案例2-6】豆制食品消费者调查问卷

一、豆腐

1. 豆腐含有丰富的营养,您注意过吗? 注意过[ ]　　　没有[ ]

2. 您对豆腐有兴趣吗? 很有[ ]　　　略有[ ]　　　没有[ ]

3. 您吃豆腐是:每周吃[ ]　　　每月吃[ ]　　　从来不吃[ ]

4. 您喜欢哪种豆腐? 水豆腐[ ]　　　冻豆腐[ ] 干豆腐[ ]　　　豆腐丝[ ]

5. 您喜欢吃豆腐的原因:价钱便宜[ ]　　　易做[ ]　　　营养丰富[ ]　　　其他[ ]

6. 您不经常吃豆腐的原因:不易买到[ ]　　　容器不便[ ]　　　不喜欢吃[ ]

不知其营养价值高[ ]　　　其他[ ]

7. 您喜欢吃豆腐的方法:

生吃[ ]　　　煮[ ]　　　炸[ ]　　　炒[ ]　　　汤[ ]　　　其他[ ]

※请按1,2,3,4,5,6……次序填写,表示喜欢的程度。

8. 您食用的豆腐量将来会比现在:增加[ ]　　　不变[ ]　　　减少[ ]

※指在供应量充足的情况下。

9. 您认为豆腐是否需要包装? 需要[ ]　　　不需要[ ]

如需要包装以何种包装为好? 塑料袋[ ]　　　玻璃瓶[ ]　　　纸盒[ ]

10. 您是否可以经常买到豆腐?

经常能买到[ ]　　　有时能买到[ ]　　　偶然能买到[ ]　　　根本买不到[ ]

11. 您对豆腐的销售有什么要求和改进意见?

增设网点[ ]　　　走街串巷[ ]　　　提高质量[ ]　　　保证卫生[ ]

供应充足[ ]　　　其他[ ]

二、豆浆

1. 豆浆是很好的饮料,营养丰富,您知道吗?

知道[ ]　　　不知道[ ]

2. 您很喜欢喝豆浆吗? 喜欢[ ]　　　略喜欢[ ]　　　不喜欢[ ]

3. 您喝豆浆是:每天喝[ ]　　　两三天喝一次[ ]　　　一周喝一次[ ]

4. 您喝豆浆的原因是:

购买方便[ ]　　　营养好[ ]　　　价钱便宜[ ]　　　其他[ ]

5. 您不喝豆浆的原因是:

购买不便[ ]　　　不知道其营养丰富[ ]　　　有代食品(如牛奶)[ ]　　　不喜欢[ ]

6. 您喝豆浆是:自做[ ]　　　冷藏[ ]　　　店铺购买[ ]

7. 您喝豆浆将来会比现在:增加[ ]　　　不变[ ]　　　减少[ ]

8. 您认为豆浆的形态最好是:保持液体现状[ ]　　　变成豆粉随时可冲[ ]

三、豆制品

1. 您喜欢哪一类豆制加工品？

豆干[ ] 豆干丝[ ] 辣味豆干[ ] 五香豆干[ ] 豆腐泡[ ]

豆腐皮[ ] 油豆腐[ ] 豆芽[ ] 其他[ ]

2. 您经常可以买到各种豆制品吗？

经常能买到[ ] 偶然能买到[ ] 经常买不到[ ]

3. 您喜欢的豆制品是：

豆干[ ] 豆干丝[ ] 豆腐泡[ ] 豆腐皮[ ] 油豆腐[ ] 五香豆干[ ] 其他[ ]

※请用1、2、3、4、5、6……次序填写,表示喜欢的程度。

4. 您认为豆制品什么样的包装为好？

纸张[ ] 塑料袋[ ] 纸盒[ ] 散装[ ]

5. 您对豆制品有什么改进意见？

增加花色[ ] 提高质量[ ] 新鲜卫生[ ]

四、一般性问题

1. 受访者 男[ ] 女[ ] 年龄[ ]

2. 教育程度 小学[ ] 中学[ ] 大学[ ] 研究生及以上[ ]

3. 职业

工人[ ] 军人[ ] 学生[ ] 干部[ ] 知识界[ ]

营业员[ ] 其他[ ]

4. 您在家里是 女主人[ ] 男主人[ ] 家属[ ] 亲戚[ ]

5. 住址：

电话：

调查者：

调查时间：   年   月   日

二、市场信息的整理分析

(一)市场信息整理的步骤

信息资料整理是指根据市场调查目的、任务和要求,将调查所收集的信息资料进行科学加工,使之系统化、条理化,得出反映总体特征的综合资料的过程。信息资料整理是信息处理工作的重要阶段,起着承前启后的作用。它是调查的深入,又是资料分析的前提。信息资料整理的步骤：

①设计整理方案。

②调查资料的审核。

问卷的检查一般是指对回收问卷的完整性和访问质量的检查。

审核的标准:字迹清楚;被访问者的条件符合要求;无漏问;无逻辑错误;答案合理;追问完全。

③对资料的分组。

④资料汇总。

⑤编制统计图表。

（二）市场信息整理的方法

1.调查资料分组方法

分组研究方法是研究问题常用的基本方法之一。它是根据研究任务的要求和被研究对象自身的特点，按照某一标志，将被研究总体区分为性质或内容不同的若干部分或组，通过对总体内部差异的分析，进一步揭示总体特征和规律，适应资料分析的需要。

2.资料汇总的方法

从汇总计算所用的手段来看，汇总技术分为两大类，即以手工为主的传统汇总技术和以计算机为主的现代汇总技术。

（1）手工汇总

通常用算盘或计算器汇总，具体有4种方法：划记法、过录法、折叠法、分票法。

（2）电子计算机汇总

这是我国目前企业采用的基本形式，通常分为6步操作：编程、编码、数据录入、逻辑检查、制表打印、建立数据库。

3.编制统计图表的方法

（1）编制统计表

统计表的设计应科学、实用、简明、美观，可直接用计算机演示，对学过 Excel 的学生来讲可直接动手操作。

（2）制作统计图

利用几何图形或具体形象来显示统计数据，按表现形式分为几何图、象形图、统计地图等形式。

Excel 中提供了多种多样的图表，常用的统计图有柱形图、条形图、折线图、饼图、XY 散点图、面积图、环形图、雷达图和曲面图等类型。可直接用计算机演示，对学过 Excel 的学生来讲可直接动手操作。

（三）市场信息的预测分析方法

市场调查主要是收集、分析过去和正在发生的营销信息，而营销决策更要面对未来的不确定性。所以，掌握预测方法、准确预测未来市场趋势，是营销决策的关键。

【案例 2-7】哈默的酒桶

美国大企业家哈默 1931 年从苏联回到美国时，正是福克兰林·罗斯福逐步走近白宫总统宝座的时候。罗斯福提出解决美国经济危机的"新政"，但因"新政"尚未得势，故很多人持怀疑态度。一些企业家因怀疑"新政"，在经营决策中举棋不定。而哈默深入研究了当时美国的国内形势，分析结果显示罗斯福会掌握美国政权，"新政"定会成功。据此，他作出了一项生财的决策。

哈默认为，一旦罗斯福"新政"得势，1920 年公布的禁酒令就会废除，为了解决全国对啤酒和威士忌酒的需求，那时市场将需求空前数量的酒桶，特别是经过处理的白橡木制成的酒桶，而当时市场上却没有酒桶供应。哈默在苏联住了多年,十分清楚苏联人有制作酒桶用的木板可供出口。于是,他毅然决定向苏联订购了几船木板,并在纽约码头附近设立一间临时性的酒桶加工厂,后来又在新泽西州的米尔敦建造了一个现代化的酒桶加工厂,名叫哈默酒桶厂。

当哈默的酒桶从生产线上滚滚而出的时候,正好是罗斯福初掌总统大权和废除禁酒令的时候,人们对啤酒和威士忌酒的需求急剧上升,各酒厂生产量也随之直线上升。哈默的酒桶成为抢手货,获得了可观的盈利。

预测一般分3个阶段。先进行宏观经济预测,然后进行行业预测,最后进行公司市场销售预测。所有预测建立在3个信息基础之上:人们说什么、人们做什么和人们已经做了什么。人们说什么——包括对购买者或接近购买者的人诸如推销员、外部专家等的意见调查。对此有3种方法:购买意图调查法、销售员意见综合法和专家意见法。建立在人们做什么基础上的预测,即把产品投入市场进行试销以确定购买者反应。最后一个基础——人们已经做了什么,包括分析过去购买行为的记录或者采用时间序列分析或者统计需求分析。总体上,预测有两类基本方法:定性预测和定量预测。

三、撰写市场调查报告

(一)市场调查报告的内容

市场调查报告是经过在实践中对某一产品客观实际情况的调查了解,将调查了解到的全部情况和材料进行分析研究,揭示出本质,寻找出规律,总结出经验,最后以书面形式陈述出来。市场调查报告的主要内容有:

第一,说明调查目的及所要解决的问题。

第二,介绍市场背景资料。

第三,分析的方法。如样本的抽取,资料的收集、整理、技术分析等。

第四,调查数据及其分析。

第五,提出论点。即摆出自己的观点和看法。

第六,论证所提观点的基本理由。

第七,提出解决问题可供选择的建议、方案和步骤。

第八,预测可能遇到的风险、对策。

(二)市场调查报告的格式

市场调查报告的格式一般由:标题、目录、概述、正文、结论与建议、附件等几部分组成。

1. 标题

市场调查报告的标题即市场调查的题目。标题要简单明了、高度概括、题文相符。标题和报告日期、委托方、调查方,一般应打印在扉页上。关于标题,一般要在标题的同一页,把被调查单位、调查内容明确而具体地表示出来,如《重庆市居民住宅消费需求调查报告》《关于化妆品市场调查报告》《××产品滞销的调查报告》等,这些标题都很简明,能吸引人。有的调查报告还采用正、副标题形式,一般正标题表达调查的主题,副标题则具体表明调查的单位和问题。如《消费者眼中的〈重庆晚报〉——〈重庆晚报〉读者群研究报告》。

2.目录

如果调查报告的内容、页数较多,为了方便读者阅读,应当使用目录或索引形式列出报告所分的主要章节和附录,并注明标题、有关章节号码及页码,一般来说,目录的篇幅不宜超过一页。

例如:

目录

1.调查设计与组织实施 ……………………………………………………………………

2.调查对象构成情况简介 …………………………………………………………………

3.调查的主要统计结果简介 ………………………………………………………………

4.综合分析 …………………………………………………………………………………

5.数据资料汇总表 …………………………………………………………………………

6.附录 ………………………………………………………………………………………

3.概述

概述主要阐述课题的基本情况,它是按照市场调查课题的顺序将问题展开,并阐述对调查的原始资料进行选择、评价、作出结论、提出建议的原则等。主要包括3方面内容:

第一,简要说明调查目的。即简要地说明调查的由来和委托调查的原因。

第二,简要介绍调查对象和调查内容,包括调查时间、地点、对象、范围、调查要点及所要解答的问题。

第三,简要介绍调查研究的方法。介绍调查研究的方法,有助于让人确信调查结果的可靠性,因此对所用方法要进行简短叙述,并说明选用方法的原因。如是用抽样调查法还是用典型调查法,是用实地调查法还是文案调查法,这些一般是在调查过程中使用的方法。如果部分内容很多,应有详细的工作技术报告加以说明补充,附在市场调查报告最后部分的附件中。

4.正文

正文是市场调查分析报告的主体部分。这部分必须准确阐明全部有关论据,包括问题的提出到引出的结论,论证的全部过程,分析研究问题的方法,还应当有可供市场活动的决策者进行独立思考的全部调查结果和必要的市场信息,以及对这些情况和内容的分析评论。

5.结论与建议

结论与建议是撰写综合分析报告的主要目的。这部分包括对引言和正文部分所提出的主要内容的总结,提出如何利用已证明有效的措施来解决某一具体问题可供选择的方案与建议。结论和建议与正文部分的论述要紧密对应,不可以提出无证据的结论,也不要没有结论性意见的论证。

6.附件

附件是指调查报告正文包含不了或没有提及,但与正文有关必须附加说明的部分。它是对正文报告的补充或更详尽说明,包括数据汇总表及原始资料背景材料和必要的工作技术报告。如为调查选定样本的有关细节资料及调查期间所使用的文件副本、有关调查的统计图表、有关材料出处、参考文献等。

【案例2-8】关于节约水电调查报告

××××学院　××班　×××

调查目的:了解大学生日常生活的用水用电的节约意识、节约行为、细化的需求。旨在培养在校大学生的节约意识,形成良好的节约习惯,发扬勤俭节约的传统美德,从我做起,建设节约型校园。

调查时间:2014年7月3日—2014年7月9日

调查地点:重庆理工大学

调查对象:在校大学生以及部分后勤服务人员

调查方式:问卷及采访

指导老师:×××

俗话说,"水是生命的源泉""电是发展的杠杆"。当前,我国一方面面临水电资源短缺的困扰;另一方面又存在着严重的水电资源浪费现象。有水当思无水之苦,有电当思无电之痛……如果说干旱是缺水缺电的"天灾",那么比"天灾"更严重的则是"人祸"。随处可见的人为浪费水电,是缺水缺电的直接原因,更是我国水电资源的头号敌人!

说到节约水电的重要性,似乎每个人都能说出几条理由来,可是当我们注意观察身边的同学时,却发现,节约水电的意识还需要加强。

调查过程及分析

2014年7月3日,就大学生的节约水电情况在我校进行了一项问卷调查:我们大家都注意到,在学生宿舍用"热得快"烧水现象屡禁不绝,这一方式烧水所带来的危害主要是不安全,由此造成的火灾近年来在我校时有发生,而每瓶水所消耗的电约为0.37度,计算一下成本我们就会发现,它是开水房开水成本的两倍;学生上课,大白天甚至阳光刺眼,教室仍然灯火通明;晚上上自习,有的教室零零星星坐着几个同学,整个教室的几十盏灯却全亮着;人离开不随手关电风扇、关水龙头、关灯的现象处处可见……诸如此类的浪费现象令人触目惊心。以下是我进行的一项问卷调查结果:

1.您身边浪费水的现象严重吗? (　　　)

A.经常看见(39.9%)　　　B.很少看见(49.3%)　　　C.几乎没有(10.7%)

2.当您看见浪费水的现象时,您会(　　　)。

A.上前制止(57.1%)　　　　　B.不理不睬(2.6%)

C.想制止,但不好意思(40.3%)

3.您能自觉合理使用教室和自习室的灯吗? (　　　)

A 能(90.8%)　　　B 不能(3.4%)　　　C 不知道(5.8%)

4.当寝室光线充足或没人的时候,您会(　　　)。

A.让灯一直亮着,从没关过(3.8%)　　B.偶尔记起就关上(10.5%)

C.很自觉关上(85.8%)

5.您的电脑不用的时候,您会(　　　)。

A.关掉(84.1%)　　　B.关上显示器,机箱连着网线开着(8.4%)

C.很自觉关上(7.4%)

6.您身边浪费粮食的现象多吗?(   )

A.很普遍(26.1%)   B.有时剩一点饭菜(45.0%)   C.比较少(29.0%)

7.您每顿饭所点的菜都能吃完吗?(   )

A.每次都吃完(50.0%)   B.有时剩一点饭菜(47.7%)   C.剩很多(2.3%)

8.您认为学校推广"节约型校园"活动有必要吗?(   )

A.很有必要(76.8%)   B.有作用(14.6%)   C.没多大作用(8.6%)

9.您认为自己在节约方面做得怎么样?(   )

A.很好(38.7%)   B.不够(22.7%)   C.一般(38.7%)

10.创建"节约型校园"的过程中,您认为哪些问题是最急需解决的?

在调查问卷中,许多同学认为最急需解决的是关于浪费水资源和浪费电力的问题;也有部分同学提到浪费粮食问题,特别是关于在食堂就餐时浪费的问题;还有部分同学提出最急于解决的是培养学生的节约观念,让同学们发自内心地、不由自主地做到节约每一点资源,这样才能共建我们的节约型校园。

从问卷情况来看,大部分大学生都能自觉节约水电,具有良好的节约意识,但仍缺乏主动性和积极性,没有形成一个较强烈的氛围,还有极少部分同学存在浪费问题。我觉得主要原因是,有的同学还没有意识到节约能源的迫切性。

2014年7月9日,以下是关于大学生和校内一些后勤服务人员在节约意识上的一项调查报告:

浪费现象	频　率	百分比	节能知识	频　率	百分比
从没有	12	24%	几乎没有	2	4%
偶尔	22	44%	很弱	3	6%
有时候	12	24%	比较弱	6	12%
比较多	3	6%	较强	24	48%
经常	1	2%	很强	15	30%
总数	50	100%	总数	50	100%

从上述统计的数据中可看出大家日常生活中浪费水电现象发生的频率。认为自己和周围的人比较多和经常浪费水电的分别占4.8%和5.8%,说明大多数同学认为平时在节约用水用电方面做得不错;掌握的节能知识自评方面,80.8%的同学认为自己掌握的节能知识的程度是较强和很强的,同学们自信节能知识掌握较多,大概这也是同学们认为日常生活中浪费水电现象很少的原因。

关于如何节约水电的一些具体建议和措施

为此,我走访了一些附近的居民和在校的大学生,向他们咨询了一些关于节约能源的具体措施。

一、树立科学发展观,从可持续发展、建设节约型社会、构建和谐社会的高度提高水电忧患意识。节约水电,人人有责,人人有为。

二、各级领导、学生干部、党团员要以身作则,率先垂范,做艰苦奋斗、勤俭节约的带头人。

三、日常照明提倡使用节能灯,做到人走灯灭;白天尽量利用自然光,避免开启照明灯,杜绝"长明灯";电器在不使用的时候要关掉电源,做到人走机停;尽量减少电脑、打印机等电器的待机状态,使用高效低能耗的电器。

四、坚持以够用、节约为原则,提高电能利用率。室内温度28 ℃以下不开冷空调,10 ℃以上不开热空调。尽量不使用大功率、高耗能电器。

五、合理用水,珍惜水资源,防止"白流水""长流水",节约每一滴水。用完水后,要及时拧紧水龙头;发现管道渗水、漏水要及时报修。

六、节水节电重在从点滴做起、从身边事做起,贵在自觉和持之以恒。

七、进行宣传教育,校报、广播、网站等校内媒体,开设相关专栏,制作专题,普及节能知识,介绍节能方法,推广节能技术。提高能源忧患意识、节约意识和节能技巧,把节约能源变成一种自觉行动,充分发挥舆论对建设节约型校园活动的引导和监督作用。

以上是我在为期两周内所作的调查结果及分析,通过对身边的同学和老师及附近的居民问答式调查,联系现今中国资源的紧缺乃至全球资源短缺危机,以及环境污染的日益严重。由于当前人类的不合理利用,人口增长过快,科学技术水平低,环境恶化等因素,而地球上的自然资源却有限,首先从意识上培养节约的良好素质和习惯,尤其是水电方面,这是人人都可以做到的,甚至是举手之劳。

实践调查感言

在这次的实践调查过程中,让我切身体会到节约的重要性,从前只是自己能自觉做到不浪费,但对一些浪费现象做得还不够,比如,见到水房的水龙头坏了也没有积极上报及时修理等。我决定以后要更积极主动节约,同时,我也希望我们每一个人都能做一些力所能及的事来发扬和倡导节约精神。尤其是作为大学生,是社会的接班人,更是要把节约当成一种必备的素质来修养。而作为社会上的企业机构,更应该合理利用有限的资源,尽量使用节能技术,并积极处理污染排放等问题。总而言之,节约要靠大家的共同努力,不是某一个人的责任,而是我们所有人的义务。

调查人:×××

2014 年 7 月 15 日

任务巩固

1.问卷是市场调查的基本工具,问卷的设计质量直接影响到市场调查的质量。问卷的类型包括封闭式、开放式和混合式3种形式。

2.通常完善的问卷,在具体结构、题型、措辞等方面会有所不同,但在结构上一般都由开头部分、主体部分和背景部分组成。

3.问卷设计的程序包括4个阶段,即明确设计主题,把握调查的目标和内容;设计市场调查问卷初稿;进行问卷的试验性测试;设计正式问卷。问卷设计时要注意提问方式的设计、选择问题的措辞和确定问题的秩序。

4.调查问卷的信息处理包括5个步骤:设计整理方案;调查资料的审核;对资料的分组;资料汇总;编制统计图表。

5.市场调查主要是收集、分析过去和正在发生的营销信息,而营销决策更要面对未来的不确定性。所以,掌握预测方法、准确预测未来市场趋势,是营销决策的关键。

6.市场调查报告的主要内容有:说明调查目的及所要解决的问题;介绍市场背景资料;分析的方法;调查数据及其分析;提出论点;论证所提观点的基本理由;提出解决问题可供选择的建议、方案和步骤;预测可能遇到的风险、对策。

市场调查报告的格式一般由:标题、目录、概述、正文、结论与建议、附件等7部分组成。

能力测评

以"我校中职生食堂生活"为主题设计一份调查问卷,并采取适当方式方法收集资料和进行信息处理,撰写一份简单的调查报告。

活动要求:1.分小组合作完成。

2.各小组选派一名代表在全班展示调查问卷和调查报告。

3.任课教师点评和指导。

任务拓展

市场信息整理的方法

1.调查资料分组方法

(1)分组研究的含义

分组研究方法是研究问题常用的基本方法之一。它是根据研究任务的要求和被研究对象自身的特点,按照某一标志,将被研究总体区分为性质或内容不同的若干部分或组,通过对总体内部差异分析,进一步揭示总体特征和规律,适应资料分析的需要。

(2)资料分组的种类

资料分组的关键是正确选择分组标志,它直接关系到分组的科学性与合理性,影响着分析的结论。资料分组通常有以下类别:

①品质分组和数量分组(按分组标志的具体表现区分)。

品质分组,其分组标志的具体表现是用文字表现的,用来说明总体单位和部分的属性特征。如人口按性别划分、企业按行业划分、产品按等级划分等。数量分组,其分组标志的具体表现是用数量表现的,用来说明总体单位和部分数量的特征。如人口按年龄划分、企业按职工人数划分等。

②单项式分组和组距式分组(在数量分组中,按每组表示的标志值的个数区分)。

每组只用一个标志值表示的分组,叫单项式分组(表2.1)。每组用一组标志值表示的分组,叫组距式分组(表2.2)。若将各组按一定的顺序排列起来就分别形成单项式数列和组距式数列。两者统称为数量分配数列或变量数列。

表2.1　20名工人日产量资料(单项式)

日产量 x/件	工人数(频数)f/人	频　率 $f/\sum f$
13	2	2/20
14	2	2/20
15	4	4/20
16	4	4/20
17	4	4/20
18	2	2/20
19	2	2/20
合计	20	1

表2.2　40名学生成绩统计表(开口式)

成绩[不含上限]/分	人数(频数)/人	组距/分	组中值/分
60以下	2	10	55
60～70	8	10	65
70～80	16	10	75
80～90	10	10	85
90以上	4	10	95
合计	40	—	—

③连续变量分组和离散变量分组(按分组标志的数量值是否连续区分)。

在数量分组中,如果数量值只能取整数,不能取小数,则称为离散变量分组。如企业按机器台数分组、旅馆按客房间数分组、医院按病床数分组等。如果数量值可无限分割,其值既可取整数,又可取小数,则称为连续变量分组。如商店按销售额分组、工厂按产值分组、学生按考试成绩分组等。

④简单分组和复合分组(按分组标志的数量多少且是否重叠来区分)。

只按一个标志进行的分组是简单分组,如学生按性别划分。按两个及以上标志并重叠起来进行的分组是复合分组,如学生按性别和身高划分。

(3)分组原则

①相同者合、不同者分。这是对总体内部进行的一种定性分类。对各组而言,将性质相同的个体结合起来;对总体而言,将性质不同的个体分为若干组。

例如:将学生成绩分为50～70分、70～80分、80～90分、90～100分,其中"50～70分"这一组是错误的,因为其中有50～60分、60分、60～70分3种不同性质的成绩,应划入不同的组中,当然不能同时分到一组里。

②互斥性。也称为不相容性。分组后,每个总体单位只能归属某一个组内,不可同时归属

另一个组,避免重复。通常是"算头不算尾",组限算在下限所在的组。

例如:在商品零售额分组中,不能分为10万~20万元、15万~50万元、50万元以上,因为其中18万元既可以归属第一组,也可以归属于第二组,这就造成了重复。正确的分组是10万~20万元、20万~50万元、50万元以上,同时还规定"算头不算尾",即20万元、50万元都分别归属于后一组。

③穷举性。也称为完整性。指分组后,每个总体单位都可以归属某一个组内,不允许任何数据遗漏在外,即要求每次分组时,列出一切可能的类别,避免出现无组可归的总体单位。在实际分组中,最大组的上限必须大于原始数据中的最大值。最小值的下限必须小于原始数据中的最小值。

例如:某企业某月商品销售额为75万元,如果最大组为60万~70万元,则会出现该企业月销售额无组可归,若改为60万元以上就不存在问题了。

(4)分组的方法

①按品质标志分组的方法。

按品质标志分组就是用反映事物属性、性质的标志分组,将总体划分为若干性质不同的组成部分。这种分组比较简单,只要按照国家统一的分类标准或者按照人们约定俗成的分类进行就是了。

例如:人口按性别分为男性和女性两组;产品按照国家规定的《主要商品目录》等标准划分为各种类别。

②按数量标志分组的方法。

按数量标志分组是用事物的量作为分组标志,它可以是绝对数、相对数或平均数。这种分组较为复杂,在此分为两种情况介绍。

A. 单项式分组。如果需要整理的资料是变动范围不大的整数变量值,且项数较少,就可以进行单项式分组。这种分组比较简单,只需将不同的标志值按大小顺序(重复的只列一次)排列起来形成不同的组即可。

例如:某生产组20名工人同种产品日产量如下(单位:件)。

16　13　18　15　19　14　17　13　15　17　19　15　17　18　14　16　15　16　17

16

这是一个离散型变量,变量值不多、变动范围不大,宜进行单项式分组,即每种变量值为一组,按(重复者只取一个)顺序排列为13、14、15、16、17、18、19七组。

B. 组距式分组。如果需要整理的资料是变动范围较大、数目较多的变量值,则应进行组距式分组。这种分组较为复杂,需要按照步骤进行。

第一,从原始数据中找出最大变量值和最小变量值,计算全距。

全距 = 最大变量值 - 最小变量值

第二,确定分组的组数和组距。

组数,即分组的数目。组距是各组变量值之间的最大距离,如60~70分的组距为10。其中,每个组的组距相等称为等距分组;不相等称为不等距分组。

组数与组距之间存在反方向变化关系。在等距分组和全距一定的情况下,组距越大,组数

就越少;组距越小,组数就越多,即二者的关系用公式表示如下:

组数 = 全距/组距

一般经验告诉我们:组距和组数的确定,先确定组数较好。组数的确定以符合现象的实际情况,能反映出总体分布的特征为原则来做;组距应尽可能取 5 或 10 的整倍数。

第三,确定分组的组限和组中值。

a. 组限。

组限,即进行分组的数量界限,包括上限和下限。每个组的起点值称为下限,每个组的终点值称为上限。如 60~70 分,其中 60 是下限,70 是上限。

上限和下限都齐全的组称闭口组。缺一的称开口组,适用于当资料中存在少数特大或特小变量值时,采用开口组可避免组数增加过多或组距过大。如 60~70 分称为闭口组;60 分以下或者 90 分以上称为开口组。

一般经验告诉我们,组限的确定应遵循以下几个原则:最好用整数表示,各组上下限的数值最好是组距的倍数。最小组的下限应等于或者低于最小的变量值。最大组的上限应高于最大的变量值。连续变量组限必须重合;离散变量因是整数,组限可间断,也可重合。

例如:某班 40 名学生某科某次考试成绩如下:

54 60 62 97 85 52 83 79 95 80 89 85 77 68 86 93 70 81 78
89 71 89 80 85 75 78 90 66 78 73 82 82 99 77 88 84 75 88 76
80

试进行组距式变量分组。

Ⅰ.最大变量值为 99 分,最小变量值为 52 分,全距 = (99 − 52)分 = 47 分

Ⅱ.确定组距和组数。

根据以上讲述的方法和本班学生成绩情况,可确定:

组数 = 5,则组距 = 全距/组数 = (47/5)分 = 9.4 分 ≈ 10 分

Ⅲ.确定组限。

根据以上方法:最小组的下限应略低于实际资料的最小值,自 50 分开始;最大值应略高于实际资料最大值,最大值取 100 分。

因此,每组的组限确定为:50~60 分,60~70 分,70~80 分,80~90 分,90~100 分。

b. 组中值。

组中值是每组的中点数值,计算方法有:

在闭口组中,组中值 = (上限 + 下限)/2

例如:60~75 分的组中值为:[(60 + 75)/2]分 = 67.5 分

在开口组中,

缺下限组组中值 = 上限 − 邻组组距/2

缺上限组组中值 = 下限 + 邻组组距/2

例如:学生身高中,

1.5 米以下　　　　　　　组中值 = [1.5 − (1.6 − 1.5)/2]米 = 1.45 米

1.5~1.6 米　　　　　　　组中值 = [(1.5 + 1.6)/2]米 = 1.55 米

1.6 ~ 1.7 米　　　　　组中值 $=[(1.6+1.7)/2]$ 米 $=1.65$ 米

1.7 米以上　　　　　　组中值 $=[1.7+(1.7-1.6)/2]$ 米 $=1.75$ 米

2. 调查资料汇总的方法

从汇总计算所用的手段来看,汇总技术分为两大类,即以手工为主的传统汇总技术和以计算机为主的现代汇总技术。

(1)手工汇总

通常用算盘或计算器汇总,具体有 4 种方法。

①划记法。以点、线(正字等)的形式计数,主要适用于单位数目不多的总体的计数,计算出各组次数及总体次数,但不适应于汇总标志数值。

例如:某班 40 名学生某科某次考试成绩如下:

54　60　62　97　85　52　83　79　95　80　89　85　77　68　86　93　70　81　78　89
71　89　80　85　75　78　90　66　78　73　82　82　99　77　88　84　75　88　76　80

试在组距式变量分组的基础上进行统计汇总,计算各组单位数和总体单位总量。

为了处理好恰巧是组限的变量值的总体单位的归属问题,应按"不含上限,含下限"的原则处理。如 60 分者应归入 60 ~ 70 分组中,70 分者应归入 70 ~ 80 分组中,80 分者应归入 80 ~ 90 分组中, 90 分者应归入 90 ~ 100 分组中。如表 2.3 所示。

表 2.3　40 名学生成绩整理表

成绩/分	划记法	人数/人
50 ~ 60	丁	2
60 ~ 70	正	4
70 ~ 80	正正一	11
80 ~ 90	正正正下	18
90 ~ 100	正	5
合计	—	40

②过录法。将需要汇总的数值重新抄录在整理表上后,再汇总。这种方法,既可以用来汇总单位数,也可以用来汇总标志值。

例如:某地区某农作物产量情况的调查汇总,用划记法和过录法分别整理,如表 2.4 所示。

表 2.4　农作物产量汇总

按产量分组/千克	村庄数/个		播种面积/亩		产量/吨	
	划记法	小计	过录法	小计	过录法	小计
400 以下	正	5	1 600　2 000　1 700 4 300　1 400	11 000	546　760　665　1 505 490	3 966
400 ~ 500	正一	6	2 640　3 500　1 800 2 400　2 400　3 400	16 140	1 188　1 500　840 1 020　1 120　1 360	7 028

续表

按产量分组 /千克	村庄数/个		播种面积/亩		产量/吨	
	划记法	小计	过录法	小计	过录法	小计
500~600	正丁	7	2 400　2 500　4 400 2 000　2 300　1 600 3 600	18 800	1 200　1 250　2 200 1 066　1 365　840 1 980	9 901
600~700	正	4	1 400　3 500　2 500 4 100	11 500	840　2 160　1 700 2 460	7 160
700~800	正	4	2 100　3 800　1 800 2 600	8 800	1 470　2 700　1 260 815	6 245
800 以上	正	4	1 250　2 000　2 600 2 600	8 450	1 000　1 640　2 160 2 080	6 880
合计	—	30	—	74 690	—	41 180

③折叠法。将格式相同的多张调查表,按同一行或列折叠后对齐,然后汇总,将其结果填入汇总表。

④分票法。将采集的原始资料,按台账设置的指标要求进行分组,然后一张一张地计算需要汇总的数值,填制台账。

(2)电子计算机汇总

这是我国目前企业采用的基本形式,通常分为6步操作:编程、编码、数据录入、逻辑检查、制表打印、建立数据库。

项目训练

一、基本训练

(一)选择题

1.市场调查的目的是指(　　)。

A.收集信息　　　　B.为决策提供依据　　　C.直接决策　　　　D.增加与客户的联系

2.市场调查的方式有(　　)。

A.抽样调查　　　　B.重点调查　　　　C.典型调查　　　　D.市场普查

3.典型调查的对象是(　　)。

A.全部单位　　　　B.有代表性的单位　　　C.重点单位　　　　D.样本单位

4.从调查总体中,按随机原则抽取一部分单位作为样本进行调查,并用样本的结果推断总体的调查方式是(　　)。

A. 市场普查　　　　　B. 典型调查　　　　　C. 重点调查　　　　　D. 抽样调查

5. 市场调查的第一步是(　　)。

A. 确定调查目的　　　B. 制订调查方案　　　C. 正式调查　　　　　D. 确定调查项目

6. 在调查结果处理阶段,对资料进行审核的目的是(　　)。

A. 对资料进行分析　　　　　　　　　　B. 对资料进行分类

C. 对资料进行统计汇总　　　　　　　　D. 对资料进行去伪存真

7. 不属于访问调查法的是(　　)。

A. 面谈调查　　　　　B. 邮寄调查　　　　　C. 电话调查　　　　　D. 实验调查

8. 要了解顾客的流量,应采用的调查方法是(　　)。

A. 实验法　　　　　　B. 观察法　　　　　　C. 询问法　　　　　　D. 面谈法

9. 某企业急需了解本企业产品在各地市场上的存货情况,最合适的调查方法是(　　)。

A. 面谈调查法　　　　B. 邮寄调查法　　　　C. 电话调查法　　　　D. 留置调查法

10. 选择调查方法时,应(　　)。

A. 选择最容易实施的调查方法

B. 选择最省钱的方法

C. 要研究各种调查方法

D. 要根据调查目的、调查对象的特点,比较各种方法的优缺点,再作决定

11. 下列属于直接访问的是(　　)。

A. 电话调查　　　　　　　　B. 座谈会　　　　　　　　C. 深度访谈

D. 行为记录法　　　　　　　E. 实地观察法

12. (　　)是信息资料常用的表达形式之一。

A. 统计图表　　　　　B. 数据　　　　　　　C. 统计报告　　　　　D. 调查表

(二)简答题

1. 市场信息处理的步骤有哪些?

2. 重点调查与典型调查比较,有哪些相同点? 有哪些不同点?

3. 试述访问法的方式。

4. 简述设计调查问卷的注意事项。

5. 对调查问卷的资料如何进行整理分析?

6. 一份市场调查报告包括哪几个部分?

二、提升训练

为了解某校学生生活费使用情况设计一张调查表或一份调查问卷,包括的内容有学生所在的专业、班级、性别、来源地(城市或农村)、月生活费总额及支出情况、自己和家长对生活费使用情况是否满意等。设计好调查表或者问卷后,组织学生采取适当方式方法实地调查收集资料,并进行简单的数据处理,撰写调查报告。

要求:先分组讨论,合作完成,然后写在自己的作业本上,字迹工整。

项 目 三

分析市场营销环境

教学目标

● **知识目标**

能分析市场营销微观环境因素

能分析市场营销宏观环境因素

能掌握机会/威胁分析方法

● **技能目标**

能用市场营销微观环境因素对企业营销活动进行分析

能用机会/威胁分析方法,对企业面对的环境机会和环境威胁制订相应措施

● **情感目标**

能提高学生对现象的归纳总结能力

能树立学生的发展世界观

能养成学生的创新思维

教学任务

任务一 认识市场营销环境因素

任务二 分析市场营销环境机会和环境威胁

任务一 认识市场营销环境因素

任务导入

随着业务的增长,小明在查看财务报表时发现自家经营的顶呱呱公司连锁店,同样的产品在不同的店里销量完全不一样,这让他百思不得其解。通过查阅相关书籍,他了解到产品销量除了产品自身原因外,环境因素的影响也是非常重要的。可是,他却不知道如何利用好环境因素来提升销售水平,于是他带着困惑来到了"助你"咨询策划公司……

任务分析

通过学习市场营销环境因素,能让学生分析市场营销业绩受哪些微观环境和宏观环境影响,以便今后更有针对性地制定营销策略和方案。

知识呈现

一、市场营销环境概述

(一)市场营销环境的含义

按照美国营销学之父菲利普·科特勒的解释,市场营销环境是指影响企业市场营销活动的不可控制的参与者和影响力。也就是指,与企业营销活动有潜在关系的所有外部力量和相关因素的集合,它是影响企业生存和发展的各种外部条件。

一般来说,市场营销环境主要包括两方面的构成要素:一是微观环境,又叫直接环境,即指与企业紧密相联,直接影响其营销能力的各种参与者,这些参与者包括企业的供应商、营销中介、最终顾客、竞争者以及社会公众和影响营销管理决策的企业内部各个部门;二是宏观环境,又叫间接环境,包括人口、经济、政治、法律、科学技术、社会文化及自然地理等多方面的因素,如图3.1所示。

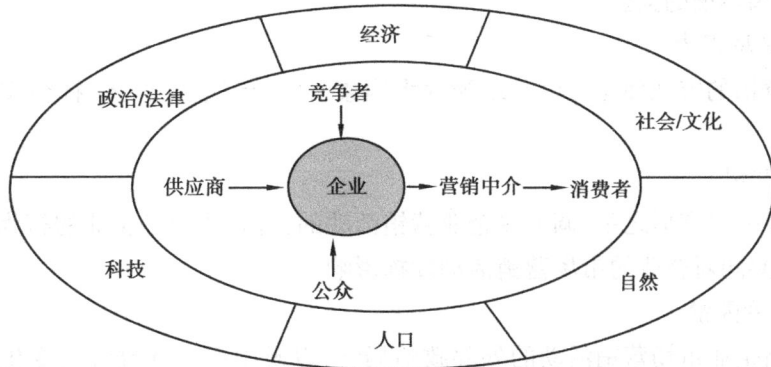

图3.1 市场营销环境

（二）市场营销环境的特点

市场营销环境是一个多因素、多层次而且不断变化的综合体。其特点主要表现在：

1. 客观性

企业总是在特定的社会经济和其他外界环境条件下生存、发展的。不管你承认不承认，企业只要从事市场营销活动，就不可能不面对这样或那样的环境条件，也不可能不受到各种各样环境因素的影响和制约。

2. 差异性

市场营销环境的差异性不仅表现在不同的企业受不同环境的影响，而且同样一种环境因素的变化对不同企业的影响也不相同。

3. 相关性

市场营销环境是一个系统，在这个系统中，各个影响因素是相互依存、相互作用和相互制约的。如价格不但受市场供求关系的影响，而且还受到科技进步及国家政策的影响。因此，要充分注意各种因素之间的相互作用。

4. 动态性

营销环境总是处在一个不断变化的过程中，它是一个动态的概念。当然，市场营销环境的变化是有快慢、大小之分的，有的变化快一些，有的则变化慢一些；有的变化大一些，有的则变化小一些。如科技、经济等因素的变化相对快而大，因而对企业营销活动的影响相对短且跳跃性大；而人口、社会文化、自然因素等变化相对较慢、较小，对企业营销活动的影响相对长而稳定。

5. 不可控性

影响市场营销环境的因素是多方面的，也是复杂的，并表现出企业不可控性。如一个国家的政治法律制度、人口增长及一些社会文化习俗等，企业不可能随意改变。而且，这种不可控性对不同企业表现不一，有的因素对某些企业来说是可控的，而对另一些企业则可能是不可控的；有些因素在今天是可控的，而到了明天则可能变为不可控的。

（三）分析营销环境因素的意义

①便于企业充分利用"可控因素"，配合、适应"不可控因素"，以实现企业的战略目标。

②便于企业制订应变计划、调整营销策略。

二、市场营销环境的类型

（一）宏观环境因素

影响企业营销的宏观环境可以归结为六大因素，即政治法律、经济、社会文化、自然、人口和科技。

1. 政治法律环境

政治因素像一只有形之手，调节着企业营销活动的方向；法律是企业的行为准则。政治与法律相互联系，共同对企业的市场营销活动发挥影响。

（1）政治环境因素

政治环境指企业市场营销活动的外部政治局势，以及国家方针政策的变化对市场营销活动带来的或可能带来的影响。

1）政治局势

政治局势指企业营销所处的国家或地区的政治稳定状况。如果政局稳定,生产发展,人民安居乐业,就会给企业营造良好的营销环境。相反,政局不稳,社会矛盾尖锐,战争、暴乱、罢工、政权更替等政治事件不断,则可能对企业营销活动产生不利影响。

2）方针政策

各个国家在不同时期,根据不同需要颁布一些经济政策,制定经济发展方针,这些方针、政策不仅影响本国企业的营销活动,而且还要影响外国企业在本国市场的营销活动。目前,国际上各国政府采取的对企业营销活动有重要影响的政策和干预措施主要有:进口限制、高额税收政策、价格管制、外汇管制、国有化政策等。

【案例 3-1】新房贷政策给楼市带来的影响

2014 年国庆节前的最后一刻,中国人民银行与银监会宣布对"二套房贷"政策松绑,这将有助于释放改善性住房需求,但能否扭转楼市下行趋势仍有待观察。

一线城市从 7 月出现的商品住宅量价加速下跌苗头,引发金融界高度关注。一些金融机构认为,过去 7 年间,信贷激增和房价上涨推高了中国信贷风险和宏观经济风险,房地产贷款及房地产抵押贷款占银行业各项贷款比重近 35%,房地产是当前能够引发金融系统性风险的唯一行业隐患。从一份数据报告中显示,9 月 20 个典型城市新建商品住宅成交面积环比下跌约 2%。其中一线城市房价逐渐步入下跌通道,楼市观望情绪比较重,成交量反弹的动力不足。

金融专家表示,与过往三次楼市调整不同的是,今年以来房地产市场下滑的主要原因是新增住房供应超过内在需求,而非政策调控,而且支撑房产投资性需求的诸多因素正在消退。尽管政策可采取放松限购或限贷等措施,但这只是可以缓和房地产下行带来的冲击,难以根本性地扭转趋势。

（资料来源:爱心房资讯,2014- 10- 05）

3）国际关系

国际关系包括国家之间的政治、经济、文化、军事等关系。这种国际关系主要包括两个方面的内容:一是企业所在国与营销对象国之间的关系。比如,中美两国之间的贸易关系就经常受到两国外交关系的影响。美国经常攻击中国的人权状况,贸易上也常常采取一些歧视政策,如搞配额限制、"反倾销"等,阻止中国产品进入美国市场。二是国际企业的营销对象国与其他国家之间的关系。如中国与伊拉克很早就有贸易往来,后者曾是我国钟表和精密仪器的较大客户。海湾战争后,由于联合国对伊拉克的经济制裁,使我国企业有很多贸易往来不能进行。阿拉伯国家也曾联合起来,抵制与以色列有贸易往来的国际企业。当可口可乐公司试图在以色列办厂时,引起阿拉伯国家的普遍不满,因为阿拉伯国家认为,这样做有利于以色列发展经济。

（2）法律环境因素

法律是体现统治阶级意志,由国家制定或认可,并以国家强制力保证实施的行为规范的总和。企业开展市场营销活动,必须了解并遵守国家或政府颁布的有关经营、贸易、投资等方面的法律、法规。如果从事国际营销活动,企业就既要遵守本国的法律,还要了解和遵守市场国的法律制度和有关的国际法规、国际惯例和准则。这方面的因素对国际企业的营销活动有深刻影响。如美国《反托拉斯法》规定不允许几个公司共同商定产品价格,一个公司的市场占有率超过20%就不能再合并同类企业。《反垄断法》曾让微软不停地接受调查,令其十分头疼。英国也曾因法国牛奶计量单位采用的是公制而非英制,将法国牛奶逐出本国市场;而德国以噪声标准为由,将英国的割草机逐出德国市场。各国法律对商标、广告、标签等都有自己特别的规定。比如,加拿大的产品标签要求用英、法两种文字标明;法国却只使用法文产品标签。广告方面,许多国家禁止电视广告,或者对广告播放时间和广告内容进行限制。如德国不允许作比较性广告和使用"较好""最好"之类的广告词;许多国家不允许做烟草和酒类广告等。这些特殊的法律规定是企业特别是进行国际营销的企业必须了解和遵循的。

【案例3-2】外地车辆进京证新规催生新行当 淘宝代办39元送到家

2014年1月21日讯,外地车辆进京证新规催生新行当 代办商家落户淘宝 今年1月1日开始,为了严管外地车辆在京长期使用,交管部门停办有效期为半年的长期进京证,只能办7天有效期的临时进京证,这让有些在北京工作却开着外地牌照车的人感觉很麻烦。

但很快有人从政策中看到了"商机"。记者调查发现,由于办理临时进京证时,一个驾驶证可以和不同的行驶证一起重复使用,有人就抓住这一点,做起了"代办进京证"的生意,宣称"只需39元,您不用出门,进京证送到家。"这样的行为使得严管外地车辆政策的效果打了折扣。

(来源:北京晚报,2014-01-21)

2. 经济环境

(1)直接影响营销活动的经济环境因素

市场是由有一定购买力和购买欲望的人构成的,购买力则受直接经济环境的影响比较大。直接经济环境主要包括:

1)消费者收入水平的变化

消费者收入,是指消费者个人从各种来源中所得的全部收入,包括消费者个人的工资、退休金、红利、租金、赠予等收入。为了进一步认识收入还需了解以下概念:

①国民生产总值。它是衡量一个国家经济实力与购买力的重要指标。从国民生产总值的增长幅度,可以了解一个国家经济发展的状况和速度。一般来说,工业品的营销与这个指标关系更密切。

②人均国民收入。这是用国民收入总量除以总人口的比值。这个指标大体反映了一个国家人民生活水平的高低,也在一定程度上决定商品需求的构成。根据近40年的统计,一个国家人均国民收入达到5 000美元,机动车可以普及,其中小轿车约占一半,其余为摩托车和其他类型车。

③个人可支配收入。这是在个人收入中扣除税款和非税性负担后所得余额,它是个人收入中可以用于消费支出或储蓄的部分,它构成实际的购买力。

④个人可任意支配收入。这是在个人可支配收入中减去用于维持个人与家庭生存不可缺少的费用(如房租、水电、食物、燃料、衣着等开支)后剩余的部分。这部分收入是消费需求变化中最活跃的因素,一般用于购买高档耐用消费品、旅游、储蓄等,它是影响非生活必需品和劳务销售的主要因素。

⑤家庭收入。很多产品是以家庭为基本消费单位的,如冰箱、抽油烟机、空调等。因此,家庭收入的高低会影响很多产品的市场需求。需要注意的是,企业营销人员在分析消费者收入时,还要区分"货币收入"和"实际收入",以及它们受通货膨胀的影响。

2)消费者支出模式和消费结构的变化

随着消费者收入的变化,消费者支出模式也会发生相应变化,继而使一个国家或地区的消费结构也发生变化。西方一些经济学家常用恩格尔系数来反映这种变化。恩格尔系数表明,在一定的条件下,当家庭收入增加时,收入中用于食物开支部分的增长速度要小于用于教育、医疗、享受等方面的开支增长速度。食物开支占总消费量的比重越大,恩格尔系数越高,生活水平越低;反之,食物开支所占比重越小,恩格尔系数越小,生活水平越高。我国近年恩格尔系数徘徊在37%左右,而美国已经降到了个位数。

3)消费者储蓄和信贷情况的变化

消费者的购买力还要受储蓄和信贷的直接影响。消费者个人收入不可能全部花掉,总有一部分以各种形式储蓄起来,这是一种推迟了的、潜在的购买力。企业营销人员应当全面了解消费者的储蓄情况,尤其要了解消费者储蓄目的的差异。储蓄目的不同,往往潜在需求量、消费模式、消费内容、消费发展方向也不同。

【案例3-3】储蓄影响购买力

1979年,日本电视机厂商发现,尽管中国人可任意支配的收入不多,但中国人有储蓄习惯,且人口众多。于是,他们决定开发中国黑白电视机市场,不久便获得成功。当时,荷兰的飞利浦电视机厂商虽然也来中国调查,却认为中国人均收入过低,市场潜力不大,结果贻误了时机。

消费者信贷对购买力的影响也很大。所谓消费者信贷,就是消费者凭信用先取得商品使用权,然后按期归还贷款以购买商品。这实际上就是消费者提前支取未来的收入,提前消费。我国信贷消费在汽车、房地产行业的发展大大促进了这两个行业的发展。

(2)间接影响营销活动的经济环境因素

除了上述因素直接影响企业的市场营销活动外,还有一些经济环境因素也对企业的营销活动产生或多或少的影响。

1)经济发展水平

企业的市场营销活动要受到一个国家或地区的整体经济发展水平的制约。经济发展阶段不同,居民的收入不同,顾客对产品的需求也不一样,从而会在一定程度上影响企业的营销。

美国学者罗斯顿根据他的"经济成长阶段"理论,将世界各国的经济发展归纳为5种类型:传统经济社会、经济起飞前的准备阶段、经济起飞阶段、迈向经济成熟阶段、大众高消费阶段。不同发展阶段的国家在营销策略上也有所不同。以分销渠道为例,国外学者认为:经济发展阶段越高的国家,其分销途径越复杂而且广泛;进口代理商的地位随经济发展而下降;制造商、批发商与零售商的职能逐渐独立,不再由某一分销路线的成员单独承担;批发商的其他职能增加,只有财务职能下降;小型商店的数目下降,商店的平均规模在增加;零售商的加成上升。随着经济发展阶段的上升,分销路线的控制权逐渐由传统权势人物移至中间商,再至制造商,最后大零售商崛起,控制分销路线。

2）经济体制

世界上存在着多种经济体制,典型的有计划经济体制和市场经济体制。不同的经济体制对企业营销活动的制约和影响不同。如在计划经济体制下,企业没有生产经营自主权。而在市场经济体制下,企业的一切活动都以市场为中心,企业必须特别重视营销活动,通过营销实现自己的利益目标。我国目前实行的是有中国特色的社会主义市场经济。

3）地区与行业发展状况

一个国家在经济发展过程中常常存在地区和行业发展不平衡现象。这种经济发展的不平衡,对企业的投资方向、目标市场以及营销战略的制定等都会带来巨大影响。我国的东部沿海、西部、中部和东北存在严重的地区发展不平衡。国家正在实施"西部大开发""振兴东北""中原崛起"等战略,以促进国民经济协调发展。

我国行业与部门的发展也有差异。今后一段时间,我国将重点发展农业、原料和能源等基础产业。这些行业的发展必将带动商业、交通、通信、金融等行业和部门的相应发展,也给市场营销带来一系列影响。

4）城市化程度

城市化程度是指城市人口占全国总人口的百分比,它是一个国家或地区经济活动的重要特征之一。城市化是影响营销的环境因素之一。这是因为,城乡居民之间存在着某种程度的经济和文化上的差别,进而导致不同的消费行为。

【案例3-4】海尔冰箱进军农村市场

2003年国家统计局有关资料显示,我国大中城市家庭冰箱拥有率已超过95%,而农村冰箱拥有率由前几年的10%左右上升为2003年的22.7%。据烟台科特管理顾问有限公司对农村冰箱购买行为的调查发现,整个农村差异很大。最近几年,家电行业竞争一直很激烈,冰箱作为海尔的第一大主流产品,担负着参与海尔品牌建设的重任,同时也是海尔重要的利润来源。随着城市市场竞争的激烈化以及整体利润的下降,海尔被迫要开发新的市场和寻找新的增长点。众所周知,海尔冰箱品牌质量一直是走高端路线,市场也是走的国际化战略。但是,海尔的董事长张瑞敏却考虑把海尔冰箱向农村市场转移。营销组合上根据农村特点进行了重新设计。如对产品的高科技元素作了一些削减,再增加一些特别适合农村生活习惯的元素;由于成本低,采用低价策略;在促销手段方面围绕渠道开展"一对一"的促销。除了设计针对农村的广告,还针对不同顾客进行个性化促销,如针对结婚买冰箱的消费者就送给他们两个贴,一个是喜字,一个是送子观音。为了体现对农民消费者的关心,海尔还专门为一些边远地区制造特别廉价的冰箱。

3. 社会文化环境

社会文化是指一个社会的民族特征、价值观念、生活方式、风俗习惯、伦理道德、教育水平、语言文字、社会结构等的总和。社会文化因素通过影响消费者的思想和行为来影响企业的市场营销活动。因此,企业在从事市场营销活动时,应重视对社会文化的调查研究。

（1）教育水平

教育水平是指消费者受教育的程度。一个国家、一个地区的教育水平与经济发展水平往往是一致的。不同的文化修养表现出不同的审美观,购买商品的选择原则和方式也不同。一般来讲,教育水平高的地区,消费者对商品的鉴别力强,容易接受广告宣传和新产品,购买的理性程度高。因此,在产品设计和制定产品策略时,应考虑当地的教育水平,使产品的复杂程度、技术性能与之相适应。另外,企业的分销机构工作人员和分销人员受教育的程度等,也会对企业的市场营销产生一定的影响。

(2)语言文字

语言文字是人类交流的工具,属于表层文化。不同国家、不同民族往往都有自己独特的语言文字;即使同一国家,也可能有多种不同的语言文字;即使语言文字相同,也可能表达和交流的方式不同。营销者应注意语言文字因翻译出现的沟通问题。

【案例3-5】品牌翻译中的问题

美国通用汽车公司生产的"Nova"牌汽车,在美国非常畅销,而在一些拉美国家曾一度无人问津。因为在西班牙语中,"Nova"是"不走"的意思。美国另一家汽车公司生产了一种叫"Cricket"的小型汽车,这种汽车在美国很畅销,但在英国却不受欢迎。其原因就在于"Cricket"一词有蟋蟀、板球的意思,美国人不喜欢打板球,所以一提到"Cricket"想到的就是蟋蟀,汽车牌子叫"Cricket",意思是个头小、跑得快,所以很受欢迎。但在英国,人们喜欢玩板球,所以一说"Cricket"就认为是板球。人们不喜欢牌子叫板球的汽车。后来,美国公司把其在英国的产品改为"Avenger",意思是复仇者。因为这个名称不是说明它小,而是说明它很有力量,结果很受欢迎,销量大增。同样,美国汽车公司的"Matador"牌汽车,通常是刚强有力的象征,但在波多黎各,这个词意为"杀手",这种含义的汽车肯定不受欢迎。我国以"白象"为品牌的产品很多,出口到西方国家却无人问津,因为"白象"一词在英语中有"废物"的含义。美国一家销售"Pet Milk"(皮特牛奶)的公司,在国内说法语的地区推销就遇到了麻烦,因为"Pet"在法语里有"放屁"的意思,那么"Pet Milk",当然也就难以有好的销路。新西兰的"Stinger"风味酒在中国市场上起初翻译为"时定",结果因和我国南方读音"死定"谐音而影响销路;后来改为"星格",情况才好转。

可见,语言文字的差异对企业的营销活动是有很重大的影响的。企业在开展市场营销时,应尽量了解市场国的文化背景,掌握其语言文字的差异,这样才能使营销活动顺利进行。

(3)价值观念

价值观念是人们对社会生活中各种事物的态度、评价标准和崇尚风气。在不同的文化背景下,人们的价值观念差别是很大的,而消费者对商品的需求和购买行为深受其价值观念的影响。如东方人将群体、团结放在首位;而西方人则注重个体和个人的创造精神。我国整体上崇尚节俭,以储蓄消费为主;而西方一些国家崇尚个人享受,信贷消费非常流行。

【案例3-6】不同国家的时间观念

时间观念是价值观念的重要组成部分,也是重要的文化特征。有些国家时间观念很强。"时间就是金钱"的谚语是很好的说明。还有些国家则缺乏时间观念。尼日利亚关于时间的谚语是:"不是时钟发明了人类";埃塞俄比亚认为:"只要等得久,鸡蛋也会走";西班牙谚语说:"跑得快,死得快"。了解时间观念的差异对于营销决策是有益的。因为节省时间的产品在时间观念强的国家会受到欢迎,在时间观念差的地区却未必销路好。在时间观念强的地区,营销人员必须准时,讲究效率;在时间观念差的国家,则要做好打"持久战"的准备。

（4）审美观

审美观通常指人们对事物的好坏、美丑、善恶的评价。不同的国家、民族、宗教、阶层和个人,往往因社会文化背景不同,其审美标准也不尽一致。有的以"胖"为美,有的以"瘦"为美,有的以"高"为美,有的则以"矮"为美,不一而足。不同的审美观对消费的影响是不同的,企业应针对不同的审美观所引起的不同消费需求,开展自己的营销活动,特别要把握不同文化背景下的消费者审美观念及其变化趋势,制定良好的市场营销策略以适应市场需求的变化。

【案例3-7】形形色色的审美观

我国唐代女子以"胖"为美,而当前,瘦身则是时尚。缅甸的巴洞人以妇女长脖为美;而非洲的一些民族则以文身为美。在欧美,妇女结婚时喜欢穿白色的婚礼服,因为她们认为白色象征着纯洁、美丽;在我国,妇女结婚时喜欢穿红色的婚礼服,因为红色象征吉祥如意、幸福美满。又如,中国妇女喜欢把装饰物品佩戴在耳朵、脖子、手指上,而印度妇女却喜欢在鼻子上、脚踝上配以各种饰物。

（5）宗教信仰

不同的宗教信仰有不同的文化倾向和戒律,从而影响人们认识事物的方式、价值观念和行为准则,影响着人们的消费行为,并会带来特殊的市场需求,特别是在一些信奉宗教的国家和地区,宗教信仰对市场营销的影响力更大。某些国家和地区的宗教组织在教徒的购买决策中有重大影响。一种新产品出现,宗教组织可能明令限制或禁止使用,认为该商品与该宗教信仰相冲突;相反,对有的新产品,宗教组织会号召教徒购买、使用,起一种特殊的推广作用。

【案例3-8】"指南针地毯"的问世

指南针和地毯本是风马牛不相及的两件东西,比利时一个商人却把它们结合起来,从而赚了大钱。

在阿拉伯国家,虔诚的穆斯林每日祈祷,无论在家或在旅行途中,都守时不辍。穆斯林祈祷的一大特点是祈祷者一定要面向圣城麦加。一个名叫范德维格的聪明的比利时地毯商将扁平的指南针嵌入祈祷地毯。指南针指的不是正南正北,而是麦加方向。新产品一推出,在有穆斯林居住的地区,立即成了抢手货。

范德维格并不满足已取得的成功,在非洲又推出了织有领袖头像的小壁毯。因为他发现,在非洲国家的机关里总要挂元首的照片。由于气候湿热,照片易发黄变形。如根据领袖照片织成壁毯,则既美观又耐久。销路自然不用发愁。

（6）风俗习惯

风俗习惯是人们根据自己的生活内容、生活方式和自然环境,在一定的社会物质生产条件下长期形成,并世代相袭的一种风尚和由于重复练习而巩固下来并变成需要的行动方式等的总称。它在饮食、服饰、居住、婚丧、信仰、节日、人际关系等方面,都表现出独特的心理特征、伦理道德、行为方式和生活习惯。不同的国家、不同的民族有不同的风俗习惯,它对消费者的消费嗜好、消费模式、消费行为等具有重要的影响。

【案例3-9】行色各异的风俗习惯

不同的国家、民族对图案、颜色、数字、动植物等都有不同的喜好和不同的使用习惯,如中东地区严禁带六角形的包装;英国忌用大象、山羊作商品装潢图案即是如此。再如,中国、日本、美国等国家对熊猫特别喜爱,但一些阿拉伯人却对熊猫很反感;墨西哥人视黄花为死亡,红花为晦气而喜爱白花,认为可驱邪;德国人忌用核桃,认为核桃是不祥之物;匈牙利人忌"13"单数;日本人忌荷花、梅花图案,也忌用绿色,认为不祥;南亚有一些国家忌用狗作商标;在法国,仙鹤是蠢汉和淫妇的代称,法国人还特别厌恶墨绿色,这是基于对第二次世界大战的痛苦回忆;新加坡花很多,所以新加坡人对红色、绿色、蓝色都比较喜好,但视黑色为不吉利,在商品上不能用如来佛的形态,禁止使用宗教语言;伊拉克人视绿色代表伊斯兰教,但视蓝色为不吉利;日本人在数字上忌用"4"和"9",因在日语发音中"4"同死相近,"9"同苦相近;中国港台商人忌送茉莉花和梅花,因为"茉莉"与"末利"同音,"梅花"与"霉花"同音。我国是一个多民族国家,各民族都有自己的风俗习惯。如蒙古人喜穿蒙袍、住帐篷、饮奶茶、吃牛羊肉、喝烈性酒;朝鲜人喜食狗肉、辣椒,穿色彩鲜艳的衣服,食物上偏重素食,群体感强,男子地位较突出。

企业营销者应了解和注意不同国家、民族的消费习惯和爱好,做到"入境随俗"。可以说,这是企业做好市场营销尤其是国际经营的重要条件,如果不重视各个国家、各个民族之间的文化和风俗习惯的差异,就可能造成难以挽回的损失。

(7)亚文化

亚文化是指在较大的社会集团中,较小的团体既遵从较大的文化,同时又有自己独特的信仰、态度和生活方式。某个亚文化群对商品和劳务的特殊要求和需要可作为一个细分市场。

例如:在整个中华民族文化中,重庆人有"火锅文化",湖南人有"湖湘文化",北京人有"胡同文化"。这些亚文化群对婚丧、礼仪、社交、服饰、建筑风格、食物、庆贺节日等需要都有特别之处。

4.自然环境

一个国家、一个地区的自然地理环境包括该地的自然资源和地理环境。自然资源是指自然界提供给人类的各种形式的物质财富,如矿产资源、森林资源、土地资源、水力资源等。这些资源分为3类:一是"无限"资源,如空气、水等;二是有限但可以更新的资源,如森林、粮食等;三是有限但不可再生资源,如石油、锡、煤、锌等矿物。自然资源是进行商品生产和实现经济繁荣的基础,和人类社会的经济活动息息相关。地理环境指一个国家或地区的地形地貌和气候,是企业开展市场营销所必须考虑的因素,这些地理特征对市场营销有一系列影响。如气候(温度、湿度等)与地形地貌(山地、丘陵等)特点,都会影响产品和设备的性能和使用。

企业要想避免由自然地理环境带来的威胁,最大限度地利用环境变化可能带来的市场营销机会,就应不断地分析和认识自然地理环境变化的趋势,根据不同的环境情况来设计、生产和销售产品。

[]{}

【案例3-10】气候与成功

一家美国大型食品加工公司在墨西哥某河流的三角洲地区建立了一家菠萝罐头厂,但在生产中却遇到了麻烦。该公司在河流的上游地区建立了菠萝种植园,计划使用驳船将成熟的菠萝顺流运到罐头厂,然后将菠萝罐头直接装上货运海轮运到世界各地市场。然而,在菠萝成熟时却遇到了麻烦:菠萝成熟季节恰逢汛期,河流过急,驳船无法逆流而上将菠萝拖往种植园,使得用驳船装运菠萝的计划随之搁浅。由于没有其他可供选择的运输办法,公司无奈只好关闭了工厂。那些新设备只能以原价5%的价格出售给墨西哥的一家企业,而这家墨西哥企业则立刻将工厂迁走。对气候和航运条件的疏忽是导致公司倒闭的直接原因。

西门子公司的做法则是另一方面的典型。针对欧洲大陆气候的差异,西门子对出口到不同地区的洗衣机的转速作了调整。由于德国和斯堪的纳维亚阴晴不定,所以在该地区销售的洗衣机的转速最低不低于1 000转/分钟,最高不超过1 600转/分钟。保证从洗衣机里拿出的衣物必须比别处干,因为用户无法拿到室外去晾晒。相反,在意大利和西班牙,由于阳光充足,洗衣机转速达500转/分钟就足够了。

【案例3-11】日本汽车在加拿大

日本汽车最初进入加拿大市场时,汽车时常生锈,加拿大消费者对产品质量产生了怀疑。原来加拿大冬天天寒地冻,常常需要在道路上撒盐来融化冰雪。小汽车在公路上跑的时间一长,受盐的腐性,导致车身锈迹斑斑。日本汽车制造商经调查后,改进了车身的喷漆配方,添加了抗盐防锈漆,很好地解决了这一问题。

5.人口环境

人口是构成市场的第一位因素。因为市场是由那些想购买商品同时又具有购买力的人构成的。人口的规模、年龄结构、性别结构、地理分布、婚姻状况、出生率、死亡率、人口密度、人口流动性及其文化教育等人口特性,会对市场格局产生深刻影响,并直接影响企业的市场营销活动和企业的经营管理。

(1)人口数量与增长速度对企业营销的影响

首先,人口数量是决定市场规模和潜在量的一个基本要素,人口越多,如果收入水平不变,则对食物、衣着、日用品的需求量也越多,那么市场也就越大。因此,按人口数量可大略推算出市场规模。我国13亿人口,无疑是一个巨大的市场。其次,人口的迅速增长促进了市场规模的扩大。但是,另一方面,人口的迅速增长,也会给企业营销带来不利的影响。比如,人口增长可能导致人均收入下降,限制经济发展,从而使市场吸引力降低。

(2)人口结构对企业营销的影响

人口结构主要包括人口的年龄结构、性别结构、家庭结构、社会结构以及民族结构。

1)年龄结构

不同年龄的消费者对商品的需求不一样。例如:婴儿需要奶粉和尿布;儿童需要玩具、糖果等;青少年需要书籍、文具、服装等;老年人对保健品、医药有特殊的需求。我国不少城市已经出现人口老龄化现象,而且人口老龄化速度将大大高于西方发达国家。反映到市场上,将使老年人的需求呈现高峰。

【案例 3-12】老年人用品专卖"火"

广州已步入老年型社会,但与此不相适应的是,广州针对老年人的服务几乎是一片空白,在老年人用品方面,广州没有商家介入。直到 1999 年底,气温骤降,保暖用品需求猛增,尤其是老年人保暖用品顿时成为大小商店的抢手货,一些形形色色的老人用品专卖店终于开始出现。

专卖店出现后,老年人的反响很热烈,他们纷纷到老年人专卖店选购用品。在广州百货大楼,有一个专为老年人提供保暖用品及其他用品的柜台,据营业员介绍,老年人虽然出手没有年轻人大方,对购买的商品总是左挑右拣,但老年人往往都是"有备而来",很少空手而归。

启示:老年人用品专卖店大有可为,前途看好。

2)性别结构

不同性别的消费者其市场需求也有明显的差异。据调查,0~62 岁年龄组内,男性人口的数量略大于女性人口的数量,其中 37~53 岁年龄组内,男性人口的数量约大于女性的 10%,但到 73 岁以上,女性约多于男性 20%。反映到市场上就会出现男性用品市场和女性用品市场。如我国市场上,妇女通常购买自己的用品、杂货、衣服,男子购买大件物品等。

3)家庭结构

家庭是购买、消费的基本单位。家庭的数量直接影响到某些商品的数量。目前,世界上普遍呈现家庭规模缩小、数量增加的趋势,越是经济发达地区,家庭规模就越小。家庭数量的剧增必然会引起对炊具、家具、家用电器和住房等需求的迅速增长。

4)社会结构与民族结构

我国人口的绝大部分在农村,农村人口约占总人口的 70%。因此,农村是个广阔的市场,有着巨大的潜力。一些中小企业,更应注意开发价廉物美的商品以满足农民的需要。我国除了汉族以外,还有 50 多个少数民族。民族不同,其生活习惯、文化传统也不相同。企业营销者要注意民族市场的营销,重视开发适合各民族特点、受他们欢迎的商品。

(3)人口的地理分布及区间流动对企业营销的影响

地理分布指人口在不同地区的密集程度。由于自然地理条件以及经济发展程度等多方面因素的影响,人口的分布绝不会是均匀的。从我国来看,人口主要集中在东南沿海一带,而且人口密度逐渐由东南向西北递减。另外,城市的人口比较集中,而农村人口则相对分散。

6.科技环境

现代科学技术是社会生产力中最活跃的和决定性的因素。它作为重要的营销环境因素,不仅直接影响企业内部的生产和经营,而且还同时与其他环境因素相互依赖、相互作用,影响企业的营销活动。

7.宏观环境的趋势

趋势是指具有某些势头和持久性的事件的发展方向或演进。趋势反映了未来的可能状况。趋势具有长期性,趋势可以从某几个市场领域和消费者的活动中观察到,并与同时发生或出现的某些其他重要指标相一致,如社会老龄化趋势。成功的公司是那些能认识到在宏观环境中尚未被满足的需要和趋势,并能作出盈利反应的公司。

对于一个营销者来说,下列趋势是值得注意的:

①经济的全球化。

②收入在逐渐拉开差距。

③要求企业承担一定的社会责任。

④技术进步速度加快。

⑤顾客将变得强有力。

⑥体验经济的到来。

⑦文化成为重要营销竞争力。

⑧流行与个性化并行。

⑨茧式生活方式的出现。

⑩追逐年轻化。

(二)微观环境因素

微观环境包括企业的供应商、营销中间商、顾客、竞争对手、社会公众,以及企业内部参与营销决策的各部门。而其中,顾客与竞争者又居于核心的地位。和宏观环境相比,微观环境对企业的影响更为直接,而且微观环境的一些因素在企业的努力下可以不同程度地加以控制。

1.供应商

供应商是指向企业及其竞争者提供生产产品和服务所需资源的企业或个人。供应商所提供的资源主要包括:原材料、设备、能源、劳务、资金等。分为两类:

(1)商品供应商

供应原材料、设备、动力、能源。

供应的商品质量、价格、运输条件、供货时间、风险大小等都关系到企业的竞争状况和营销效果。

(2)资金供应商

资金的信贷规模、条件、风险将直接影响企业的技术改造、生产经营范围、发展的前景。

因此,企业在选择供应商时应考虑:资源供应商的可靠性;资源供应的价格及其变动趋势;供应资源的质量水平。同时,企业应特别注意与供应商的关系:对资源供给相对短缺的企业,与供应商建立长期的供销关系;对资源供给相对丰富的企业,与多家供应商建立供销关系;规模较大的企业,通过一体化方式建立自己的资源基地;规模较小的企业,与外界建立供销关系。

2.营销中介

营销中介是指协助本企业把产品销售给最终购买者的所有中介机构。包括中间商、实体分配机构、营销服务机构、金融中间人等。

(1)中间商

中间商是协助企业寻找顾客或直接与顾客交易的商业性企业或个人,分为经销中间商和代理中间商。经销中间商即批发、零售商,又叫转卖者,他们购买商品后售出,对其经营的商品拥有所有权;代理中间商有代理商、经纪人和生产商代表,他们替生产者寻找买主,推销产品,对其经营的商品不拥有所有权。

中间商由于与目标顾客直接打交道,因而他的销售效率、服务质量就直接影响到企业的产品销售。因此,企业应根据产品特征、顾客需要、竞争状况、环境特征的不同作出相应的选择,尽量选择有影响力、有能力的中间商。

(2)实体分配机构

实体分配公司主要是指储存运输单位,即物流单位,它是协助厂商储存货物并把货物从产地运送到目的地的专业企业。储运公司的作用在于帮助企业创造时空效益。因此,企业应选择成本低、速度快、安全性好、交接货方便、服务水平高的储运公司,如第三方物流公司。

(3)营销服务机构

营销服务机构主要有营销调研、广告、传播媒介、咨询公司等,范围比较广泛。他们帮助生产企业向恰当的市场推出和促销其产品。如今大多数企业都要借助这些服务机构来开展营销活动,如请广告公司制作产品广告,依靠传播媒介传播信息等。企业用委托方式与上述公司建立业务关系,如广告代理制、市场调查代理等。企业在选择这些服务机构时,应对他们所提供的服务、质量、创造力等方面进行评估,并定期考核其业绩,及时替换那些不具有预期服务水平和效果的机构,这样才能提高经济效益。

(4)金融中间人

金融中间人包括银行、信托、保险公司和其他协助融资或保障货物的购买与销售风险的公司。在现代经济生活中,企业与金融机构有着不可分割的联系,如企业间的财务往来要通过银行账户进行结算;企业财产和货物要通过保险公司进行保险等。而银行的贷款利率上升或者是保险公司的保险金额上升,会使企业的营销活动受到影响;信贷来源受到限制会使企业处于困境。诸如此类的情况都将直接影响企业的日常运转。因此,企业必须与金融机构建立密切的关系,以保证企业资金需要渠道的畅通。

3. 公众

公众是指对企业实现其目标的能力感兴趣或发生影响的任何团体或个人。一个企业的公众主要有:

①金融公众,包括银行、投资公司、证券公司、保险公司等。

②媒介公众,包括报纸、杂志、电视台、电台等。

③政府公众,指负责企业的业务、经营活动的政府机构和企业的主管部门,如主管有关经济立法及经济政策、产品设计、定价、广告及销售方法的机构;国家经委及各级经委、工商行政管理局、税务局、各级物价局等。

④社会组织,如消费者协会、保护环境团体等。

⑤地方公众,主要指企业周围居民和团体组织,他们对企业的态度会影响企业的营销活动。

⑥一般公众,是指对企业产品并不购买,但深刻地影响着消费者对企业及其产品的看法的个人。

⑦内部公众,指企业内部全体员工,包括领导(董事长)、经理、管理人员、职工。处理好内部公众关系是搞好外部公众关系的前提。

公众对企业的生存和发展可以产生巨大的影响,公众可能有帮助企业实现其目标的能力,也可能会产生妨碍企业实现其目标的能力。所以,企业应积极沟通处理好各种公众关系,树立良好的企业形象,否则后果不堪设想。

例如:2006年深圳富士康企业与记者之间的索赔事件,经报道后有损富士康形象。而一些大型企业对重庆百年一遇的旱灾进行捐款,经报道后却树立了良好的企业形象。

4. 竞争者

竞争者的营销战略以及营销活动的变化,会直接影响企业的营销。因而,企业必须密切注视竞争者任何细微变化,并作出相应的对策。从购买者的角度来观察,企业在市场上所面对的竞争者,大体上有以下4种类型:

①同一产品竞争者,指提供同一产品以满足相同需求的竞争者。如洗衣粉企业之间的竞争。

②同一功效竞争者,指提供不同产品以满足同一种需求的竞争者。如洗衣粉、肥皂、洗衣液等企业之间的竞争。

③产品形式竞争者,指满足同一需要的产品的各种形式间的竞争。如有磷与无磷洗衣粉、手洗与机洗洗衣粉企业之间的竞争。

④品牌竞争者,指满足同一需要的同种形式产品不同品牌之间的竞争。如白猫、奥妙、雕牌、汰渍、巧手、奇强等品牌企业之间的竞争。

企业应从购买者的角度对竞争者进行分析。分析他们的数量、规模、经营能力(包括销路、资源、技术等)、优势弱点、营销策略(包括产品、价格、分销、促销等策略)等方面。

5. 最终顾客

企业的一切营销活动都是以满足顾客的需要为中心的,因此,顾客是企业最重要的环境因素。顾客是企业服务的对象,顾客也就是企业的目标市场。顾客可以从不同角度以不同标准进行划分。按照购买动机和类别分类,顾客市场可以分为:

①消费者市场,即为满足个人或家庭需要而购买商品和服务的市场。

②生产者市场,即为赚取利润或达到其他目的而购买商品和服务来生产其他产品和服务的市场。

③中间商市场,即为利润而购买商品和服务以转售的市场。

④政府集团市场,即为提供公共服务或将商品与服务转给需要的人而购买商品和服务的政府和非营利机构。

对于顾客,营销者主要分析顾客的数量、购买力、需求特点和购买行为等内容。此部分内容在项目四重点讲述。

6. 企业内部环境

面临相同的外部环境,不同企业的营销活动所取得的效果往往不一样,这是因为它们有着不同的内部环境要素。

(1)人财物力因素

在内部各环境要素中,人员是企业营销策略的确定者与执行者,是企业最重要的资源。企业管理水平高低、规章制度的优劣决定着企业营销机制的工作效率;资金状况与厂房设备等条件是企业进行一切营销活动的物质基础,这些物质条件的状况决定了企业营销活动的规模。

(2)企业文化因素

企业内部文化是指企业的管理人员与职工共同拥有的一系列思想观念和企业的管理风貌,包括价值标准、经营哲学、管理制度、思想教育、行为准则、典礼仪式,以及企业形象等。这些方面对企业的营销活动影响非常大,如今的企业都非常注重打造自己的独特文化来吸引外界的眼光。

例如:安利有强势文化;杜邦有弱势文化;华为有狼的文化;沃尔玛有节约成本的文化;麦当劳有速度的文化;长虹有创新、求实、拼搏、奉献的长虹精神等。

(3)企业内部组织结构

企业的组织结构主要是指企业营销部门与企业其他部门之间在组织结构上的相互关系。企业营销部门与生产、采购、研发、财务、最高管理层等部门之间既有多方面的合作,也存在争取资源方面的矛盾。市场营销必须注意企业内部环境力量的协调与配合,形成一个强大的团队,使企业的人力、物力、财力、科技、公众形象等得到充分利用和发挥,对企业营销活动形成积极影响。如营销部门要得到财务部门及时的配合支持;生产部门要得到采购部门及时的配合支持。

任务巩固

以消费者为中心的现代市场营销观念:知己知彼、避实就虚、出奇制胜、趋势应变、成本领先。要做到这5点就要对企业内外环境进行分析,对消费者进行分析。当然,企业首先应做好内外环境因素分析,把握这些因素将会给企业带来哪些机遇和威胁,由此而作出最好的应对策略。

1.市场营销环境是指影响企业市场营销活动及其目标实现的各种因素和动向,包括宏观环境和微观环境两大类。对企业营销而言,这些因素和动向又是复杂、多样、动态和不可控制的。经营成功的企业,一定是能够适应其相关环境的企业。

2.企业微观环境(直接营销环境)是指与企业紧密相联,直接影响企业营销力的各种参与者。包括企业本身、市场营销渠道企业、顾客、竞争者和社会公众。微观因素是内部因素,影响个别企业行为,是可控制的。

3.宏观营销环境指对企业营销活动造成市场机会和环境威胁的主要社会力量,包括人口、经济、自然、技术、文化等因素。企业及其微观环境的参与者,无不在宏观环境之中。

能力测评

案例分析:认识影响企业营销的宏观环境因素和微观环境因素。

【案例3-13】惠而浦雪花坐失良机

享有"美国白色家电"第一品牌美誉的惠而浦公司1995年2月与北京雪花电器有限公司的合资仪式在北京举行,双方合资成立北京惠而浦雪花电器有限公司。

合资初期,惠而浦对中国家电市场认识不足,对中国冰箱市场变化之迅速缺乏预见,同时,有一整套成熟管理经验的惠而浦,还对中国冰箱市场竞争之激烈缺乏准备,对本土冰箱企业的实力估计不足。应当说,作为在全球有相当影响的大型跨国公司,惠而浦的技术与资金实力都足以保证其成功,但其对中国家电市场的认识不足及其缺乏迅速的应变能力,直接导致了它的起步失误。

比如全无氟冰箱的生产。由于氟对臭氧层的破坏较严重,为保护人类生存环境,制造和使用无氟冰箱在当时已经是大势所趋。作为发展中国家,我国承诺到 2005 年实现冰箱全无氟,当时不少国内企业已经提出无氟冰箱的概念,有的企业已经在研发。

其实,惠而浦有现成的成套技术,但它固执地认为中国市场短期内还到不了那个水平。于是在美方技术投入尚未到位的情况下,惠而浦延续原产品,继续生产冰箱 6.2 万台,销售 3.9 万台,累计亏损 8 986 万元。随后,当中国厂家纷纷推出全无氟冰箱并得到市场响应时,惠而浦公司才意识到问题的严重性,决定一步到位,上一整套最先进的全无氟冰箱生产工艺流程,这时候却已经迟了。

合资后期,惠而浦公司投资 900 万美元更新设备,引进了世界上最先进的生产线,使 6 万平方米厂房内的设备、技术都达到了国际先进水平。但从产品开发到产出用了 18 个月,产品升级换代的时机早已错过。新产品虽然最终生产出来了,市场却已经失去了。

案例思考:经济发展阶段不同,对产品的需求会有哪些不同?

活动要求:1. 分小组讨论。

2. 小组成员交流分享。

3. 各小组选派代表在全班交流分享。

4. 任课教师点评和指导。

任务拓展

竞争者的分类

从企业在目标市场上的地位或角色看,竞争者可以分为以下几种:

1. 市场领先者(Market Leader)

某个公司在相关产品市场上占有最大的市场份额,通常在价格变化、新产品引进、分销覆盖和促销强度上,对其他公司起着领导者的作用。如通用、柯达、IBM、宝洁等。保持第一位的优势需要在以下 3 个方面采取行动:扩大总需求、保护现有的市场份额和增加市场份额。

2. 市场挑战者(Market Challenger)

挑战者攻击市场领先者和其他竞争者,以夺取更多的市场份额。常用的进攻策略有正面进攻、侧翼进攻、包围进攻、迂回进攻、游击进攻。作为特定的进攻战略,挑战者还可以采用价格折扣、名牌战略、产品延伸、渠道创新、改进服务、密集广告等。

3. 市场跟随者(Market Follower)

大多数居第二位的公司喜欢追随而不是向市场领先者挑战。领先者在一个全面的战役中往往可能有更好的持久力,一场恶战可能会使双方两败俱伤,这意味着挑战者在进攻前必须三思而行。市场追随者的角色有仿造者、紧跟者、模仿者和改变者。

4. 市场补缺者(Market Nichers)

在大市场上成为跟随者的备选方案是在小块市场或补缺市场成为领先者。小公司经常避免与大公司竞争,它们的目标市场是小的细分市场或大公司不感兴趣的市场,但有些大公司的业务部门也推行补缺战略。

任务二　分析市场营销环境机会和环境威胁

任务导入

通过"助你"营销策划公司工作人员解释、分析后,小明明白了产品滞销或者供不应求,除了与产品本身有关外,环境的影响是非常重要的,带给企业的可能是机会,同时也可能存在威胁。循着这个思路,小明学习了如何分析市场营销环境带来的机会和威胁。

任务分析

学习市场营销环境机会和威胁,可以让学生更加科学有效地分析企业所处的环境,并根据分析结果制订出合理的营销方案。

知识呈现

所谓环境威胁是指营销环境中出现的对企业不利的发展趋势及由此形成的挑战;所谓营销机会是指营销环境中出现的对企业市场营销极富吸引力的变化趋势,使企业拥有竞争优势和差别利益。

一、环境机会分析与对策

环境机会可以用"环境机会矩阵图"表示,如图3.2所示。

		成功的可能性	
		大	小
潜在吸引力	大	Ⅰ	Ⅲ
	小	Ⅱ	Ⅳ

图 3.2　环境机会矩阵图

区域Ⅰ:最好的营销环境机会,其潜在吸引力和成功的可能性都很大,企业应抓住和利用这一机会,谋求发展。

区域Ⅱ:潜在吸引力小,而成功的可能性大。对中小企业来说,可积极加以利用,而对大型企业来说,应观察其发展变化趋势。

区域Ⅲ:潜在的吸引力大,而成功的可能性小。企业应设法找出成功可能性低的原因,然后设法扭转不利因素，使企业自身条件加以改善。

区域Ⅳ：潜在吸引力小，而成功的可能性也小。一般无机会可言。

企业把握市场机会应采取的对策有：

1. 发展策略

发展策略又称为抢先策略，一旦企业认为机会较好，即可抓住机会开发新产品和服务，抢先进入市场，在竞争中处于领先地位。一般来说，这种策略投资较大，并且有一定风险。

2. 利用策略

利用策略又称为紧跟策略，企业分析后认为经营风险大，但对企业的吸引力也大，此时，在市场上已有企业进入的情况下，采取紧跟方式，既可避免风险，又可较早进入市场。

3. 维持策略

维持策略又称为观望策略，是一种较为保守的做法，企业对机会采取观望态度，一旦时机成熟再加以利用。这一策略企业往往有较大的回旋余地，比较适合中小企业。

二、环境威胁分析与对策

与分析环境机会一样，采用“环境威胁矩阵图”表示，如图3.3所示。

		威胁的可能性	
		大	小
潜在严重性	大	Ⅰ	Ⅲ
	小	Ⅱ	Ⅳ

图3.3　环境威胁矩阵图

区域Ⅰ：潜在严重性和出现威胁的可能性均大，一旦出现，将会给企业造成极大的利益损失，应予以高度重视。

区域Ⅱ：潜在严重性小，出现威胁的可能性大，出现以后对企业造成的损失虽小，但也应加以注意。

区域Ⅲ：潜在严重性大，出现威胁的可能性小，但一旦出现，会给企业造成较大的利益损失，因而不可掉以轻心。

区域Ⅳ：潜在严重性小，出现威胁的可能性也小，一般不构成对企业的威胁，是最佳的市场营销环境。

企业针对环境威胁应采取的对策有：

1. 反抗策略

即企业试图限制或者扭转企业所面临的环境威胁，如利用各种方式促使政府通过某种政策或法令来改变环境对企业的威胁。

2. 减轻策略

通过调整营销组合等来改善环境适应性，以减少环境威胁的严重性。

3. 转移策略

即决定转移到其他盈利更多的行业或市场。

任务巩固

面对机会,企业要慎重评价其价值,根据不同的环境质量,可以采取发展策略、利用策略、维持策略3种做法;面对威胁,企业有3种对策:反抗策略、减轻策略和转移策略。

能力测评

案例分析:环境包含机会和威胁两方面的影响作用,分析环境的目的在于发现机会,避免和减轻威胁,企业对于环境不是无能为力的,企业在分析环境的基础上,可以增加适应环境的能力,避免威胁,也可以在一定条件下改变环境。

【案例3-14】

2005年3月15日,上海市相关部门在对肯德基多家餐厅进行抽检时,发现新奥尔良鸡翅和新奥尔良鸡腿堡调料中含有"苏丹红一号"成分。16日上午,百胜集团上海总部通知全国各肯德基分部"从16日开始,立即在全国所有肯德基餐厅停止售卖新奥尔良鸡翅和新奥尔良鸡腿堡两种产品,同时销毁所有剩余调料。"

3月16日下午,百胜发表公开声明,宣布新奥尔良鸡翅和新奥尔良鸡腿堡调料中含有"苏丹红一号",并向公众致歉。百胜表示,将严格追查相关供应商在调料中违规使用"苏丹红一号"的责任。

肯德基中国公司的部分产品,含有苏丹红事件在经历了近两周的检测和调查后,肯德基所属的中国百胜餐饮集团总裁苏敬轼于2005年3月28日正式公布调查结果:经过各级政府在不同城市对不同原料进行抽检,确认所有问题调料均来自江苏宏芳香料(昆山)有限公司供应给广东中山基快富公司的两批辣椒粉。中国百胜餐饮集团向全国消费者保证,肯德基所有产品都不含苏丹红。

肯德基公司此次由于苏丹红问题遭受了重大打击。苏敬轼称,针对苏丹红事件的教训,中国百胜餐饮集团决定采取3项措施防范部分食品生产供应商不能严把食品安全关带来的隐患:一是将在过去的基础上加强原有的检测能力,投资200万元建立一个现代化食品安全检测研究中心,对所有产品及使用原料进行安全抽检,并对中国食品供应安全问题进行研究。二是要求所有主要供应商增加人员,添购必要的检测设备,对所有进料进行食品安全抽检。三是强化选择上游供应商的要求标准,严防不能坚持食品安全的供应商混入供应链。

活动要求:

1.分小组讨论面对"苏丹红一号"事件给肯德基带来的环境威胁,百胜集团都采取了哪些对策?试用市场营销学的有关原理评价这些措施。通过这起事件,你认为企业的营销活动在与其营销环境的适应与协调过程中应注意哪些问题?

2.小组成员交流分享。

3.各小组选派一名代表在全班交流分享。

4.任课教师点评和指导。

任务拓展

威胁/机会综合分析

在营销过程中，当某一环境发生变化时，往往既是威胁，又是机会。这需要将二者结合起来进行分析，得出机会—威胁分析矩阵，如图 3.4 所示。

机会水平 \ 威胁水平	高	低
高	冒险业务	理想业务
低	困难业务	成熟业务

图 3.4　机会—威胁分析矩阵

冒险业务（Speculative Business），简称 SB，即高机会水平和高威胁水平的业务。

困难业务（Troubled Business），简称 TB，即低机会水平和高威胁水平的业务。企业处境已十分困难，必须想方设法扭转局面。

理想业务（Ideal Business），简称 IB，即高机会水平和低威胁水平的业务。这是企业难得遇到的好环境。

成熟业务（Mature Business），简称 MB，即低机会水平和低威胁水平的业务。这是一种比较平稳的环境。

项目训练

一、基本训练

（一）选择题

1. 企业对环境机会的评价，主要考虑（　　）。

A. 潜在顾客多少　　B. 市场潜在吸引力的大小

C. 企业自身能力　　D. 获得成功可能性的大小

2. 根据威胁水平和机会水平进行综合评价，企业面临的理想环境是指（　　）。

A. 高机会高威胁　　B. 低机会低威胁

C. 高机会低威胁　　D. 低机会高威胁

3. 国家为了鼓励农民种粮食，实行粮价补贴，这属于（　　）环境因素的影响。

A. 法律力量　　B. 政策因素　　C. 经济因素　　D. 社会因素

4. 老年公寓、保健品市场的繁荣，是（　　）环境的变化给企业带来的机会。

A. 人口环境　　B. 经济环境　　C. 文化环境　　D. 科学技术环境

(二)判断题

1. 环境是可控的,但又是不可控的,就看企业如何把握。 （　　）

2. 关注自然环境就是要求企业注意生产过程中的"三废"治理问题。 （　　）

3. 市场营销微观环境牵涉很多关联企业,所以它是不可控制的因素。 （　　）

4. 消费者有了"个人收入"就意味着他想怎么花钱就怎么花钱。 （　　）

5. 恩格尔系数越高,人们的生活水平就越高。 （　　）

6. 企业的成功在于公众的态度和影响,特别是外部公众。 （　　）

(三)简答题

1. 市场营销环境有何特征? 为什么要分析市场环境?

2. 宏观营销环境包括的主要因素有哪些? 任举一方面分析其对市场营销的影响。

3. 市场营销微观环境包括的主要因素有哪些? 请简要分析。

(四)课堂讨论

1. 假如某人想在校园附近开一家小餐馆,请分析它面临的 4 种类型的竞争对手。

2. 请根据你所在学校的校园周边环境,讨论在学校门口开什么店最赚钱。要求对其面临的机会和威胁作出分析。

二、能力提升

(一)案例分析

某烟草公司通过其市场营销信息系统和市场营销研究,了解到以下动向足以影响其业务经营:

(1)有些国家政府颁布了法令,规定所有的香烟广告及包装上都必须印上关于吸烟危害健康的严重警告。

(2)有些国家的某些地方政府禁止在公共场所吸烟。

(3)许多发达国家吸烟人数下降。

(4)该烟草公司的研究实验室很快发明了用莴苣叶制造无害烟叶的方法。

(5)发展中国家的吸烟人数迅速增加。据估计,中国目前有 4 亿多人吸烟,占总人口的 1/3,吸烟者中青年人所占比例最高。

请问:①上例中某烟草公司具体有哪些环境威胁和环境机会?

②综合来看,该公司面临什么性质的营销环境?

③面对环境威胁和环境机会,企业应采取什么对策?

(二)情景演练

(1)实训题目:掌握市场营销环境分析的方法。

(2)背景资料:假如你是某企业的市场营销人员,面对日益多变的市场营销环境,请你结合实际,分析快餐业或者手机业的环境机会和环境威胁,提出切实可行的市场营销对策。

(3)要求:先选择一个行业分组讨论,每组至少提出 3 个主要的环境机会和环境威胁;然后,每个同学有针对性地提出营销对策,写在自己的作业本上,字迹工整。

XIANGMU 项 目 四

分析消费者行为

教学目标

• 知识目标

能辨别消费者需求及其类别

能说出消费者购买动机、购买行为的类型及其特征

能阐述集团购买行为

• 技能目标

能用消费者需求的特点分析实际的营销现象

会用消费者具体的购买动机和购买行为的表现解决实际的营销问题,提出相应的营销措施

能针对集团购买的特征,提出企业应采取的营销措施

• 情感目标

提高学生分析问题和解决问题的能力

养成学生的理性思维

培养学生的创新意识

教学任务

任务一　认识消费者需求

任务二　分析消费者购买行为

任务三　分析集团消费者购买行为

任务一　认识消费者需求

任务导入

通过前期的学习,小明对什么是市场、市场营销的基本活动,以及市场环境都有了一定的了解和认识。但接下来,他又陷入了困惑中,自家公司虽已开业,产品质量在同类中算佼佼者,但销量却非常一般。他一直在思索,是产品不受消费者青睐,还是产品的需求量不大?带着疑问,他又开始着手研究消费者的需求状况。

任务分析

对消费者的需求特点和需求状况的分析,能让学生对消费者的购买行为有一定的判断,从而进一步了解市场供需状况。

知识呈现

一、消费者的含义

消费者有广义和狭义之分:

①狭义上的消费者:消耗生产资料和生活资料的人。

②广义上的消费者:商品的需求者、购买者和使用者。相应的消费活动也包括需求过程、购买过程和使用过程。

二、消费者需求分析

(一)消费者需求及特点

1.消费者需求

(1)概念

需求是指人们在个体生活和社会生活中感到某种欠缺而力求获得满足的一种心理状态。消费者需求是指消费者在一定的社会经济条件下,为了自身的生存与发展而对某一产品或服务的渴望与欲望,通常以对商品或服务的愿望、意向、兴趣、理想等形式表现出来。消费者需求既是营销活动的出发点,又是营销活动转化为购买活动的中介,没有消费者需求,营销活动就失去了它存在的意义。

(2)需求满足的过程

外界环境和内在生理、心理因素→刺激→心理紧张→需要→行为活动→满足需求→新的需求→刺激……

2. 消费者需求的特点

(1)对象性

消费者需求包括物质资料需求(吃饭、穿衣、住宿等)和精神需求(听音乐、旅游、受教育等),都有具体的对象。

(2)选择性

消费者个人气质、生活方式、家庭构成、收入状况、文化素养等不同,对商品的爱好与选择也不同。

(3)连续性

需求→满足→新的需求→再满足……永无休止。

(4)相对满足性

满足需求程度取决于消费者的消费水平,需求水平高,不容易满足;消费水平低,容易满足。

(5)发展性

社会发展、收入提高、生活方式变化等引起需求:

①由低级(一般商品)到高级(住房、汽车、电脑、高档家具、高档玩具、高档礼品等);

②由物质到精神(旅游、影视、戏剧、音乐、古董、名画、受教育等);

③由简单到复杂。

(6)弹性

商品的质量、价格等不同,定价、广告、分销等手段不同会引起消费者需求变化;

基本生活资料需求弹性较小,变化不大;

选择性商品、高档消费品需求弹性较大。

(7)流行性

一种消费热潮平息后,另一种消费热潮兴起。

(8)可诱导性

国家经济变动、生产流通服务部门工作质量、社会活动启示、广告宣传、人员推销等诱导消费者产生需求,或者弱欲望变成强欲望。

(9)连带性

如商品房需求→装修需求→家具需求、装饰需求等。

(10)层次性

马斯洛的 5 种需求层次理论(图 4.1):

生理需求:最低层次的需求,维持生命所必需的各种需求。如对食物、衣服、水、睡眠等的需求。

安全需求:对安全感、稳定性、秩序、人身安全等方面的需求。

归属与爱的需求:对感情、交际、友情等的需求。

尊重的需求:对自尊、自重、威信和成功的需求。

自我实现的需求:最高层次的需求,实现自己的潜能、发挥自己能力的需求。

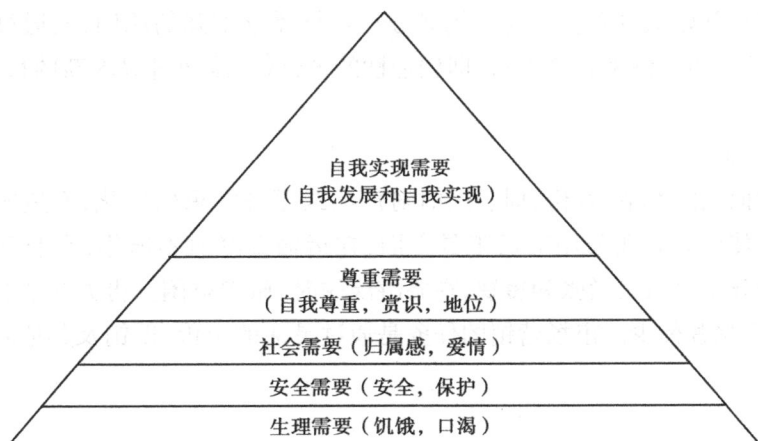

图4.1 马斯洛需求层次理论

（二）消费者需求的分类

1. 现实需求和潜在需求

现实需求：已明白所要购买的商品和价格等。

潜在需求：尚未明确所要购买的商品。

2. 生理需求和心理需求

生理需求：衣食住行的需求。

心理需求：某种消费心理需要，即高级需求。

3. 物品需求和服务需求

物品需求：物质产品的需求，即"硬件"的需求。

服务需求：服务产品的需求，即"软件"的需求。

4. 实践活动中存在的8种典型需求状况及其相应的营销管理任务

（1）负需求

负需求是指市场上众多顾客厌恶某种产品或服务，甚至愿意出钱躲避它。如近年来许多老年人为预防各种老年疾病不敢吃甜点心和肥肉。市场营销管理的任务是分析人们为什么不喜欢这些产品，并针对目标顾客的需求重新设计产品、定价，作更积极的促销，或改变顾客对某些产品或服务的信念和态度。

（2）无需求

无需求是指目标市场顾客对某种产品从来不感兴趣或漠不关心，如许多非洲国家居民从不穿鞋子，对鞋子无需求。市场营销者的任务是制造需求，通过有效的促销手段，把产品利益同人们的自然需求及兴趣结合起来。

（3）潜在需求

潜在需求是指现有的产品或服务不能满足许多消费者的强烈需求。例如：烟民对无害烟叶的需求；老年人对高植物蛋白、低胆固醇保健食品的需求。企业市场营销的任务是准确地衡量潜在市场范围，开发有效的产品和服务满足这些需求。

（4）下降需求

下降需求是指目标市场顾客对某些产品或服务的需求出现了下降趋势，如近年来城市居民对电风扇的需求开始减少等。市场营销者分析市场需求下降的原因,或通过改变产品的特色,采用更有效的沟通手段来刺激需求,即创造性的再营销,或通过寻求新的目标市场,以扭转需求下降的趋势。

(5)不规则需求

许多企业常面临因季节、月份、周、日、时对产品或服务需求的变化,而造成生产能力和商品的闲置或过度使用。如在公用交通工具方面,在运输高峰时不够用,在非高峰时则闲置不用。又如在旅游旺季时旅馆紧张和短缺,在旅游淡季时,旅馆空闲。再如在节假日或周末商店拥挤,在平时商店顾客稀少。市场营销的任务是通过灵活的定价、促销及其他刺激手段来改变需求时间模式。

(6)充分需求

充分需求是指某种产品或服务目前的需求水平等于期望,令组织满意。企业营销的任务是当消费者需求发生变化、竞争日益加剧时,通过改进产品质量及不断估计消费者的满意程度,维持现实需求,这称为"维持营销"。

(7)过度需求

过度需求是指市场上顾客对某些产品的需求超过了组织的供应能力,产品供不应求,比如由于人口增加和经济发展,引起交通、能源及住房等产品供不应求。企业营销管理的任务是减缓营销,可以通过提高价格、减少促销和服务等方式使需求减少。

(8)有害需求

有害需求是指市场对某些有害产品或服务的需求。企业营销管理的任务是反市场营销,即大力宣传有害产品或服务的严重危害性,大幅度提高价格,以及减少供应或通过立法禁止销售。

(三)影响消费者需求的因素

(1)消费者自身因素

考虑消费者自身因素,以满足消费者的需要。

经济收入:分不同档次提供商品,以满足需求。

文化程度:分不同档次提供商品,以满足需求。

个性特征:分不同特征提供商品,以满足需求。

生活方式:分不同特征提供商品,以满足需求。

比如:蓝领阶层多数喜欢喝白酒;而白领阶层多数喜欢喝葡萄酒。这就是由于消费者自身因素的差异引起的需求差异。

(2)消费者外界因素

考虑企业的营销策略或消费者外部环境因素去适应消费者的需求。

企业因素:产品、价格、分销、促销、企业形象等要适应消费者需求。

外部环境:政治、经济、法律、科技、文化、自然等对消费者的影响。

比如:美国人喜欢旅游;而中国人喜欢饮食。中国人喜欢"8";日本人不喜欢"4";印度人不喜欢"0";西方人普遍忌讳"13";非洲人忌讳偶数;等等。四川辣、山西醋、江浙甜、山东葱蒜。这些需求的差异是由于消费者的外界因素(经济因素、文化因素)引起的。

任务巩固

1. 马斯洛需求层次理论提示了人的需要与动机的规律。

2. 消费者需求的理论学习,消费者的购买分析判断,培养分析市场的能力,把握市场的变化,从而真正熟悉市场,了解市场的消费者。

能力测评

【案例 4-1】老太太卖枣子

一条街上有 3 家水果店。

一天,有位老太太来到第一家店里,问:"有李子卖吗?"

店主见有生意,马上迎上前说:"老太太,买李子啊?您看我这李子又大又甜,还刚进回来,新鲜得很呢!"

没想到老太太一听,竟扭头走了。

店主纳闷着,哎,奇怪啊,我哪里得罪老太太了?

老太太接着来到第二家水果店,同样问:"有李子卖吗?"

第二位店主马上迎上前说:"老太太,您要买李子啊?"

"啊!"老太太应道。

"我这里李子有酸的,也有甜的,那您是想买酸的还是想买甜的?"

"我想买一斤酸李子。"

于是,老太太买了一斤酸李子就回去了。

第二天,老太太来到第三家水果店,同样问:"有李子卖吗?"

第三位店主马上迎上前同样问道:"老太太,您要买李子啊?"

"啊!"老太太应道。

"我这里李子有酸的,也有甜的,那您是想买酸的还是想买甜的?"

"我想买一斤酸李子。"

与前一天在第二家店里发生的一幕相同;但第三位店主在给老太太秤酸李子时问道:"在我这买李子的人一般都喜欢甜的,可您为什么要买酸的呢?"

"哦,最近我儿媳妇怀上孩子啦,特别喜欢吃酸李子。"

"哎呀!那要特别恭喜您老人家快要抱孙子了!有您这样会照顾的婆婆可真是您儿媳妇天大的福气啊!"

"哪里哪里,怀孕期间当然最要紧的是吃好,胃口好,营养好啊!"

"是啊,怀孕期间的营养是非常关键的,不仅要多补充些高蛋白的食物,听说多吃些维生素丰富的水果,生下的宝宝会更聪明些!"

"是啊!那吃哪种水果含的维生素更丰富些呢?"

"很多书上说猕猴桃含维生素很丰富!"

"那你这有猕猴桃卖吗？"

"当然有,您看我这进口的猕猴桃个大、汁多、含维生素多,您要不先买一斤回去给您儿媳妇尝尝!"

这样,老太太不仅买了一斤李子,还买了一斤进口的猕猴桃,而且以后几乎每隔一两天就要来这家店里买各种水果。

案例思考:本案例中,老太太的需求是什么？假如你是水果店主,你会怎么做？

活动要求:1.分小组讨论。

2.小组成员交流分享。

3.各小组选一名代表在全班交流分享。

4.任课教师点评指导。

任务拓展

网络消费者需求特点

1.网络消费仍然具有层次性

网络消费本身是一种高级的消费形式,但就其消费内容来说,仍然可以分为由低级到高级的不同层次。需要注意的是,在传统的商业模式下,人们的需求一般是由低层次向高层次逐步延伸发展的,只有当低层次的需求满足之后,才会产生高一层次的需求。而在网络消费中,人们的需求是由高层次向低层次扩展的。在网络消费的初期,消费者侧重于精神产品的消费,如通过网络书店购书,通过网络光盘商店购买光盘。到了网络消费的成熟阶段,消费者在完全掌握了网络消费的规律和操作,并且对网上购物有了一定的信任感后,才会从侧重于精神消费品的购买转向日用消费品的购买。

2.网络消费者的需求具有明显的差异性

不同的网上消费者因所处的时间、环境不同而产生不同的需求,不同的网上消费者在同一需求层次上的需求也会有所不同。网上消费者来自世界各地,国别、民族、信仰以及生活习惯的不同产生了明显的需求差异性。这种差异性远远大于实体商务活动的差异。所以,从事网络营销的厂商要想取得成功,必须在整个生产过程中,从产品的构思、设计、制造到产品的包装、运输、销售,都认真思考这种差异性,并针对不同消费者的特点,采取有针对性的方法和措施。

3.网络消费者的需求具有交叉性

网络消费中,各个层次的消费不是相互排斥,而是有紧密的联系的,需求之间广泛存在交叉的现象。例如:在同一张订购单上,消费者可以同时购买最普通的生活用品和昂贵的饰品,以满足生理的需求和尊重的需求。这种情况的出现是因为网上商店可以囊括几乎所有商品,人们可以在较短的时间里浏览多种商品,因此产生交叉性的购买需求。

4.网络消费者需求的超前性和可诱导性

网络冲浪者大都是具有超前意识的年轻人,他们对新事物反应灵敏,没有陈旧观念,接受速度很快。从事网络营销的厂商应充分发挥自身的优势,采用多种促销方法,启发、刺激网络消费的新需求,唤起他们的购买兴趣,诱导网络消费者将潜在的需求转变为现实的需求。

任务二　分析消费者的购买行为

任务导入

针对自家公司的经营状况小明做了大量的市场调研,通过调研发现,并非是产品质量不高和需求量不大的问题,而是公司未能通过一系列合适的营销策略来刺激消费者的购买欲,面临众多品牌和产品的选择时大多数消费者会犹豫不定。因此,小明意识到如何让消费者心甘情愿地成为忠实客户,还需要进一步学习和了解消费者的购买行为和心理动机。

任务分析

学习消费者购买行为,让学生认识到消费者的购买行为和心理动机,并灵活运用营销策略和手段,让消费者真正满意。

知识呈现

一、消费者购买动机分析

(一)需要、动机、行为三者的关系

动机就是由需要引起的,推动人们实施购买行为的驱动力。动机的产生必须具备两个条件:一是具有一定强度的需要;二是具有满足需要的目标和诱因。

需要、动机、行为三者的相互关系:

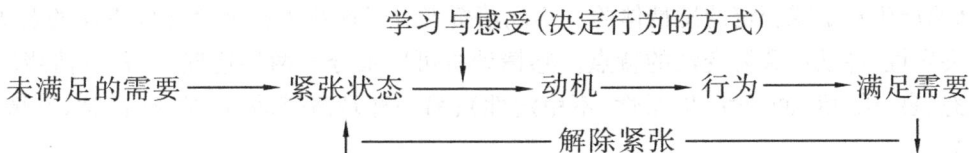

学习与感受(决定行为的方式)

未满足的需要 ——→ 紧张状态 ——→ 动机 ——→ 行为 ——→ 满足需要

解除紧张

动机由需要而生。消费者的购买行为,是消费者解决其需要问题的行为。不同的人有不同的需要,人们在生理上、精神上的需要也就具有广泛性与多样性。每个人的具体情况不同,解决需要问题轻重缓急的顺序自然各异,也就存在一个"需要层次"。急需满足的需要,会激发起强烈的购买动机,需要一旦满足,则失去了对行为的激励作用,即不会有引发行为的动机。

注意:购买动机与消费行为目的不同。如人们购买名酒有不同的目的,有为了自己品尝或宴请亲朋好友的,有作为馈赠礼品或其他之用的,但是需要动机是相同的,都是为了某种需要而产生的动机。

(二)消费者购买动机的类型及营销策略

1.消费者一般的购买动机

消费者一般的购买动机分为两种类型:

（1）生理性购买动机

1）含义

生理性购买动机是由人类生理本能引起的购买动机。俗话说，饥思食，渴思饮，乏思止。为了保持和延续人的生命，人类都具有吃饭、穿衣、休息、繁衍后代等生存本能，因而由这种生理本能需要所引起的购买动机，称为生理性购买动机，也称本能动机。

2）类型

生存性购买动机：满足生存需要的内驱力，即生命有机体存活的需要。如饥饿需要产生一日三餐的动机。

享受性购买动机：满足享受性需求的内驱力，即生命有机体舒适的需要。如为了居住并住得更舒服的需要产生购买大房子的动机。

发展性购买动机：满足发展需要的内驱力，即生命有机体健康、充实的需要，包括体力发展的需要和智力发展的需要。如为了穿得暖和，更是为了穿得舒服，还有为了能参加体育锻炼使身体健康的需要，产生了购买鞋子的动机。

（2）心理性购买动机

1）含义

由于人们的认识、感情和意志等心理活动而引起的动机，称为心理性购买动机。它是消费者为了满足社交、友谊、娱乐、享受和事业发展而产生的购买动机。

2）类型

理智购买动机：是消费者对产品有了客观清晰的认识，经过理性的分析比较后产生的购买动机。它具有客观性、周密性和可控性的特点。

比较产品质量、性能、价格比、售后服务等→理智型购买内驱力→挑选性购买行为。如人们购买家电、房子等商品时表现出来的动机。

感情购买动机：消费者对产品、生产销售的企业以及需要能否得到满足，都有亲疏好恶的态度，从而产生肯定或否定的感情体验。不同消费者对于这些体验就会形成不同的购买动机。它具有突发性、冲动性和易变性的特点。感情动机可以细分为两种情况：一种是情绪动机（情绪：喜、怒、哀、乐、惧，冲动性、即景性、不稳定性）；另一种是情感动机（情感：亲情、友情、爱情，稳定性）。

商品新颖奇特的外观、流行款式、精制漂亮的包装等→感情变化→感情型购买内驱力→冲动性购买行为。如小孩购买明星广告产品，人们购买饮料、食品等，多数时候都是表现出感情型购买动机。

惠顾购买动机：是消费者由于对特定的产品或生产销售者特殊的信任和偏好而形成的购买动机。具有排他性和不可替代性的特点。

商品质量上乘、价格适宜、维修方便、服务礼貌周到、商品品种齐全、过去购买行为的认识→特别感受→惠顾性购买内驱力→重复性、习惯性购买行为。如老年人、家庭主妇购买商品时往往表现出这种动机，在购买时间、地点方面都形成习惯性购买。

2.消费者具体的购买动机

受每个消费者心理因素的影响，生理性购买动机和心理性购买动机表现出各种具体的购

买动机,即购买的心理目的。归纳起来共有6种:

(1)求实购买动机

①含义:追求商品使用价值形成的购买动机。

②注重:商品使用寿命长短和使用是否方便,不强调商品外观式样。

例如:男性、老年人购买商品时往往比较理性,多数时候表现出这种购买动机。

(2)求新购买动机

①含义:追求商品风尚和新颖形成的购买动机。

②注重:商品的款式、颜色、造型是否时尚和制作材料、内部结构是否新颖独特,不重视商品实用程度、价格。

例如:小孩、青少年购买他们使用的商品时往往关注商品的外观是否独特,能否满足自己的好奇心,就属于这种购买动机。

(3)求美购买动机

①含义:追求商品的欣赏价值和艺术价值形成的购买动机。

②注重:商品的颜色、款式、包装、对环境的装饰作用和消费时表现的风格和个性,不挑剔商品的实用价值和价值。

例如:通过款式色彩协调的服装搭配装扮自我形象,选购家庭装饰用品美化居住环境,以及对美容、美发服务的消费等,都是求美动机的体现。

(4)求名购买动机

①含义:追求名牌、高档商品以显示或提升身份、地位形成的购买动机。

②注重:商品的影响和象征意义,不注重商品的使用价值。

例如:在高收入者中对家电、服装、化妆品的购买时,求名成为他们带有普遍性的主导动机。

(5)求廉购买动机

①含义:追求商品价格低廉形成的购买动机。

②注重:商品价格的高低和减价、处理价、降价、折价商品。

例如:对于老年人、家庭主妇来说,以较少的支出获取较大的收益是一种带有普遍性的动机。

(6)习惯性购买动机

①含义:追求个人特殊爱好形成的购买动机。

②注重:商品是否符合消费者的生活习惯、业余爱好、从事的工作。

例如:知识分子爱好书籍;摄影者爱好摄影器材等就是这种动机的体现,它与消费者的生活习惯、业余爱好、工作性质有关,能让消费者得到最大的心理满足。

消费者还存在从众动机、求安动机、嗜好动机、好奇动机等,营销企业应注重采取相应措施满足消费者的需要。

二、消费者购买行为分析

人的行为受心理活动支配。从心理到行为,心理学中有一个"刺激→行为"模式,即"刺激→需求→动机→行为"。刺激产生需求,需求强烈到一定程度时就会诱发动机,动机强烈到一定程度就导致行为。营销者的任务是去了解介于外在刺激与采购决策间的购买者黑箱(消费者在受到外部刺激后所进入的心理活动过程)。

购买行为是消费者行为心理过程的集中表现。

从购买行为的过程看,包括确认需要、收集信息、寻求解决方案、评价与选择最佳方案、实施购买或不购买决策,即刺激需求、产生需求、比较需求、实现需求、感受需求。

从购买行为的内容看,包括何时购买、何处购买、何人购买以及为何购买等。即:

消费者市场由谁构成?(Who)　　购买者(Occupants)

消费者市场购买什么?(What)　　购买对象(Objects)

消费者市场为何购买?(Why)　　购买目的(Objectives)

消费者市场的购买活动有谁参与?(Who)　　购买组织(Organizations)

消费者市场怎样购买?(How)　　购买方式(Operations)

消费者市场何时购买?(When)　　购买时间(Occasions)

消费者市场何地购买?(Where)　　购买地点(Outlets)

由于后7个英文字母的开头都是O,所以称为"7O"研究法。

1.消费者需求变为购买行为的一般模式

消费者购买过程如图4.2所示。

唤起需要 → 收集信息 → 比较评价 → 购买决策 → 购后感受

图4.2　消费者购买过程

(1)刺激需求(即唤起需要)

人的需要可以由两种刺激引起:一是内部刺激,就是饥渴等生理方面刺激产生的需要;二是外部刺激,就是人感知到外界刺激物而引起的需要。市场营销的"创新"和"开发"等实际上就是发现和满足顾客潜在需求。

(2)产生需求(即收集信息)

消费者需要没有被强化,就维持在这一阶段,条件发生变化时;如果被弱化,需求会消失;如果被强化,就会加强注意,主动去收集有关信息。消费者收集信息一般有4个来源:个人来源,如家庭、朋友、邻居、熟人等;商业来源,如广告、销售人员、经销商、包装、陈列、展销会等;公众来源,如大众媒介、消费者权益保护机构等;经验来源,如接触、检查、使用产品等获得。

这些信息来源的相对影响力因产品和消费者的不同而变化。总的说来,信息主要来自商业来源,而最有影响力的是个人来源,公众来源的信息可信度较高。对于企业来说,只有商业来源和公众来源是可以利用的,其他两个来源,企业虽然不可操作,但是可以通过"满意的顾客"的"最好的推销"来实现。

(3)比较需求(即比较评价)

消费者收集了相关产品的信息后,不可能把所选的产品全部买下来,这就有一个比较评价的筛选过程。顾客对自己所要购买的产品会列出一系列自己认为重要的属性,而把各种属性的重要性作为决定取舍的原则。如对手表的准确性、式样、耐用性等重要特征作出取舍。

（4）实现需求（即购买决策）

购买决策即决定购买或者不购买。购买决策是消费者购买行为最关键的阶段,是顾客最当心的阶段,也是企业一切营销努力的希望所在。商家研究的是谁决定购买或者不购买,即主要分析研究购买决策者,然后有针对性地采取营销措施。

消费者购买行为的决策受个人特征的影响,包括年龄、家庭状况、生活方式、个性、性别、职业、经济水平等。

①家庭是消费者购买决策参与者中最重要的相关群体。它对消费者个人价值观念、审美意识、生活方式及消费观念的形成影响最大。家庭对购买行为的影响主要体现在 3 个方面:

A. 家庭权威中心。一般有 4 种情况:

丈夫决定型:传统型家庭

妻子决定型:女权主义家庭

共同决定型:民主气氛较浓家庭

各自决定型:现代白领女性家庭和夫妻有矛盾时期

B. 家庭成员在购买过程中的角色。在消费者购买过程中,每个家庭成员可能扮演 5 种不同的角色,即发起者、影响者、决定者、购买者和使用者。

消费者以个人为单位购买时,5 种角色可能同时由一人担任;以家庭为购买单位时,5 种角色往往由家庭不同成员分别担任。

发起者:首先提出或有意购买某一产品或服务的人。

影响者:其看法或者建议对最终购买决策具有一定影响的人。

决定者:在是否购买、为何买、哪里买等方面作出部分或全部决定的人。

购买者:实际购买产品或服务的人。

使用者:实际消费或使用产品、服务的人。

企业有必要认识以上这些角色,因为这些角色对于设计产品、确定信息和安排促销方式和预算是有关联意义的。

C. 家庭寿命周期。家庭寿命周期是一个家庭从产生到消亡的全过程。一般经历 5 个阶段:

单身期:是指离开父母而单独生活的已经成年的年轻人。

新婚期:是形成结婚意向到第一个孩子出生的一段时间。

美满期或满巢期:指从第一个孩子出生到孩子离家独立生活的期间。

空巢期:是子女离家独立生活到父母俱在期间。

寂寞期或鳏寡期:是指二老只剩一个,家庭进入解体的时期。

消费者处在不同的家庭生命周期阶段,会有不同的爱好和需要。如新婚夫妇需要购买家具、家电等耐用消费品;而满巢期的家庭需要婴儿食品、玩具或青少年用的图书、体育用品、服装、交通工具等商品。

②消费者购买决策的类型:

个人决策:各自决定型家庭,特点是独立性较强。

集团决策:共同决定型家庭,特点是民主性较强。

男性决策:丈夫决定型家庭,特点是理智性、独立性、自信心、自尊心较强。

女性决策:妻子决定型家庭,特点是主动性、灵活性、波动性较强。

(5)感受需求(即购后感受)

消费者购买后的过程还包括4个内容,即决策确认、经历评估、满意或不满意和未来反应。

决策确认:消费者购买产品后回去确认购买决策是否明智,他会去寻求更多支持自己购买决策方案的正面信息,避免负面信息。

经历评估:购买后,消费者在使用过程中逐渐认识和熟悉这个产品,并且把它视为这个家庭或自己的一个部分。

满意或不满意:如果购买产品达到购买前的预期,消费者就会满意,否则就不满意;超过预期就会非常满意。

未来反应:它直接取决于消费者的满意程度。有3种可能的反应:退出、表达意见和忠诚。

消费者对产品满意与否直接决定着以后的行为。顾客满意的价值体现在以下几方面:忠诚于你的公司时间更久;购买公司更多的新产品,增加购买数量,提高购买产品的等级;为你的公司和品牌、产品说好话;忽视竞争者品牌和广告,并对价格不敏感;向公司提出产品/服务的建议;由于交易惯例化而比新顾客降低了服务成本。

消费者对产品不满意时所采取的方式有采取行动和不采取行动。采取行动又有公开行动和私下行动之分,公开行动主要有这些表现:向厂家寻求索赔、采取法律手段寻求赔偿、向厂家或私人或政法部门投诉;私下行动主要有这些表现:停止购买以抵制厂家的行为、提醒朋友或他人注意。

2.消费者购买行为过程的一般心理活动

8个阶段:

①注意:商店形象(店容店貌、卫生、商品陈列、装饰装修等)和营业人员形象。

②兴趣:对购买某种商品的兴趣。

③联想:该商品能给消费者带来什么利益或者效果(营业人员可引导)。

④欲望:产生购买的需要。

⑤比较:货比三家。

⑥偏好:比较后产生某种偏好。

⑦行动:决定购买。

⑧满意:满足需要。

要求:售货员善于观察和掌握顾客的心理变化,主动、热情、周到、耐心地服务顾客。

3.消费者购买行为的内容

①购买什么:这是购买决策最基本的任务之一。对于消费者来说,决定购买什么不能只停留在一般产品类别上,必须要有明确具体的指向对象。如口渴不能只决定购买液体或者固体,还要具体到购买什么液体、什么品牌、哪个厂家生产的。

②购买的心理目的:为何购买,即求实、求新、求美、求名、求廉、好胜心理、好癖性心理、隐私性心理等表现。

③何时购买:根据商品特点、购买能力、消费习惯等因素决定。如:

日常生活用品:下班后、休假日购买;

时令商品、节日商品:购买旺季的时间性较强;

结婚用品、婴儿用品:集中购买;

耐用商品:受购买力、储蓄、信贷影响。

要求:市场营销人员掌握何时购买的特点,及时组织货源,采取适当的供货方式,利用有利时机,促进购买行为实现。

④何地购买:主要是购货方便的地方。

要求:购买地点设置适当。

⑤何人购买:家庭的不同成员充当发起者、影响者、决定者、购买者、使用者的角色。如丈夫或妻子,往往是决定者与购买者;孩子(青年),往往是流行款式、时令商品的发起者。

要求:分析不同商品的购买角色特点,可以有针对性地开展促销活动,帮助消费者实现购买行为。

⑥如何购买:指消费者购买商品时的货币支付方式和获得产品所有权的方式及途径,如现金支付、分期付款、赊销、邮购、网上订购、自购、托人代购等。

消费者如何购买,不仅会影响市场营销活动的状态,而且会影响产品设计、价格政策,以及营销计划的制订和其他经营决策。因此,企业应认真加以对待。

4. 消费者购买行为的类型及其营销手段

(1)习惯性购买行为及其营销手段

①表现:通常是按照自己过去形成的爱好和习惯购买某种品牌、商标、规格的商品,甚至习惯到某一商店购买,购买商品时目标明确,成交迅速,并经常重复购买。

②适用性:生活日常用品,如牙膏、香烟、饮料、洗衣粉等。

③营销手段:营销人员要特别注意保持和顾客的良好关系,以商品的质量保证和优良的服务稳定和发展这类顾客,争取他们购买和复购。

(2)理智性购买行为及其营销手段

①表现:头脑冷静,一般在购买之前对所要购买的商品经过慎重考虑和比较,不轻易受广告等外界因素的影响。购买商品时,总要反复比较,慎重选择才决定购买,交易过程较慢。

②适用性:高档消费品、耐用消费品、文化艺术品等。

③营销手段:营销人员要多介绍商品知识,展示商品性能、用途,解决顾客购买的各种疑虑,在商品质量、效用、价格、服务、优惠条件等方面吸引消费者。

(3)冲动性购买行为及其营销手段

①表现:易受外界刺激物影响而采取购买行为。这类消费者对商品的选择以直观为主,很少思索,不大考虑价格是否合理,商品是否适用,而是从兴趣出发,喜欢追求新颖时尚的商品,成交迅速。

②适用性:服装、女性用品、儿童玩具、某些小商品等。

③营销手段:营销人员主要是突出商品展示,多介绍商品的特色,迎合消费者的冲动心理,鼓励消费者购买并迅速成交。

(4)随意性购买行为及其营销手段

①表现:缺乏购买经验,缺少主见的一种购买行为。

②适用性:缺乏主见、无固定偏爱的消费者购买时发生。

③营销手段:营销人员要多用室内广告、商品陈列醒目、热情接待顾客等营销手段,使这部分顾客的随意性和不定性转化为实际购买。

(5)经济性购买行为及其营销手段

①表现:喜欢购买廉价的商品,购买商品时,主要以价格高低为购买条件。

②适用性:求廉消费者常发生的行为。

③营销手段:营销人员主要是突出一个"廉"字,把廉价商品摆放在醒目的位置上,同时多作宣传,以吸引这部分消费者。

(6)享受性购买行为及其营销手段

①表现:这类消费者购买商品时讲究名、特、优、新,对于价格具有较高的承受能力。

②适用性:高消费的顾客常发生的行为。

③营销手段:营销人员要突出商品的名、特、优、新,要以优质的服务、优雅的店容店貌来满足这部分消费者的需要。

(7)便利性购买行为及其营销手段

①表现:这类消费者购买商品时要求方便、快捷的营业时间和空间、服务措施等,以缩短和节约购买时间。

②适用性:在时间、空间上要求较高的消费者常发生的行为。

③营销手段:企业要多设网点、加强服务,以及采用"电话购物""送货上门""一条龙服务""网上购买""电视购物"等新的销售方式。

(8)疑虑性购买行为及其营销手段

①表现:这类消费者购买商品时存在戒备心理,顾虑重重,对售货员介绍、宣传的商品持怀疑态度。

②适用性:买方市场中的消费者普遍存在的购买行为。

③营销手段:营销人员应注意消除顾客的怀疑。

(9)想象性购买行为及其营销手段

①表现:这类消费者购买商品时表现出感情丰富、善于联想,对商品的外观、造型、颜色、命名较重视。如松鹤图案表示长寿健康;双喜图案表示幸福等。

②适用性:特殊群体消费的商品。

③营销手段:营销人员应注意将商品命名、商标、图案与消费者的向往、理想联系起来。

任务巩固

1.消费者的需求是否得到充分的满足,关系到企业的成败,企业有必要主动地对消费者的需求进行分析。消费者需求分析包括对消费者需求特点、需求类型及影响需求满足的各种因素进行分析。

2.消费者发生购买行为之前,都存在较为复杂的心理活动过程,即购买动机的形成过程。

无论消费者购买动机是生理或心理因素引起的,归纳起来不外乎有求实、求美、求新、求名、求廉、习惯性 6 个方面的不同动机(购买心理反映)。

3.购买行为是消费者行为心理过程的集中表现。从购买行为的过程看,包括刺激需求、产生需求、比较需求、实现需求、感受需求;从购买行为的内容看,包括何时购买、何处购买、何人购买以及为何购买等。消费者购买行为过程的一般心理活动有注意、兴趣、联想、欲望、比较、偏好、行动、满意 8 个阶段。消费者购买决策主要有个人决策、集体决策、男性决策、女性决策 4 种类型,每种决策存在各自的特点,营销人员应抓住特点采取有针对性的手段。

4.消费者购买行为归纳起来有习惯性购买、冲动性购买、理智性购买、随意性购买、经济性购买、享受性购买、便利性购买等 9 种行为,企业应针对每种购买行为的特点采取相应的营销措施组合。

能力测评

【案例 4-2】老年人消费行为分析及企业的营销对策

消费心理是消费者在满足消费需要活动中的思想意识,它支配着消费者的购买行为。人进入老年后,由于生理器官的变化,必然引起心理上的变化。研究老年人的心理特征,有助于了解和掌握老年人的消费心理,为企业的营销决策提供依据。

某服装企业在为老年人提供服装时,采用了以下营销措施:

(1)宣传策略上,着重宣传产品的大方实用、易洗易脱、轻便、宽松。

(2)在媒体的选择上,主要是电视和报纸杂志。

(3)在信息沟通的方式方法上,主要是介绍、提示、理性说服,而力求避免炫耀性、夸张性广告,不邀请名人明星。

(4)在促销手段上,他们主要是价格折扣、开展销会。

(5)在销售现场,生产厂商派出中年促销人员,为老年消费者提供热情周到的服务,为他们详细介绍商品的特点和用途,若有需要,就送货上门。

(6)在销售渠道的选择上,他们主要选择大商场,靠近居民区,并设立了老年专柜或老年店中店。

(7)在产品的款式、价格、面料的选择上,分别采用了以庄重、淡雅、民族性为主,以中低档价格为主,以轻薄、柔软为主,适当地配以福、寿等喜庆寓意的图案。

(8)在老年顾客的接待上,厂家再三要求销售人员在接待过程中要不疾不徐,以介绍质量可靠、方便健康、经济实用为主,在介绍品牌、包装时注意顾客的神色、身体语言,适可而止,不硬性推销。

某一天,在该厂设立的老年服装店里来了四五位消费者,从他们亲密无间的关系上可以推测出这是一家人,并可能是专为老爷子来买衣服的。老爷子手拉一位十来岁的孩子,面色红润、气定神闲、怡然自得,走在前面,后面是一对中年夫妇。中年妇女转了一圈,很快就选中了一件较高档的上装,要老爷子试穿;可老爷子不愿意,理由是价格太高、款式太新;中年男子说反正是我们出钱,你管价钱高不高呢。可老爷子并不领情,脸色也有点难看。营业员见状,连忙说,老爷子您可真是好福气,儿孙如此孝顺,您就别为难他们了。小男孩也摇着老人的手说好的好的,就买这件好了。老爷子说小孩子懂什么好坏,但脸上已露出了笑容。营业员见此情景,很快将衣服包装好,交给了中年妇女,一家人高高兴兴地走出了店门。

经过这8个方面的努力,该厂家生产的老年服装很快被老年消费者所接受,销售量急剧上升,企业获得了很好的经济效益。

分析讨论:

①这8个方面体现了老年消费者怎样的消费心理和购买行为,企业这样做的营销依据是什么,他们和青年人、妇女等在消费心理、购买行为上有什么区别,这样的心理和行为是怎样形成的?

②请分析这户人家不同的购买角色和营业员的销售技巧。

③从消费者行为过程分析,谈谈无所不在的超市促销员的促销行为。

活动要求:1. 分小组讨论本案例的问题。

2. 小组成员交流分享。

3. 各小组选派一名代表在全班交流分享。

4. 任课老师点评和指导。

任务拓展

让消费者保持心理舒适的方法

①让声音更动人,运用声音感动人,可以通过控制语速、语调、略作停顿等来调节声音。

②让行为更亲和,通过目光、手势、体态让消费者感受到你对他的重视。

③情感真切,以真诚服务感染消费者。

④遵守职业道德,杜绝不良行为举止。

任务三　分析集团消费者购买行为

任务导入

通过不断地学习研究,小明逐渐掌握了一些适用本公司的营销策略。在他的提议下,公司采纳了一些营销策划方案,生意也渐渐有了起色。但小明却并不满足,他又继续思索,公司若要长期盈利,最好能找到长期合作的大客户。但如何寻找大客户,如把他们变成公司的忠实顾客,这又成了小明接下来需要探究的知识。

任务分析

通过对集团消费者购买行为的分析,让学生认识到集团购买是企业生存的一大优势,以及让学生掌握集团购买的行为过程以及销售方的营销活动。

知识呈现

一、集团购买、集团消费者的含义

集团购买是集团消费者实施的购买。

集团消费者是指除购买生产资料以外的社会集团,包括政府机关、部队、学校、事业单位、集体组织、社会团体,以及工商企业自身。

二、购买对象

生活资料商品及劳务,包括住宅、轿车、冰箱、照相机、家具、乐器、面包、卫生纸等。

三、购买参与者

1. 购买团体的使用者、影响者、采购者、决定者、控制者

①使用者是指具体使用欲购买的某种集团消费品的人员。如公司要购买打字机,其使用者是办公室的秘书。使用者往往是最初提出购买某种用品意见的人,他们在计划购买产品的品种、规格中起着重要作用。

②影响者是指从集团的内部和外部直接或间接地影响购买决策的人。他们常协助集团确定产品规格。在众多的影响者中,集团外部的咨询机构和内部的技术人员影响最大。

③采购者是指集团中具体执行采购决定的人。他们是集团里有组织采购工作正式职权的人员,其主要任务是交易谈判和选择供应者。在较复杂的采购工作中,采购者还包括单位中的高层管理人员。

④决定者是指集团里有权决定购买产品和供应者的人。在通常的采购中,采购者就是决定者。而在复杂的采购中,决定者通常是单位的主管。

⑤控制者是指控制集团外界信息流向的人,诸如采购代理商、技术人员、秘书等,他们可以阻止供应者的推销人员与使用者和决定者见面。

2. 政府机构、国家财政拨款单位实行政府采购制度,即购买者为政府

政府采购制度是有关政府采购的一系列法规、政策和管理办法的总称,它是规范政府采购行为的依据。

政府采购是指政府为了实现其职能的需要,按照法定的程序和方式,从国内外市场上为政府部门或所属的公共部门购买商品和劳务的行为。具有公共性、公开性(即招投标方式和竞争性谈判形式采购),采购资金不是直接划拨给支出单位,而是直接支付给供应商。

四、购买行为过程

认识需求→确定需求特点和数量→评述产品规格→寻找供应商→接受、分析供应商建议→选择供应商→发出正式订单→检查和评价履约情况。

五、企业的营销措施

①确定企业的营销品种,主动了解政府采购信息,积极投标,参加谈判。

②搞好企业与周围社会集团的公共关系,掌握当地社会集团的大型庆祝活动,尽可能采用大批量分销。如在我国传统的五一节、中秋节、国庆节、春节、教师节等节日前夕,尽可能地采用大批量分销。

③市场营销人员要善于以合法手段做好社会集团中主管采购人员和具体采购人员的工

作。在进行此项工作时,不得违规向有关单位和个人变相行贿,避免出现国家严厉打击的商业贿赂。如采购方可以用明示方式给对方折扣,赠送小额广告礼品等。

任务巩固

集团购买是工商企业的大客户,企业应认真分析他们的购买对象、购买者、购买方式和资金来源等,有针对性地开展营销工作。

能力测评

【案例4-3】雅戈尔集团的发展

雅戈尔集团创建于1979年,经过30多年的发展,逐步确立了以纺织、服装、房地产、国际贸易为主体的多元并进、专业化发展的经营格局。集团现拥有净资产50多亿元,员工25 000余人,是中国服装行业的龙头企业,综合实力位列全国大企业集团500强第144位,连续4年稳居中国服装行业销售和利润总额双百强排行榜首位。主打产品——雅戈尔衬衫连续11年获市场综合占有率第一位,西服也连续6年保持市场综合占有率第一位,西服、衬衫、西裤、夹克和领带同为中国名牌产品。在注重服饰零售的同时,雅戈尔积极开展针对团体工作制服的销售并成功,许多企业、公司、政府成为它的顾客,帮它创造了销售神话。

案例思考:雅戈尔集团的发展采取了什么营销措施?

活动要求:1.分小组讨论本案例。

2.小组成员交流分享。

3.各小组选派一名代表在全班交流分享。

4.任课老师点评和指导。

任务拓展

集团采购的含义

集团采购一般是多品种、大批量、大金额、多批次甚至持续进行的,由集体决策,直接关系到多个人利益的采购活动。如果采购决策失误,将对集团造成较大的损失。所以,集团采购一般要慎重、科学、严格。家庭采购也可以算是集团采购,但典型的集团采购主要是指企业采购、政府采购、事业单位采购、军队采购等。这些不同类型的采购有一些共同点,但各自有各自的特点。其中,企业采购尤为广泛和重要,这也是大多数人关注的。企业采购根据企业类型的不同,可分为流通企业采购和生产企业采购。

项目训练

一、基本训练

(一)选择题

1.某夫妇携刚上小学的儿子上街,经过鞋城时,儿子要求购买在电视广告中经常出现的 130 元 1 双的"彪马"运动鞋,后经夫妇商量并说服儿子,买了一双 35 元的"四驱兄弟"运动鞋。这种购买行为属于( )。

    A. 经济性购买　　　　B. 理智性购买　　　　C. 情感性购买　　　　D. 冲动性购买

2.影响消费者购买行为的因素包括( )。

    A. 信念和态度　　　　　　　　　　B. 年龄和家庭生命周期

    C. 社会阶层　　　　　　　　　　　D. 经济状况和生活方式

3.按马斯洛的需求层次论,人的最高层次的需求是( )。

    A. 生理需求　　　　　　B. 安全需求　　　　　　C. 自我实现需求

    D. 社会需求　　　　　　E. 尊重需求

4.( )是消费者购买决策的起点。

    A. 收集信息　　　　　　B. 唤起需求　　　　　　C. 外部刺激　　　　　　D. 比较评判

(二)判断题

1.顾客满意就是顾客能购买到称心如意的商品。　　　　　　　　　　　　　　　( )

2.对衣食住行等需求是每个人都需要的,因此所有人的需要都是大体相同的。　　( )

3.决定消费者是否重复购买的最重要阶段是购后感受阶段。　　　　　　　　　　( )

4.消费者需求是多种多样的,因此他们的动机也是多种多样的。　　　　　　　　( )

5.需求是可以刺激的,因此企业的刺激越大,需求就越大。　　　　　　　　　　( )

6.相关群体是人们的社会联系,而家庭是最重要的相关群体。　　　　　　　　　( )

(三)简答题

1.消费者需求具有哪些特点?

2.消费者购买具有哪些具体购买动机? 分别举例说明企业应采用的营销措施。

3.消费者有哪些购买行为? 企业应采取哪些营销措施?

4.对于集团购买企业一般应采取哪些措施?

(四)课堂讨论

分析讨论以下产品或服务的购买行为有何不同?

①一本市场营销书籍;

②任何价值超过 3 000 元的产品或服务。

二、能力提升

（一）案例分析

（1）美国著名篮球明星迈克尔·乔丹高超的篮球技术和令人振奋的体育精神,使他成为全世界青少年心目中的英雄,耐克公司请乔丹作为其代言人,设计以"飞人乔丹"命名的篮球鞋,还在商店设立乔丹专柜。"飞人乔丹"上市第一年即创下 1 亿美元的销售佳绩,耐克很快成了高档篮球鞋的主导产品。

　　请问:①耐克公司成功的主要原因是什么?

　　　　　②举出我国企业的一些类似例子并分析。

（2）某食品公司生产的水果罐头,曾一度无人问津。为摆脱困境,老板遂思得一巧计——在罐头上印上谜语,并注明打开罐头吃完东西,谜底就在罐底。这一新奇的招数竟使得销售量大增,产品也由滞销变为畅销,打开了市场。

　　请问:①本案例利用了消费者什么样的购买动机?

　　　　　②请再举出其他类似的实例,并分析说明,体会其中的营销智慧。

（二）营销实训

（1）实训题目:了解消费者的消费心理和购买行为。

（2）要求:先分组调查收集现实生活中的消费热点,每组至少收集 3 个消费热点;然后分组讨论每个消费热点的购买心理和购买行为;最后,由每个同学有针对性地提出营销对策,写在自己的作业本上,要求字迹工整。

项 目  五
细分与定位市场

教学目标

● **知识目标**

能概述市场细分的作用、依据、条件

能概述目标市场选择的标准

能归纳目标市场营销策略

能运用市场定位方法

● **技能目标**

能根据市场细分的依据和条件,进行市场细分

能利用目标市场营销策略选择目标市场

● **情感目标**

能提高学生对现象的分析判断能力

能树立学生的发展世界观

能养成学生的创新思维

教学任务

任务一　细分市场的依据和程序

任务二　选择目标市场营销策略

任务三　定位市场

任务一 细分市场的依据和程序

任务导入

苹果在中国人心目中寓意为平平安安,也叫平安果。平安夜祈求平安,是销售苹果的好日子,小明家根据往年的销量,在节前采购了两筐大苹果准备销售。因为天寒,虽然每斤仅售4元但仍然问者寥寥,生意非常冷清。小明爸爸也非常着急,看着街上熙熙攘攘的人流,他心中突然有了主意,走到附近商店买来节日织花用的红彩带,将苹果两两一扎,接着高叫道:"情侣苹果哟! 十元一对!"经过的情侣们甚觉新鲜,用红彩带扎在一起的一对苹果看起来很有情趣,因而买者甚多。不一会儿就全部卖光。小明觉得很奇怪:爸爸提高了售价将苹果销售给情侣反而热卖,这其中有什么窍门呢? 难道小小的苹果还要细分市场来营销? 为了明白父亲销售的道理,他开始细分市场基础知识和策略的学习。

任务分析

通过学习市场细分的依据和程序,让学生有能力正确地细分市场,为进一步选择目标市场打下良好的基础。

知识呈现

一、市场细分的含义

市场细分就是指从整体市场(整体市场通常太大以致企业很难为之服务)上消费者的不同需求出发,用一定的标准划分出不同的消费者群体,并与此相适应地划成小市场的过程,即化一个整体市场为若干"子市场"的过程。

市场细分是一个营销概念;市场细分的市场是指消费者;市场细分的行为主体只是营销者;市场细分是营销者为了选取目标市场和进行营销组合的设计;市场细分是相对一项产品市场而言,即细分某一产品市场的消费者。

例如:服装市场按照年龄、性别可以分为儿童、青少年、中老年市场;儿童男女装、青少年男女装、中老年男女装市场等。

汽车市场按照档次、载重、用途可以分为豪华、中等、经济车市场;大型、中型、小型车市场;跑车、四轮车、旅游车、小面包车等市场。

啤酒市场按照来源、档次、工艺可以分为国产、进口啤酒市场;高级、大众啤酒市场;淡、扎、干啤、无醇啤酒市场。

彩电、冰箱、空调、饮料、化妆品等市场,都有必要进行市场细分,以满足不同消费者的需要。

二、市场细分的依据

(一)消费者市场细分标准

消费者市场细分标准如表5.1所示。

表5.1　市场细分标准

变　量	地理因素	人口统计因素	心理因素	行为因素
具体标准	地区、城市大小、人口密度、气候、地形等	年龄、代沟、家庭类型、家庭生命周期、性别、收入、职业、教育、宗教、种族等	社会阶层、生活方式、个性等	使用动机、追求利益、使用者状况、使用率、品牌忠诚、准备程度、对产品态度等

(1)按地理变量细分市场

根据国家、地区、城市规模、气候、人口密度、地形地貌等方面的差异将整体市场分为不同的小市场。

如对防暑降温、御寒保暖之类的消费品按照不同气候带细分市场是很有意义的。

①地理区域——国内、国际市场;城市、农村市场;东部、西部市场等。如农村市场偏爱坚固耐用、能负重的自行车,而城市倾向于轻便、新颖的自行车;在饮食习惯上有"东辣西酸,南甜北咸"之说。

②地形气候——南方、北方市场等。如海南人不穿棉衣;青藏高原居民家中必备高压锅。

③交通运输——山区、平原市场等。如高原上的汽车需要特殊设计以保持稳定马力。

④人口密度——大城市、小城镇市场等。如和平药房在大城市中每300米开一家连锁店,而在小城镇只开一家连锁店。

(2)按人口变量细分市场

按人口统计变量,如年龄、性别、家庭规模、家庭生命周期、收入、职业、教育程度、宗教、种族、国籍等为基础细分市场,是最常用的细分依据。

①年龄——少年儿童需补钙、铁、锌等必要元素;老年人需要补钙、补肾、补气等保健品;人口老龄化对墓地的需求会增加。

【案例5-1】

第二次世界大战以后,美国的婴儿出生率迅速提高。到20世纪60年代,战后出生的一代已成长为青少年。加之,美国这个时期经济繁荣,家庭可支配的收入增加,所以,几乎所有定位于青少年市场的产业及产品都获得了巨大的成功,举世闻名的迪斯尼乐园就是成功的典范。70年代后期,受美国经济不景气的影响,出生率显著下降。到80年代中期,几乎所有原来定位于婴幼儿和儿童市场的产品市场都呈现出不同程度的萧条景象,这必然使那些原来定位于儿童和青少年市场的企业重新定位或扩大经营范围,如迪斯尼集团也不得不改变服务对象,除了继续以青少年为对象外,还增加了成年人游乐项目,并经营酒店、高尔夫球等业务,使企业在新的市场环境下得以继续发展。

②性别——很多产品已经注意到男女性别上的需求差异,包括汽车、酒、烟等。

【案例5-2】"洗地瓜洗衣机"在海尔诞生了!

1996年,一位四川农民投诉海尔洗衣机排水管老是被堵。服务人员上门维修时发现,这位农民居然用洗衣机洗地瓜,泥土多,当然容易堵塞!但服务人员并没有推卸责任,依然帮顾客加粗了排水管。农民感激之余,说:如果能有洗地瓜的洗衣机就好了。

农民一句话,海尔人记在了心上。经过调查,他们发现原来这位农民生活在一个"红薯之乡",当年红薯喜获丰收,卖不出去的红薯需要加工成薯条。在加工前要先把红薯洗净,但红薯上沾带的泥土洗起来费时费力,于是农民就动用了洗衣机。更深一步的调查发现,在四川农村有不少洗衣机用过一段时间后,电机转速减弱、电机壳体发烫。向农民一打听,才知道他们冬天用洗衣机洗红薯,夏天用它来洗衣服。

技术人员一开始是把此事当笑话讲出来的,但是,海尔集团董事局主席兼首席执行官张瑞敏听了之后却不这样认为。张瑞敏对科研人员说:满足用户需求,是产品开发的出发点与目的。技术人员对开发能洗地瓜的洗衣机想不通,因为按"常理"论,客户这一要求太离谱乃至荒诞了!但张瑞敏说:开发创造出一个全新的市场。终于,"洗地瓜洗衣机"在海尔诞生了!它不仅具有一般双桶洗衣机的全部功能,还可以洗地瓜、水果!

③家庭规模——小型化。对瓷器产品(碗)、家用电器、炊具的影响。

④收入——中国低收入消费者居多,企业应以中低收入者为主要目标市场,薄利多销;但是越来越多的高收入消费者对高档服装、名贵化妆品、高级珠宝等有很大的需求。

⑤职业、文化水平——工人、农民、军人、教师、政府官员、科研人员、文艺工作者、新闻工作者、个体户对消费品,特别是精神文化方面的消费品需求差异较大。

⑥宗教信仰——佛教、道教、天主教、基督教、伊斯兰教等的差异。

(3)按心理变量细分市场

以购买者所处的社会阶层、生活方式、个性特点等心理因素细分市场。

①社会阶层——最底层、底层、中产、中上、顶层阶级对服装、家具、娱乐方式、音响设备、摄影器材、汽车、游艇等产品的消费偏向较大。

②生活方式——冒险性格崇尚潇洒豪放、新潮时髦、冒险、刺激的生活方式,内向、稳重性格崇尚严肃自律、恬静、简朴、稳定、安逸的生活方式,他们对产品的外观、颜色有不同的要求。如后者喜欢普通不加修饰的东西。目前一些服装生产企业为简朴的妇女、时髦的妇女、有男子气的妇女分别设计不同的服装。

③个性特征——内向、外向、权威人格、自信、顺从、保守、自重、适应。如性格内向的消费者喜欢深色服饰、颜色较淡的口红等。

(4)按行为变量细分市场

以购买者对产品的了解程度、态度、使用情况及反应等将他们划分成不同的群体。

①购买动机——理智型(求实、求廉)、感情型(求新、求美、求名)、惠顾型(习惯性购买)。

②使用状态——少量使用、中等规模、大量使用,或者分为未使用者、曾使用者、潜在使用者、初次使用者、经常使用者。大量使用的消费者会重复购买,成为老顾客,企业88%的销售利润来自于41%的重复购买行为。

③信誉程度——热情、肯定、无所谓、否定、充满敌意。如由于中毒事件,有人对热水器不抱好感,企业就向保险公司投财产保险来争取顾客。

④品牌爱好——无爱好、中度爱好、迷信某品牌。公司名字与品牌名字一致时,忠诚度是统一的,如百事可乐、可口可乐、奔驰、海尔电器等。

⑤对产品的特定需求——消费者对商标、价格、服务、包装、广告等方面都有不同的要求。

(二)生产者市场细分的依据

(1)产品的最终用途

最终用户不同,对需求、利益的追求就不同。

例如:电子产品的最终用户有军事、工业、商业用户 3 类,对产品的质量、服务、价格、成本、交货期限都不一样。

又如:钢材的最终用户有用于标准件生产和用于建筑业使用的,对于材质、材型、交货方式的要求都不一样。

再如:豪华车制造商所需轮胎,比普通车档次要高;飞机制造商所需轮胎,比拖拉机安全标准要严。

(2)用户规模

大用户、小用户对购买的数量、集中程度、次数、资金的占用等方面都不一样。大客户较少,通常购买力较高,量大;小客户相反。

例如:钢材市场上建筑公司、造船公司、汽车制造公司属于大客户,小机械加工企业属于小客户。

又如:政府机构购买是集团型购买的最大主顾。美国政府每年的国防开支已超过 6 000 亿美元。我国行政开支每年已达 3 000 亿元。另外还有外交政治的需要、社会公共产品的需要、内部自身运转的需要。

(3)购买方式

直接重购、修正重购、新购,或者分为直接采购、中间商采购,或者分为议价采购、招标采购等。采购方式不同,营销企业采取的相应对策就有区别。

(4)地理位置

与企业距离远或近的客户,或者分为地理位置集中、分散。如山西煤矿区对矿山机械有集中需要、大量采购的情况。

三、市场细分的条件

从企业市场营销的角度看,无论消费者市场还是产业市场,并非所有的细分市场都有意义。所选择的细分市场必须具备一定的条件。

1.差异性

差异性是指不同的细分市场的特征可清楚地加以区分。市场细分后,产品、价格、广告宣传、服务、包装等在不同消费者心目中一定有不同的反应,从而形成购买和消费上的差异,否则不宜进行市场细分。

比如女性化妆品市场可依据年龄层次和肌肤类型等变量加以区分。而白酒不能按照性别来区分男女性消费者在购买和消费上的差异,可以按照购买动机来区分消费者在价格、包装上形成的消费差异。肉食品、糕点有必要按民族细分,但大米、食盐没必要按民族细分。

2. 可衡量性

可衡量性表明该细分市场特征的有关数据资料必须能够加以衡量和推算。市场细分后,对于顾客的购买要求或消费量的大小或服务、产品的特殊要求是可以测量的、辨析的,否则不宜进行市场细分。

比如:在电冰箱市场上,在重视产品质量的情况下,有多少人更注重价格,有多少人更重视耗电量,有多少人更注重外观,或者兼顾几种特性。当然,将这些资料进行量化是比较复杂的过程,必须运用科学的市场调研方法。

又如:服装按照年轻与否来分,不能衡量出年轻人需要服装量的具体数据;但按照具体年龄大小来分,则可以衡量出 16~25 岁的年轻人需求量的大小。

再如:家具产品按照是否爱好家庭生活来分,不能测量需求量和购买力以及对家具产品、服务的特殊要求;而按照家庭构成来分,则可以较清楚地测算分析产品、价格、规格、需求量等。

3. 可进入性

可进入性即企业所选择的目标市场是否易于进入,根据企业目前的人、财、物和技术等资源条件能否通过适当的营销组合策略占领目标市场。市场细分后,企业有足够的人、财、物力等营销力量、开发能力进入市场,并占有一定的市场份额,否则会"无功而返",给企业带来巨大的损失。

如:微波炉按照地理区域划分为农村市场和城市市场。对于农村市场厂家没有必要进入,农村人不需要缩短煮饭时间去忙于干活,因此厂家花大量人、财、物力去做都毫无意义。而在城市中,可按照使用状况或品牌爱好等来划分,形成多功能的和少功能的或名牌的和非名牌的,从而在价格、样式上形成购买差别,还可按照家庭构成来划分不同规格的产品。

4. 效益性

效益性即所选择的细分市场有足够的需求量且有一定的发展潜力,使企业赢得长期稳定的利润。应当注意的是:需求量是相对于本企业的产品而言,并不是泛指一般的人口和购买力。

市场细分后,企业有可能从细分市场中实现足够的经济效益,否则花费大、获利小,不值得去细分市场。即细分市场不宜过大或过小。

例如:服装市场按照年龄分类后,不宜将 30 岁以下和 30 岁以上定为细分市场,也不宜将 1~2 岁、15~16 岁的消费者定为细分市场,这样显得市场过大而无竞争优势或市场过小而无利润可赚。

5. 有法规性

市场细分必须在法律和道德允许的范围内进行。

四、市场细分的程序

第一步 了解基本情况,选定产品市场范围,即确定进入什么行业,生产什么产品。

①根据企业目标、任务来确定产品市场范围:短期规划服务还是长期战略服务;是增加现有顾客对产品忠诚度,是吸引新顾客,还是将客户从竞争对手那边吸引过来?

②根据产品特征来选择:物质性产品或服务性产品;新产品还是现有产品。

③根据消费者行为来选择:成熟消费者还是未成熟消费者。

根据以上3方面的分析,把现有市场中还未满足的需要作为企业市场细分的范围。

如:现在市场上的电冰箱、洗衣机、空调机等耐用消费品市场细分,企业首先应考虑企业的目标不是某个省、市的市场,而是全国市场的百分之几十以上,才有自己的竞争优势,同时还要看到购买者大多数是属于成熟消费者,对产品的挑剔程度很高,因此企业应有较高的技术水平起点和较大的系列化开发空间,可以把现在还未大量进入的市场划定为初步的市场范围。

第二步 估计潜在顾客的基本需要,即确定基础变量,这是市场细分过程中最重要的一步。

通常情况下,通过影响消费者需求因素的分析,选择大约20个基础变量和行为变量,找出消费者的基本需要。细分指标见表5.1。

如:对消费者购买计算机的需求进行分析,知道其是为办公、学习、娱乐、上网收集信息、亲友联络等而购买,这些都是顾客的基本需要,而后来的电子游戏机正是因为对顾客的基本需要分析开发出来的产品。

第三步 分析潜在顾客的不同需求,确定了顾客对产品的基本需要,仅解决了一般性需要,这只是企业选定目标市场的依据,但还要市场调研进一步分析潜在顾客有哪些不同的要求和想法,作为企业细分市场的因素。

一般情况下,细分市场研究需要调查结论能推断出消费者总体,因此,多采用随机性较好的入户面访。如果目标市场为特定产品的购买者,也可采用定点拦截访问。由于细分市场调查问卷一般较长,访问时间多在30~50分钟,且涉及较多受访者个人信息,因此,进行电话访问的难度较大。

如:顾客需要空调机都有很好的制冷技术,这是一般性要求,但是不同顾客的居住面积大小不同,对空调机的制冷强弱就有不同要求;不同收入的顾客,对空调机的价格高低也会有不同的需要。

第四步 剔除潜在顾客的共同要求,留下不同需要、特殊需求作为市场细分的依据。

如:电视机都要能接收电视信号,但不同地区使用,对电视机的灵敏度、选择性有不同要求,这就是市场细分的依据,也就成为设计产品和确定营销组合的依据。

第五步 为细分市场命名:名字应该有意义、准确、难忘,与细分市场中的人群很好地相配。

如:企业细分市场后可暂定各子市场的名称:青年人市场、好动者市场、寻求价格好处者市场等;汽车用空调机、家用空调机、商用空调机等。

又如:在对文化娱乐市场的一项研究中,划分了6个细分市场,并命名为:消极的以家庭生活为中心者;积极的体育运动爱好者;固执己见的自我满足者;文化活动者;积极的以家庭为中心者;社会活动者。研究人员发现,文化活动者是订购戏剧和交响乐演出门票的最佳目标。

第六步 进一步认识细分市场特点,作进一步的细分或合并,即对每个细分市场进行简单明了的归纳是必要的。

如:随市场因素的变动,家用空调机和宾馆用空调机的差异越来越小,则二者可以合并为一个细分市场"家用空调机"。

第七步 选择和确定目标市场。

①首先估计每一细分市场的规模,即在调查基础上,估计每一细分市场的顾客数量、购买频率、平均每次的购买数量等,并对细分市场上产品竞争状况及发展趋势作出分析。也即以细分市场为目标,利用营销4P(产品、价格、渠道和促销)获取的相关信息。

②明确准备进入的细分市场:评估不同细分市场的吸引力需要考虑如下原则:

足够大。细分市场必须足够大以保证其有利可图。

可识别。细分市场必须是可以运用人口统计因素进行识别的。

可达到。细分市场必须是媒体可以接触到的。

差异性。不同的细分市场应该对营销组合有不同的反应。

稳定性。就其大小而言,各细分市场应该是相对稳定的。

增长性。好的细分市场应该具有增长的潜力。

空白点。细分市场如果被竞争者牢固占领,则其吸引力会大大降低。

【案例 5-3】

学生用洗衣粉的共同需求有去污强、手洗、价格偏低、包装偏小等;不同需求有香型、品牌、增白效果等不同;初步定名为有香型、无香型,有增白效果、无增白效果,雕牌、汰渍、白猫等;有无增白效果在学生心目中差别不大,合并为无增白效果;经调研测算出 3 种牌子的洗衣粉需求较大,获利水平较高,因此商店可以选择 3 种牌子的洗衣粉作为目标市场。

任务巩固

1.市场细分是企业选择目标市场的前提,是制订营销方案的基础,每个企业都应首先做好细分市场。

2.消费者市场细分的标准可归纳为四大类:地理环境因素、人口因素、消费心理因素和消费行为因素。

细分消费者市场的标准,有些同样适用于生产者市场,如地理因素、追求的利益、使用者状况等因素;但还需要使用一些其他的变量细分生产者市场,如产品的最终用途、用户规模等。

3.市场细分要根据差异性、可衡量性、可进入性、效益性、法规性 5 个条件选择最有用的、价值最大的细分标准。

4.市场细分要经过一系列的程序才能找到有效区分市场的标准,其中很重要的程序是调查消费者的共同需求和不同需求。

能力测评

请同学们考察学校超市,分析其经营特色,选择一种产品,看其是怎样进行市场细分的?

活动要求:1.分小组选择不同产品,讨论市场细分问题。

　　　　　2.小组成员交流分享。

　　　　　3.各小组选派一名代表在全班交流分享。

4.任课教师点评和指导。

任务拓展

市场细分的作用

1.市场细分有利于企业发现最好的市场机会,制定有效的营销战略

企业通过市场营销研究和市场细分,可以了解各个不同的购买者群体的需求情况和目前的满足程度,发现哪些顾客群的需要没有得到满足或没有充分满足;相应地,也可以发现哪些产品竞争激烈,哪些产品较少竞争,哪些产品亟待开发。而满足水平较低的市场部分,就可能存在最好的市场机会。

如:香港香皂市场通过市场细分,发现了低档香皂市场;计算机开发商细分邮件市场后,发现了不用纸张的电子邮件市场。

2.有利于掌握目标市场的特点

不进行市场细分,企业选择目标市场必定是盲目的,不认真地鉴别各个细分市场的需求特点,就不能进行有针对性的市场营销。

【案例 5-4】

某公司出口日本的冻鸡原先主要面向消费者市场,以超级市场、专业食品商店为主要销售渠道。随着市场竞争的加剧,销售量呈下降趋势。为此,该公司对日本冻鸡市场作了进一步的调查分析,以掌握不同细分市场的需求特点。从购买者区分有 3 种类型:一是饮食业用户,二是团体用户,三是家庭主妇。这 3 个细分市场对冻鸡的品种、规格、包装和价格等要求不尽相同。比如,饮食业用户对鸡的品质要求较高,但对价格的敏感度低于零售市场的家庭主妇;家庭主妇对冻鸡的品质、外观、包装均有较高的要求,同时要求价格合理,购买时挑选性较强。根据这些特点,该公司重新选择了目标市场,以饮食业和团体用户为主要顾客,并据此调整了产品、渠道等营销组合策略,出口量大幅度增长。

3.有利于制定市场营销组合策略

市场营销组合是企业综合考虑产品、价格、促销形式和销售渠道等各种因素而制订的市场营销方案,就每一特定市场而言,只有一种最佳组合形式,这种最佳组合只能是市场细分的结果。

【案例 5-5】

前些年我国曾向欧美市场出口真丝花绸,消费者是上流社会的女性。由于我国外贸出口部门没有认真进行市场细分,没有掌握目标市场的需求特点,因而营销策略发生了较大失误:产品配色不协调、不柔和,未能赢得消费者的喜爱;低价策略与目标顾客的社会地位不相适应;销售渠道又选择了街角商店、杂货店,甚至跳蚤市场,大大降低了真丝花绸产品的"华贵"品位;广告宣传也只是一般。这个失败的营销个案,从反面说明了市场细分对于制定营销组合策略具有十分重要的作用。

4.有利于提高企业的竞争能力和经济效益

企业的竞争能力受客观因素的影响而存在差别,但通过有效的市场细分战略可以改变这种差别。市场细分以后,每一细分市场上竞争者的优势和劣势就明显地暴露出来,企业只要看准市场机会,利用竞争者的弱点,同时有效地开发本企业的资源优势,就能用较少的资源把竞争者的顾客和潜在顾客变为本企业的顾客,提高市场占有率,增强竞争能力。

5.有利于中小企业开发市场

市场细分对中小企业尤为重要,与实力雄厚的大企业相比,中小企业资源能力有限,技术水平相对较低,缺乏竞争能力。通过市场细分,可以根据自身的经营优势,选择一些大企业不愿顾及、相对市场需求量较小的细分市场,集中力量满足该特定市场的需求,在整体竞争激烈的市场条件下,在某一局部市场取得较好的经济效益,求得生存和发展。

【案例 5- 6】

广安有个为邓小平做过无数双布鞋的手工鞋厂,对于大公司来说他们不愿干手工活,但是这家小厂开发了许多样式各异的手工布鞋,从几百元的资本发展成了拥有几百万元资金的工厂。

【案例 5-7】

某小型毛巾厂通过市场细分发现,日本旅馆每日更换盥洗室毛巾,且对质量要求不高,大型毛巾厂对此不屑一顾,于是该厂瞄准此细分市场,生产一次性廉价盥洗室毛巾,获得了较好的经济效益。

任务二　选择目标市场营销策略

任务导入

随着城市的建设发展,小明家周边不少的老旧建筑被拆除,新开工了不少的工地,不少老居民迁走了,小明家的生意也受到了不少影响。小明放学时发现一处建筑工地外,十几名下了班的建筑工人在门口的一个"路边摊"就餐,卫生条件非常差,回到家,小明将看到的情况告诉父母。第二天放学,他看到有辆三轮车上放了一块木板,上面放着十几个塑料盆,每个盆里盛着做好的各式热气腾腾的饭菜,有炒黄瓜、红烧茄子、炒豆腐、梅菜扣肉、红烧肉等,既卫生也营养。父亲正忙着招呼顾客、收钱、打菜。小明赶紧过去帮忙,小明爸爸告诉小明这些菜都是家里做好了拉过来的,民工都非常喜欢,生意也非常不错,三轮车快餐店开业还多亏了小明。

小明很纳闷,爸爸将三轮车快餐店作为自家公司拓展的目标市场,真是个好主意,他是怎么想出来的呢?于是,他开始对目标市场营销策略进行探索和研究。

任务分析

学习目标市场营销策略及选择,让学生学会选择目标市场,从而实现创业梦想。

知识呈现

一、目标市场及其选择

(一)目标市场的含义

目标市场也叫目标消费者群,就是企业决定要进入的那个"子市场",也就是企业作为目标的、准备为之服务的顾客群组。可以是某个细分市场,也可以是若干细分市场集合,还可以是整个市场。

(二)目标市场的选择标准

1.市场存在潜在的需求

市场存在潜在的需求是首要条件。即有可识别性,足以取得必需的资料,描述各个细分市场的轮廓,明确细分市场的概貌。

2.市场具有一定的购买力

市场具有一定的购买力是重要条件。即有可赢利性,目标市场的购买力足以使企业有利可图,能够实现预期的经济效益。

3.企业有能力经营市场

即有可进入性,企业足以有效地覆盖目标市场,进入并有所作为。

①企业能随市场需要或购买方向的变化而保持相应的产品开发能力。

②有可利用的销售渠道或建立销售渠道的现实条件,使企业的产品或服务能进入或按合理的成本费用进入。

③企业可以有效地获取市场信息或建立信息系统。

④企业比较容易获得所需资源或以低于行业平均成本水平获得。

4.市场尚未呈现垄断态势

企业竞争者的数量或竞争密度应相对较少,参与竞争比较容易。即可稳定性,目标市场及各细分市场的特征,在一定时期内能够保持相对不变。

参照以上标准进行比较,然后选择符合企业目标、资源和能力的目标市场。重点考虑企业规模的大小,是否有足够的购买力,足以实现预期销售额,与企业实力匹配;市场成长的潜力,市场有无尚待满足的需求、充分的发展余地和空间;企业的竞争优势和市场地位。

二、目标市场营销策略及其选择

(一)目标市场营销策略的类型

1.无差异性营销战略

(1)含义

它是指企业只推出一种产品,采用单一的市场营销组合手段,去吸引所有顾客的市场策略,是一种求同存异的营销策略。即:

某种产品及其营销手段→整个市场

或一种(类)产品、一套营销组合→整个市场

(2)特点

把整体市场看作一个大的目标市场,不进行细分,用一种产品、统一的市场营销组合对待整体市场,强调需求的共性,漠视需求的差异。

例如:国内许多自来水公司长期向当地居民统一提供符合国家卫生部和国家标准化管委会《生活饮用水卫生标准》的生活饮用水。劳斯莱斯汽车不考虑各国需求的差异,只满足各国豪门贵族、政府要员的要求。

(3)优缺点

最大优点是成本的经济性。大批量的生产销售,必然降低单位产品成本;无差异的广告宣传可以减少促销费用;不进行市场细分,也相应地减少了市场调研、产品研制与开发,以及制定多种市场营销战略、战术方案等带来的成本开支。

缺点是忽视了消费者的需求偏好具有极其复杂的层次,某种产品或品牌能够受市场普遍欢迎的情况是很少的。即便一时能赢得某一市场,如果竞争企业都如此仿照,就会造成市场上某个局部竞争非常激烈,而其他部分的需求却未得到满足。

(4)适用性

无差异性营销战略对市场上绝大多数产品都是不适宜的,某些特定产品的消费者需求大致相同或较少差异,比如食盐,因此可以采用大致相同的市场营销策略。

2.差异性营销战略

(1)含义

在市场细分的基础上,企业选择两个或两个以上的细分市场作为目标市场,针对每个细分市场,分别设计不同的产品和营销方案。即:

不同类型的产品及营销手段→不同的细分市场

或不同产品及相应营销组合→不同细分市场

(2)特点

把整体市场划分为若干需求与愿望大致相同的细分市场,然后根据企业的资源及营销实力选择部分细分市场作为目标市场,并为各目标市场制定不同的市场营销组合策略。如现在的可口可乐、通用汽车、宝洁公司采用的多种产品经营。

(3)优缺点

最大优点是可以有针对性地满足具有不同特征的顾客群的需求,提高产品的竞争能力。

缺点是由于产品品种、销售渠道、广告宣传的扩大化与多样化,市场营销费用也会大幅度增加。同时,该战略在推动成本和销售额上升时,市场效益并不具有保证。因此,企业在市场营销中有时需要进行"反细分"或"扩大顾客的基数",作为对于差异性营销战略的完善和补充。

(4)适用性

许多公司和企业都采用,但中小型企业应充分考虑收益与成本费用的关系。

3.集中性市场战略

（1）含义

集中性市场战略就是企业选择一个或几个子市场作为目标市场,制订一套营销方案,集中力量争取在这些子市场上占有大份额,而不是在大市场上占有小份额。它又称为密集型营销策略。即:

某种产品及营销手段→多个小细分市场

或一种产品及相应营销组合→多个细分市场

（2）特点

把企业的人、财、物集中用于某一个或几个小型市场,不求在较多的细分市场上都获得较小的市场份额,而要求在少数较小的市场上得到较大的市场份额。

例如:美国有家饮料公司将目标选定在竞技体育运动场上,针对竞技、表演、健美、减肥、单纯锻炼身体等各种类型的体育运动,设计适合的饮料。在从事体育运动只是为了减肥的顾客所需饮料中一定不能含糖;针对竞技运动的不同强度,开发了6种不同口味的饮料。

又如:中国健力宝饮料也把目标选定在运动饮料上进行专业化经营,取得了"中国魔水"称号。

（3）优缺点

优点是由于目标集中,可以大大节省营销费用和增加盈利;又由于生产、销售渠道和促销的专业化,也能够更好地满足这部分特定消费者的需求,企业易于取得优越的市场地位。

缺点是经营者承担风险较大,如果目标市场的需求情况突然发生变化,目标消费者的兴趣突然转移（这种情况多发生于时髦商品）或是市场上出现了更强有力的竞争对手,企业就可能陷入困境。

（4）适用性

适合资源稀少的小企业。小企业如果与大企业硬性抗衡,弊多于利,必须学会寻找对自己有利的微观生存环境。用"生态学"的理论说,必须找到一个其他生物不会占领、不会与之竞争,而自己却有适应本能的微观生存环境。也就是说,如果小企业能避开大企业竞争激烈的市场部位,选择一两个能够发挥自己技术、资源优势的小市场,往往容易成功。

（二）选择目标市场营销战略的条件

1.企业能力

企业能力是指企业在生产、技术、销售、管理和资金等方面力量的总和。如果企业力量雄厚,且市场营销管理能力较强,即可选择差异性营销战略或无差异性营销战略;如果企业能力有限,则适合选择集中性营销战略。

2.产品同质性

同质性产品主要表现在一些未经加工的初级产品上,如水力、电力、石油等,虽然产品在品质上或多或少存在差异,但用户一般不加区分或难以区分。因此,同质性产品竞争主要表现在价格和提供的服务条件上。该类产品适于采用无差异战略。而对服装、家用电器、食品等异质性需求产品,可根据企业资源力量,采用无差异性营销战略或集中性营销战略。

3.产品所处的寿命周期阶段

新产品上市往往以较单一的产品探测市场需求,产品价格和销售渠道基本上单一化。因此,新产品在引入阶段可采用无差异性营销战略。而待产品进入成长或成熟阶段,市场竞争加剧,同类产品增加,再用无差异经营就难以奏效,所以成长阶段改为差异性或集中性营销战略效果更好。

4.市场的类同性

如果顾客的需求、偏好较为接近,对市场营销刺激的反应差异不大,可采用无差异性营销战略;否则,应采用差异性或集中性营销战略。

5.视竞争者战略而定

如果竞争对手采用无差异性营销战略时,企业选择差异性或集中性营销战略有利于开拓市场,提高产品竞争能力。如果竞争者已采用差异性战略,则不应以无差异战略与其竞争,可以选择对等的或更深层次的细分或集中化营销战略。

6.竞争者的数目

当同类产品的竞争者很多时,可以选择差异性市场营销策略或集中性市场营销策略;当同类竞争者很少时,企业可采用无差异性市场营销策略。

任务巩固

1.目标市场是在市场细分的基础上,结合企业本身经营能力、市场竞争状况等分析后,优先选出来作为企业服务的对象。

2.目标市场确定后应根据企业实力、产品状况、市场特征、竞争者的情况选择无差异性营销或差异性营销或集中性营销策略,扩大市场份额,实现销售目标。

能力测评

【案例5-8】左撇子用品专营

美国有一家专门制造和出售左手用具的公司,产品根据"左撇子"的特点设计制作。由于这些产品适合习惯使用左手的人使用,所以很受"左撇子"青睐。该公司因而"一枝独秀",赚了不少钞票。试分析该公司采用了什么营销策略?

活动要求:1.分小组讨论本案例的问题。

2.小组成员交流分享。

3.各小组选派一名代表在全班交流分享。

4.任课教师点评和指导。

任务拓展

目标市场与市场细分的关系

1.联系

①市场细分是选定目标市场的基础。

【案例 5-9】

"怕上火喝王老吉。"加多宝经营的这个品牌,源起王老吉药业,经特许以及由香港王氏后人提供配方,加多宝在中国内地地区独家生产、经营王老吉牌罐装凉茶,王老吉自 1995 年推出后,7 年来销售平平,让加多宝的高层烦心不已。2002 年,加多宝将目标市场选定餐饮顾客为"源点人群",体验凉茶去火的功效。餐饮市场又首选川菜馆、湘菜馆、火锅店和烧烤店,煎炸、辛辣的食物易上火,女孩子最怕长痘。随着消费者的逐步接受,加多宝向超市和便利店推广王老吉,最终成就了去火名饮——王老吉。(备注:目前王老吉商标归广药集团所有,加多宝集团现使用加多宝商标)

②选定目标市场是市场细分的归宿。

2. 区别

二者考虑问题的侧重点有较大差别。市场细分的重点是找出顾客需求的不同特点,为企业寻求市场机会,而选定目标市场重点是在对细分市场、企业实力和竞争状态等多种因素的比较分析基础上,从许多市场机会中寻找出最适合企业发展的机会。

任务三 定位市场

任务导入

小明知道了不同的目标市场用不同的营销策略,他就开始担忧父亲的三轮车快餐店好景不长,随着工地建设进度的推进,它终将会被淘汰。为了让自家公司的产业长足发展,让金呱呱、银呱呱产品在消费者心中永驻,他开始琢磨市场的明确定位问题。

任务分析

学习市场定位的类型及依据,可以让学生掌握市场定位的技巧和策略,从而解决实际营销问题。

知识呈现

一、市场定位的含义

市场定位是为了适应消费者心目中的某一种特定看法而设计企业产品和营销组合行为。包括产品定位、品牌定位、包装定位、价格定位、质量定位等。

产品定位是对产品所施行的定位行为,即营销企业对自己欲向目标市场所提供的产品,确定其与竞争对手的产品各相关因素的区别,并在消费者心目中形成特定的看法和形象。通俗地讲,产品的市场定位实际上是指商家如何让自己的产品在消费者的心目中留下印象,并在众多竞争者中能让消费者清楚地发现你、认识你和记牢你。

比如：美国食品超市平均每个超市陈列的品牌有 1 万 ~2 万种之多，每个美国人平均每天要碰上 1 500 个产品广告。单就电视广告而言，只有 23% 的人能在 24 小时后记住电视广告内容。所以，企业要采用适当的方式，使自己的产品在消费者心目中的形象永久难忘，否则顾客对你的产品特征会是一片空白。

又如：美国有家女士服装商店将产品定位于身材较大和较小的"被遗忘的女士"服装上，制作和销售特型服装，取得了很大成功，最后开辟了 20 家连锁店，每家店的年销售额超过 4 000 万美元。

二、市场定位的意义

①使顾客了解并且区别本企业的产品与其他企业的产品有什么不同的特色。

②使企业或某一品牌的最佳形象更深入人心。

③增强企业占领某一目标市场的实力。

三、产品市场定位的分类

(一)初次定位、重新定位、心理定位

1. 初次定位

即产品投放前定位，可采用单一化策略或多样化策略。

如：宝马只定位于高档车；通用、可口可乐则定位于多样化的产品。

2. 重新定位

即迫于市场竞争压力或者一种战略的改变对已在市场上销售的产品重新定位。

如：沙发变成可以组合变换成床；适合婴儿使用的产品可变成适合所有追求健康皮肤者需要；小苏打从灭火剂可变成加入饮料爽口、加入饼干易于消化的食品添加剂。

3. 心理定位

心理定位贯穿于产品定位的始终，无论初次定位或重新定位，都要考虑消费者的心理需要。你认为是一个不错的产品，但在顾客心中的定位却不是这样。

例如：比亚迪汽车在消费者心里是经济型车，北京切诺基在消费者心中是耐用、结实；美国通用车在消费者心目中不只是一种定位，有豪华的卡迪拉克、中档的旁提克、经济型的道奇车。

又如：美国玻尔表定位于准时，浪琴表定位于雍容华贵，劳力士表定位于高级。

再如：美国花旗银行定位于 3 个"专"：技术上专业、态度上专注、服务上专一。

(二)针对式定位和创新式定位

1. 针对式定位

如可口可乐与百事可乐之争；肯德基与麦当劳之争。

2. 创新式定位

迂回战术，选择边缘市场，找到市场空隙，做特色产品。如香港的香皂市场中中低档市场是空白；手工布鞋市场是边缘市场；左撇子、残疾人产品市场是边缘市场。

四、市场定位的依据

(一)根据产品的属性和给消费者带来的利益定位

即根据产品的使用价值、特征来定位，要突出产品的特殊属性和利益(最常见的依据)。

如：服装产品的属性是高档价贵或是低档价便宜，会给不同的消费者带来不同的利益；农夫山泉的农夫果园有 3 种水果在里面、格力的变频空调等都存在产品的差异化，给消费者带来不同的好处；丰田的安装方便、本田的外形、日产的价格、三菱的发动机也都给消费者带来了不同的利益。

（二）根据产品的价格和质量定位

如长虹电视在价格上定位于低价竞争；品牌电脑根据质量定位。

（三）根据产品使用的用途定位

有的产品用途广泛，具有通用性；有的产品用途单一。如一般胶水只能粘贴纸张，万能胶可以粘接玻璃、木材、塑料、陶瓷、钢铁等。

企业还可以为老产品找到新用途。

例如：沙发可变成床；儿童护肤霜可以为成年人用；尼龙可用于袜子、服装、绳索。

又如：宝洁公司根据洗发液的用途不同，对不同品牌的洗发液确定了相应的产品形象。

海飞丝——头屑去无踪，秀发更出众。

潘婷——含维生素 B5，令头发健康，加倍亮泽。

飘柔——头发飘逸柔软，洗发护发二合一。

舒肤佳香皂——洁肤又杀菌。

玉兰油香皂——滋润青春肌肤，蕴含青春美。

碧浪洗衣粉——对蛋白质污渍有特别强的去污力。

（四）根据产品使用者定位

如：汽车分为公家车和私家车，公家车定位于气派、豪华、舒服；私家车定位于价格低廉、省油、实用。香水分为男士香水和女士香水，男士香水定位于稳重、成熟、有魄力；女士香水定位于时髦、雅致、富有。

（五）根据竞争的需要定位

与竞争者定位不同，推出新产品或独特的产品。

如：七喜定位于非可乐型，不同于可口可乐、百事可乐，获得了不少市场份额。

又如：促销竞争需要"农夫山泉有点甜""乐百氏 27 层净化"等广告定位。

任务巩固

1. 市场定位是企业确定产品或服务在客户心目中所占地位的行为，在众多的竞争对手面前，企业非常有必要定位自己的产品或服务，给消费者留下独特的印象。

2. 企业可以根据产品的属性、价格、质量、用途及消费者的使用、竞争的需要来综合确定自己的产品形象。在营销实践中力求避免定位过低、定位混乱、定位过高、令人怀疑的定位。

能力测评

案例分析：定位市场。

【案例5-10】美国易捕公司——捕鼠器行业的重要角色

一些投资者从专利发明人那里购买了一种改进的专利捕鼠器,成立了易捕公司,并聘用玛莎做公司经理。6月的一天,在参加芝加哥的家庭用具展销会的400多件新产品中,捕鼠器获得了第一名。而且一些大众媒介还对此作了报道,形势似乎一片大好。可是从前几月的销量来看却并不理想。

易捕捕鼠器的主要产品特点是清洁和安全,它的优点是:消费者不会夹手指;对孩子和宠物也不会有伤害的危险;可以重复使用。缺点是捕获后老鼠不死,叫声烦人,连男人也不适应。而公司的目标市场却是家庭主妇。

案例思考:你认为易捕捕鼠器的目标市场有什么问题? 是不是可以重新定位? 该怎样进行营销组合?

活动要求:1.分小组讨论本案例的问题。

2.小组成员交流分享。

3.各小组选派一名代表在全班交流分享。

4.任课教师点评和指导。

任务拓展

错误的市场定位

1.定位过低

顾客没有真正感觉到产品的特别之处。

例如:好迪宣称"大家好,才是真的好,好迪真好",但消费者不知道它好在哪里。

2.定位混乱

顾客对产品的印象模糊不清,可能是产品定位变换太频繁所致。

例如:雪佛兰(Chevrolet)以前代表高品质家庭车,销量排名第一。然后,各种各样冠在它头上的说法把它变成了"四不像":它可便宜,也可贵;它可以是私家轿车,也可以是运动车;它还可以是卡车和厢式货车。总之,它"满足所有人的所有需求"。今天,雪佛兰销量已经落后。

3.定位过高

顾客对该产品的了解十分有限,造成市场丢失。

4.令人怀疑的定位

顾客发现很难相信在产品特色、价格或制造商方面的一些宣传。

项目训练

一、基本训练

(一)选择题

1.细分市场是由类似的( )组成。

A.产品　　　　　　B.行业　　　　　　C.消费者群体　　　D.公众

2.生产者市场的细分标准,除了使用消费者市场细分的标准外,还要根据生产者市场的特点,补充标准之一是( )。

A.生产方式　　　　B.气候　　　　　　C.消费者心理　　　D.用户的规模

3.市场细分的客观基础是( )。

A.需求的差异性　　　　　　　　　B.需求的同质性

C.需求的客观性　　　　　　　　　D.需求的有效性

4.消费者对某种产品的需求和爱好比较接近,企业在选择目标市场时可采取( )。

A.无差别性营销策略　　　　　　　B.差异性营销策略

C.集中性营销策略　　　　　　　　D.密集型营销策略

5.无差异性营销策略主要适用于( )情况。

A.企业实力较弱　　　　　　　　　B.产品性质相似

C.市场竞争对手多　　　　　　　　D.消费需求复杂

(二)判断题

1.凡是使消费者需求产生差异的因素,都可以作为市场细分的标准。　　　　( )

2.市场细分有利于企业合理配置和运用资源。　　　　　　　　　　　　　( )

3.企业在选择目标市场营销策略时,应考虑产品的同质性,像照相机、服装和一些机械产品这种可以有多种设计、多种式样和质量的产品,企业应采用差异性营销策略。　　( )

4.年龄是细分消费者市场最常用的标准。　　　　　　　　　　　　　　　( )

5.差异性市场营销策略追求的不是在较大市场上占较少的份额,而是在较小的市场上占较大的份额。　　　　　　　　　　　　　　　　　　　　　　　　　　　　( )

6.目标市场就是企业投其所好、为其服务的顾客群,这个顾客群有颇为相似的需求。

( )

7.根据市场细分理论,资源有限的企业在目标市场策略的选用上宜采取无差异性市场营销策略。　　　　　　　　　　　　　　　　　　　　　　　　　　　　( )

8.市场的变化是企业产品重新定位的根本原因。　　　　　　　　　　　　( )

(三)简答题

1.企业为什么要对市场进行细分?有效市场细分的条件是什么?

2. 用表格列出市场细分的依据有哪些?

3. 目标市场策略有哪些类型? 各自有何优缺点? 企业应如何选择目标市场营销策略?

4. 市场定位的依据有哪些?

（四）课堂讨论

请考察当地几家大型商场、超市,分析其经营特色,看其市场是如何定位的?

二、提升训练

（一）案例分析

肯德基的本土化战略

中国有句老话叫"入乡随俗",身为洋品牌的肯德基显然深得要领,并将其运用得很彻底。1987 年,肯德基落户中国,在北京前门安下了家,从此踏上了它"立足中国、融入生活"的征程,一做就是 27 年,中国大江南北 950 多个城市和乡镇的消费者可以在自己的家门口品尝到肯德基。也难怪肯德基的当家人苏敬轼总裁说:"中国肯德基是中国人的肯德基。"

作为烹鸡专家的肯德基,最初的当家产品自然以鸡肉为主打,有大家熟知的吮指原味鸡、香辣鸡翅、香辣鸡腿堡等,但仅仅抱着这些看家产品、坐吃老本是不现实的,还要不断地为消费者提供更多的选择。特别是中国有着悠久灿烂的饮食文化,既然是"立足中国、融入生活",研发适合中国老百姓口味的产品是不二的选择。显然,中国肯德基具有这种前瞻性的策略。20世纪 90 年代中期,就成立了自己的产品研发团队,至今已发展到 100 多人的规模。1987 年,北京前门肯德基餐厅只能买到 8 种产品,现在到餐厅有 60 余个常规产品可供选择,其间累计新品上市超过 150 种。近几年,平均每年以推出 20 多种新品的速度服务着广大中国消费者。这其中包括深受消费者喜爱的老北京鸡肉卷、新奥尔良烤翅、四季鲜蔬、早餐粥、蛋挞、安心油条、法风烧饼、醇豆浆等。除了主打鸡肉产品外,近几年还相继在海鲜类、牛肉类产品上进行创新,深海鳕鱼系列、至珍七虾堡、川辣嫩牛五方等都成为消费者的挚爱。

肯德基还充分利用全国 4 600 多家餐厅网络,通过流动课堂、欢乐大本营、餐盘垫纸、宣传单页等形式向广大消费者宣传食品、卫生、营养、健康、运动等常识,引导消费者建立正确的饮食、生活习惯。多年来,累计发放的宣传资料超过 38 亿份。

员工、供应商本土化。1987 年,中国肯德基的员工不到百人。时隔 27 年,肯德基大家庭成员已超过 30 万人,99.9% 本土化。肯德基还着力打造本土化供应商产业链。肯德基在中国约有 550 家原料供应商,采购的商品从鸡肉、蔬菜、面包,到包装箱、设备、建筑材料等数千种。据统计,中国供应商提供的原料,目前已经占肯德基采购总量的 90% 以上,其中鸡肉原料 90% 以上为本土采购。如今,这已经形成了一个规模庞大、良性循环的"经济圈"。有很多供应商因为与肯德基的合作,不仅壮大了公司,还在同行业中具备了很强的竞争力和号召力。

2002 年,肯德基与中国青少年发展基金会合作成立了中国肯德基曙光基金,用于资助品学兼优但家境贫困的在校大学生。与一般助学金不同的是,曙光基金除了持续为每位受助大学生提供总计金额 20 000 元的资助之外,还提供到肯德基餐厅社会实践的机会。肯德基曙光基金实施十年来,已经形成了一套融入肯德基资源的独特的资助模式:学业资助 + 餐厅实践 + 社会服务,以最实际有效的方法帮助贫困大学生,利用大学时间,完成"受助、自助、助人"的转变,成为社会有用之才,造福社会。

中国肯德基是中国人的肯德基,全体中国肯德基员工用心到家,把微笑和温暖带给每一个人。

结合案例,你认为:①肯德基市场细分的依据是什么?

②肯德基是如何设定其定位目标的?

③肯德基的营销组合策略为何能取得成功?

(二)营销实训

1.实训题目:市场细分、市场定位方法。

2.假设你是学校超市的经理助理,如何为超市中的商品提供一个有效的市场细分方法,并最后进行市场定位?

3.要求:先分组讨论,每组至少针对两种商品提出市场细分和市场定位的方法;然后由每个同学针对一种商品提出相应细分市场的营销策略,写在自己的作业本上,要求字迹工整。

项目 六

产品策略

教学目标

● **知识目标**

能说出整体产品的构成

能阐述产品品牌策略、包装策略、服务营销策略的主要措施

● **技能目标**

能运用产品品牌策略、包装策略解决实际营销问题

会利用服务营销的内容和对营业人员的要求,进行实际营销服务,提高服务质量

● **情感目标**

能提高学生对事物的归纳及综合分析能力

能培养学生严谨、细心的工作态度

能养成学生的创新思维

教学任务

任务一　认识整体产品的构成

任务二　制定产品策略

任务一 认识整体产品的构成

任务导入

在营销策划公司的指导下,通过小明的努力,公司销售业绩日益增长,他想在其他区域再增开连锁店,争取将品牌做大做强。为了明白如何开拓产品市场,小明开始了关于整体产品的系列学习。

任务分析

对整体产品构成的学习,让学生认识到消费者接受产品过程中的满足程度,既取决于3个层次中每一层的状况,也取决于产品整体组合的效果;帮助学生分析产品的特征,拓宽发展新产品的领域。

知识呈现

一、整体产品分析概述

（一）产品整体的概念

产品是企业开展市场营销活动的物质基础,是市场营销组合中的首要因素,在整个市场营销活动过程中都离不开产品。人们一般从狭义、广义两个角度来阐述产品的概念。

狭义的产品概念:专指有形成品,是指通过生产劳动生产出来的,具有特定的物质形态,用于满足消费者需要的有形产品。如自行车、电视机等。

广义的产品概念:指提供给市场的能够满足人们需要和欲望的任何有形和无形物品。包括有形物品和无形服务及人员、组织、观念或者它们的组合。

由此可见,市场营销学的产品概念是广义的概念,是有形实体和无形服务的统一,是一个整体的概念。

（二）整体产品构成分析

从现代营销观念来看,企业销售给顾客的不仅仅是产品本身,而是一个产品体系,它是由核心产品（Core Product）、形式产品（Actual Product）和附加产品（Augmented Product）、期望产品、潜在产品5个层次构成的,如图6.1所示。这就是现代市场营销学中的产品整体观念（The Concept of Total Product）。

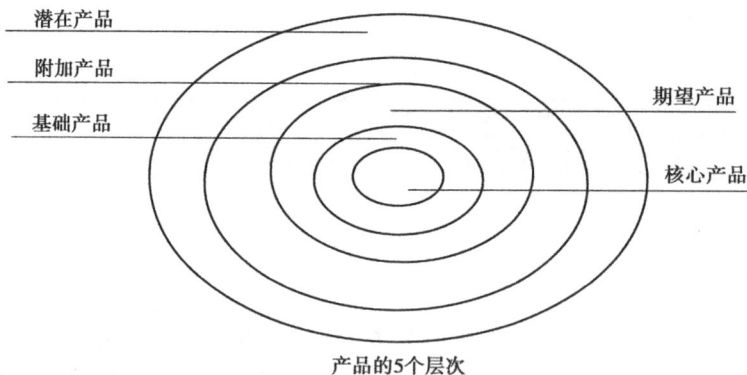

产品的5个层次

图 6.1　整体产品的构成

1. 核心产品

核心产品是指产品提供给购买者的核心利益或基本价值,即产品的使用价值。

顾客购买某种产品,不是为了占有产品本身,而是满足自己某一方面的需求和欲望。例如:女性购买化妆品,买的是容颜不老;人们购买摄影机,买的是对美好往事的回忆。所以,产品实体只是产品效用和利益的载体,离开了功效,产品就失去了存在的价值。因此,营销者必须洞察顾客购买某种产品时追求的核心利益和要解决的问题,在设计和开发产品时给予关注。

2. 形式产品

形式产品是指向市场提供的产品实体和服务的外观,是核心产品借以实现的形式,即产品的实体存在形式或外在表现形式。如品质、特征、造型、商标和包装等。

现代竞争日益激烈,在产品设计上除了充实其核心利益外,还应重视对产品内在质量、包装、造型、商标的设计和营销策略的运用,塑造完美的产品形体,以提高企业产品的竞争力。如海尔太空消毒洗碗机,就以"海尔"的品牌名称、臭氧消毒、液晶显示、快速烘干等特征,一流的质量水平,以及独特的外观造型出现在市场上,产品不但能满足顾客所需要的核心利益,而且功能完善,直接设定洗涤程序使操作方便,洗涤全自动,洗碗更轻松、更快捷。

3. 期望产品

期望产品是指购买者在购买产品时期望得到的一系列属性和条件的利益。如旅店的客人期望得到干净的床位、毛巾、香皂、浴液、香波、洗澡等服务;冰箱的购买者期望送货上门、服务周到等。产品如果达不到顾客的最低限度期望值,则难以被顾客接受或影响购买评价和重复购买。

4. 附加产品

附加产品是指产品提供给顾客的一系列随购买行为发生而延伸产生的附加利益,包括产品说明书、维修、保证、安装、运送、消费信贷、技术培训等所给予消费者的好处。如旅馆人性化的服务、鲜花与免费早餐等。

附加产品超越顾客的期望,就会给顾客带来额外的惊喜与满足。可以预见,在大多数企业产品更新换代能力逐步接近、信息手段高度发达的今天,利用产品实体的因素来赢得竞争主动权的机会将越来越小,营销者争夺顾客的主战场将逐步转移到售后服务上来。因此,能够正确地开发附加产品的公司,必将在竞争中获胜。

5.潜在产品

潜在产品是指现有产品的延伸和演进,最终可能发展成为未来的实质产品。潜在产品指示出目前产品未来的发展方向。如彩色电视机可能发展成为录/放像机、电脑终端机等。

二、产品的分类

1.按照产品的具体形态划分

按具体形态,产品可以划分为实体产品、无形产品和服务三大类。

2.按照消费者购买行为特征来划分

按消费者购买行为特征,产品可以划分为便利品、选购品、特殊品、非渴求品。

3.按产品的用途划分

产品可以划分为消费品和生产品。消费品(Consumer Goods)又分为:

①便利品(Convenience Products):常用品、冲动品、急需品。

②选购品(Shopping Products):同质选购品、异质选购品。

③特殊品(Specialty Products)。

④非渴求物品(Unsought Products)。

小思考:供全家度假用的家庭式旅馆、供人们扩大社会接触面的社交式旅馆等,这些属于哪个层次的产品?

三、产品策略的类型

营销企业的产品策略应从以下几个方面去作分析决策:

1.商品的质量

商品的质量分为高档、中档、低档,包括适用性、可靠性、质量特征3个方面的内容。

适用性:适合消费者需要,并不是质量标准越接近理想指标越好,而是越接近经济性越好。

可靠性:质量有保障。

质量特征:硬度、纯度、化学成分、功率、耐磨度、缩水率、耗电量等。

商品质量档次确定后,应保持连贯性。

2.商品的外观

形态、式样、色彩、体积等都能吸引消费者的目光。

3.商品的品牌

树立商品品牌很重要,显示消费者的消费水平和社会地位。

4.商品的包装

商品的包装可美化、介绍、宣传产品,激起消费者的购买欲望,增加盈利。

5.商品的服务

商品的服务是企业营销取得成功的关键,包括商品的介绍、用户咨询、购买信贷、及时交货、售后服务等。

任务巩固

1.产品是营销组合中第一个也是最重要的要素。产品是指向市场提供的、能满足人们某种欲望和需求的任何东西。

2.向顾客提供的每个产品可以分成 5 个层次:核心产品、形式产品、期望产品、延伸产品和潜在产品。

3.营销者必须从产品的整体概念出发考虑产品,全方位地满足消费者的需求。

能力测评

案例分析:经商就是经营人心,市场营销的最高境界就是赢得和占有顾客的心,得人心者得顾客,得顾客者得市场。服务是无止境的,在市场竞争日益激烈的今天,创"名牌服务"已成为摆在商家面前的一个非常现实而又十分紧迫的课题。

【案例 6-1】建立顾客档案

现在许多商场和饭店建立"顾客档案"的做法,给人留下了很深刻的印象。在北京,一家商场推出了大件商品回访制度,引来了大批回头客。顾客凡购买大件商品,商场就为顾客建立档案,并在 3 个月内派专业人员回访了解使用情况,解决出现的问题,此后则每年回访一次。显然,它排除了消费者的后顾之忧,不仅真正体现了服务意识,同时也是真正为自己赢得生产的最好办法。

在上海,一家饭店的促销手段值得称道:友情追踪。把凡来该店办过宴庆的顾客情况收集起来建成档案。每当顾客的喜庆日子来临,店家就送上贺卡、鲜花等礼物以示祝贺。于是,顾客对该店产生了好感,也心甘情愿地成为他们的"回头客"。

经商的过程实际上是与人打交道的过程,人是有感情的,以诚待人、以情感人是生意兴隆的关键因素之一。

活动要求:

1.分小组对本案例中的企业产品整体构成进行分析。

2.小组成员交流分享。

3.各小组选派一名代表在全班交流分享。

4.任课教师点评和指导。

任务拓展

产品整体概念分析的意义

1.有利于掌握顾客所追求的核心利益

顾客购买任何一种商品,并不是为了占有具体的物品,而是实现其爱美或追求享受的愿望。营销人员只有明白这一点,顾客的需求才可能真正满足,企业才能获得成功。

2.有利于重视有形产品和无形服务与形象等

顾客对产品利益的追求,包括功能性和非功能性两个方面。前者更多地体现了顾客在物质方面的需要,后者则更多地体现了在精神感方面的需要。随着经济的发展、科技的进步,消费者需求日趋复杂多样,消费者对产品非功能性利益的追求越来越重视,企业产品营销必须摆脱传统的产品观念,重视产品非功能性利益的开发,以更好地满足消费者的多样化需求。

3. 有利于在多个层次上展开产品营销策略

产品整体概念 5 个层次的提出,给企业带来了新的竞争思路,那就是企业可以通过在款式、包装、品牌、售后服务等各个方面创造差异来确定市场地位和赢得竞争优势。企业也只有用动态的眼光来正确认识产品的整体概念,勇于改革创新,推出比竞争对手更能满足顾客需求的整体产品,才能适应市场的发展变化和满足消费者的需求。

任务二 制定产品策略

任务导入

小明对自家公司产品的整体构成有了清楚的认识和分析,连锁店选址在其他区域也基本完成,但是如何让消费者在每个连锁店看到自家公司产品就一目了然、印象深刻,小明又困惑了。为了解决问题,小明向营销策划公司及时进行咨询、学习,很快他对制定公司产品品牌、产品包装策略,以及落实服务营销策略等问题迎刃而解。

任务分析

通过学习,学生能够运用产品品牌、包装和服务营销的知识,进行产品品牌、包装、服务营销的定位和设计。

知识呈现

一、产品品牌策略

(一)商品品牌概述

1. 品牌含义

品牌是用以识别某个销售者或某群销售者的产品或服务,并使之与竞争对手的产品或服务区别开来的商业名称及其标志,通常由文字、标记、符号、图案和颜色等要素或这些要素的组合构成。

品牌是一个集合概念,它包括品牌名称(Brand Name)和品牌标志(Brand Mark)两部分。品牌名称是指品牌中可以用语言称呼的部分。品牌标志是指品牌中易于识别,但不能用语言称呼的部分,如记号(符号)、图像、图案、色彩等。

2. 品牌的构成

①品名(品牌名称):用口头或文字表达的品牌部分。如可口可乐、奔驰、波音、Seiko(精工)、NBC(美国广播公司)等。

②标志(品牌标识):是以符号、图形、特殊色彩或文字书写表示的品牌部分。如我国的铁

路、航运、航空公司都有自己的标志;美国米高乐电影公司的标志是一只吼叫的狮子;中国联通的标志是中国结。

③商标:可以是品牌的全部,也可以是品牌的部分。商标是经过注册登记的品牌,受法律保护,具有独占性和排他性;而品牌不需要通过政府批准注册,不受法律保护。

品牌与商标都是用以识别不同生产经营者的不同种类、不同品质产品的商业名称及其标志。但品牌是市场概念,实质上是品牌使用者对顾客在产品特征、服务和利益等方面的承诺。而商标是法律概念,它是已获得专用权并受法律保护的品牌,是品牌的一部分。注册商标是指受法律保护、所有者享有专用权的商标。如可乐是品牌,百事可乐、可口可乐是注册商标,受法律保护。

（二）品牌决策

1. 商品品牌选择的原则

商品品牌选择的原则即商品品名策略,要有适应性、简明性、独特性、艺术性、合法性、随俗性。

①产地命名,如"西湖龙井茶"。

②人物命名,如"俞兆林保暖内衣"。

③制法命名,如"二锅头"。

④效用命名,如"三九胃泰"。

⑤外形命名,如棒棒糖。

⑥译音命名,如"百事可乐"。

⑦寓意命名,如"梦"牌席梦思。

⑧夸张命名,如"永固"牌弹子锁。

⑨数字命名,如"555"牌电池。

⑩以产品成分命名,如"人参蜂王浆"。

⑪以产品生产厂家命名,如"美菱"冰箱。

⑫以动植物命名,如"熊猫"彩电。

⑬以革命圣地、名胜古迹命名,如"红岩"牌电扇,但不能用名人、国家名称、政党名称、不健康文字等。

⑭以自然存在物命名,如"玫瑰"牌米花糖。

2. 商标品牌策略

（1）品牌化策略

品牌化策略要以促销为目的,同时考虑成本。如水果、蔬菜、文件夹、晒衣架等都有自己的不同品牌。

（2）品牌归属策略

品牌归属策略是品牌归谁所有的问题。

制造商品牌,所有商品用同一品牌,如 IBM、Sony、凤凰、永久等。

销售商品牌,如同仁堂、全聚德烤鸭店、新世纪百货、麦德龙等。

根据品牌声誉、费用多少来选择。如制造商在超市或百货公司坚持用自己的品牌陈列商品,经销商会收取高额的场地或柜台出租费。

（3）品牌质量策略

高质量的名牌策略,如茅台、红塔山、皮尔卡丹等。

低质量的品牌策略,小商品的品牌。

质量稳定的品牌策略,大多数商品采用。

（4）同一品牌策略

有利于建立企业识别系统,提高知名度,但容易由于一种商品质量不好,损坏所有商品的名声。如娃哈哈集团的产品、海尔系列产品、三星电子产品等。

（5）个别品牌策略

个别品牌策略能区别不同产品的质量档次,风险小,但是推销费用高。

比如:五粮液酒厂生产的白酒采用"五粮液""五粮醇""五粮春""尖庄"等不同品牌;上海牙膏厂有美加净、中华、白玉等品牌;宝洁公司的产品品牌更丰富,有飘柔、海飞丝、舒肤佳等品牌;浙江纳爱斯公司有纳爱斯香皂、雕牌洗衣粉等品牌。

（6）品牌扩展策略

品牌扩展策略又叫特殊品牌策略,新产品用老品牌,有利于节省推销费用,顺利占领市场,但风险较大。

比如:春兰集团以生产春兰空调器而闻名遐迩,其在推出摩托车产品时采用"春兰虎""春兰豹"品牌。

（7）更换品牌策略

比如:科龙集团原生产容声冰箱,后生产空调器时采用科龙这一品牌。

（8）互联网域名商标策略

域名作为互联网的单位名称和在互联网上使用的网页所有者的身份标识,它不仅能给人传达很多重要信息（如单位属性、业务特征等）,而且还具有商标属性。企业一旦有了域名,就表明企业在互联网上拥有自己的门牌号码,有了通往网络世界、把握商机的钥匙。办理域名注册获得域名使用权的规则与一般商品商标注册相同,仍然采用注册在先的原则,谁先注册,谁就拥有了域名的使用权。从目前来看,注册域名有两种做法:其一是在国内注册二级域名,其二是在国际上注册一级域名。

二、产品包装策略

（一）包装及包装化的概念与作用

1. 包装及包装化的定义

包装是指对某一品牌商品设计并制作容器或包装物的一系列活动。商标或品牌是包装中最主要的构成要素,应在包装整体上居突出的位置。包装化是指设计并生产容器或包装物的一系列活动。

包装标签与包装标志。包装标签是指附着或系挂在商品销售包装上的文字、图形、雕刻及印制的说明。标签中载有许多信息,可以用来识别、检验内装商品,同时也可以起到促销作用。包装标志是在运输包装的外部印制的图形、文字和数字,以及它们的组合。

2.包装的作用

保护商品,便于储运,促进销售,增加盈利。

①保护商品,便于储运。产品包装最基本的功能便是保护商品,便于储运。

②包装能吸引注意力,说明产品特色,给消费者以信心,形成一个有利的总体印象。

③包装还能提供创新的机会。包装化的创新能够给消费者带来巨大的好处,也给生产者带来了利润。

【案例 6-2】

上海著名设计师设计的"茅台酒"包装,赋予产品以民族特色,饮誉东瀛,蜚声海外,而且使出口价格由原来每瓶 20 美元提高到 120 美元。

启示:"货卖一张皮",包装应与产品的内在质量和消费者的期望值相符,才能吸引顾客购买。

(二)包装类型

产品包装种类很多,按不同的标准可分为:

①按包装用途分为生产包装、销售包装、运输包装。

②按包装层次分为内包装、中包装、外包装。

③按包装的保护功能分为防水包装、防锈包装、防震包装、防腐包装。

④按包装的材料分为纸质包装、木制包装、塑料包装、金属包装、玻璃包装。

(三)包装的基本原则

安全,适于运输,美观大方,与商品价值和质量相匹配,尊重消费者信仰和习俗,符合法律规定等原则。

1.适用原则

包装的主要目的是保护商品。

2.美观原则

销售包装具有美化商品的作用。

3.经济原则

在符合营销策略的前提下,应尽量降低包装成本。

(四)产品包装策略

由于包装在产品营销中的重要性,企业必须运用适当的包装策略,充分体现产品的魅力,激发顾客的购买欲望。常用的包装策略有以下 7 种:

1.类似包装策略

这是指企业对其生产的产品采用相同的图案、近似的色彩、相同的包装材料和相同的造型进行包装,便于顾客识别出本企业的产品。如柯达产品的包装。这种策略能节省企业的包装设计及制作成本,使顾客容易识别商品出处,壮大企业声势,扩大影响,利用企业及其产品的声誉带动新产品上市,促进销售。这种策略一般只适用于质量水平不存在差异的产品,如果企业产品相互之间差异太大,则不宜采用这种策略。

2.差异包装策略

这是指企业的各种产品都有自己独特的包装,在设计上采用不同的风格、色彩和材料。这种策略能避免因个别产品销售失败而对其他产品产生的影响,但会相应地增加包装设计和新产品促销的费用。

3.配套包装策略

这是指按各国消费者的消费习惯,将数种有关联的产品配套包装在一起成套供应,便于消费者购买、使用和携带,同时还可扩大产品的销售。如把茶壶、茶杯、茶盘放在一起进行包装;装有各种规格的套筒扳手的工具箱;装有各种化妆品的化妆盒等。

4.附赠包装策略

这是指在包装物内附赠奖券或实物等。如儿童用品中附赠玩具、卡片是最为流行的一种做法,也有利用包装物抽奖,同一商品同时采用正常包装与赠品包装等。这样可以提高购买频率,吸引顾客重复购买,也可以作为介绍新产品和进行市场调整的手段。但要让顾客真正得到实惠,要能有效地对顾客产生刺激,切忌利用赠品进行商业欺诈,这会严重损害企业的形象。

5.再使用包装策略

这是指包装内的产品使用完后,包装容器还有其他的用途,以此给予消费者额外的利益。如把酒瓶设计成精致的花瓶或仿造古董,具有一定的欣赏价值,盛装物品的袋子用作手提袋等。一方面使顾客得到了额外的使用价值,另一方面这些包装物在再使用过程中还能起到广告宣传的作用。

6.分类包装策略

这是指企业依据产品的不同档次、用途、营销对象等,采用不同的包装。如高档商品的包装要显得名贵精致,中低档商品的包装可稍微简略朴素,儿童商品的包装可用动物或卡通人物形象,老人使用的商品包装可简易实用,以此来迎合不同的消费者及不同收入水平者的心理要求。

7.改变包装策略

这是指企业为克服现有包装的缺点,或者为吸引顾客而改变原有的产品包装,采用更具吸引力的新式包装。在适当的时候改变产品包装,可重塑企业产品形象,能使顾客产生一种新奇的感觉,从而刺激需求,促进销售。采用新的包装材料、形式、技术,既可用于产品防伪,抑制仿造者的嚣张气焰,又可体现现有产品的特点,体现消费新潮流,节省包装成本。这已被许多企业的实践证明是一种行之有效的策略。

【案例 6-3】

1991 年,意大利加尔巴尼公司花费 10 万英镑,请英国泰特斯菲尔德设计公司为其生产的 10 种有不同包装的干酪重新设计一个统一的包装。新包装上市后的半年内,企业未做任何广告宣传,但干酪的销量在英国上升了 22%,在德国上升了 33%,在法国上升了 50%。设计公司的董事长认为,销量增长的 65% ~70% 与新包装有关。

启示:改变产品包装,与改变产品本身一样重要。

三、服务营销策略

在当前高度服务化的时代背景下,任何一家企业想要在商战中脱颖而出,都必须增强自己在顾客服务方面与对手的差异,使服务营销具有特色和优势。

（一）企业服务营销的含义

服务营销是指在进行销售时洞悉顾客心理,采用适当的方法,为顾客提供有关劳务,从而打动顾客心弦,使其心情愉快,感觉舒适便利,满足其需要。

关键是洞悉顾客心理,抓住顾客心态。即抢先深入人心胜过抢先进入市场。如苹果公司的竞争对手较多,但它用简单、好记的名字,首先深入人心,而其他公司的名字很难记。

（二）企业服务营销的基本原则

1. 提高服务质量的基本要求

（1）研究顾客心理

要以"一团火"的精神为顾客服务,服务员在销售服务中要做到"四声""五心""一讲究"。

①"四声"即顾客来了有迎声,走了有送声,问询有答声,售货过程有请声。

②"五心"即主动介绍耐心,挑选商品诚心,包装商品精心,量剪商品细心,退换商品热心。

③"一讲究"即讲究柜台语言艺术。

（2）服务要有特色

售货员要满足顾客多方面的要求。

（3）服务设施现代化

在科技不断发展的今天,为人民生活带来更新更高的要求,人民对服务要求较高,企业应不断改进和美化企业经营环境,尽可能地增添各种现代化设备,提供多功能服务,以适应现代化生活需要。

（4）搞好售后服务

售后服务要周到,清除用户和顾客的后顾之忧,也是赢得顾客的重要手段。

2. 文明健康服务的基本要求

①一个成功的企业,从产品设计、经营思想,到服务项目和服务方式,都要从顾客出发,一切为了顾客。服务态度热情周到,和蔼可亲,以礼待人。

②对待顾客一视同仁,即无论顾客是谁都同样热情对待。

③要做到货真价实,公平买卖,讲求信誉,自觉维护消费者的利益。

④重视顾客多方面的需求,有效地预防并及时处理顾客的抱怨。如小天鹅洗衣机采取主动征求顾客意见,花钱买意见等活动来搞好售前售后服务。

四、企业服务营销的内容

1. 接待顾客微笑服务

微笑的 3 个条件:开朗、热情、真诚。

售货员的脸上要时时面带笑容,这不仅是所有商店的服务信条,也是售货员努力追求的目标。

2. 介绍商品诚实服务

与人相交,贵在诚意。

①潜在顾客会在你承认自己的短处时发现你的长处。

②使自己产品深入人心的最有效的方法是首先承认自己的不足,之后再将其转变为优势。如大众敢于宣传"大众 1970 车在近期内还将是丑小鸭"。

③对于自己的长处宣传,你必须通过证明方能使消费者接受,但承认自己的弱点,则从来无须证明。

④当一家公司以承认自己的弱点开始进行宣传时,人们往往会情不自禁地关注它,而如果一个人开口就炫耀他所做的精彩之事,你反而不一定会感兴趣。

⑤当人们开始关注你时,你便可以转向积极的宣传。

3.完成交易优质服务

方便、周到、优质。在销售过程中对顾客热情接待,提供各种方便条件。

4.礼貌用语文明服务

"请""谢谢""麻烦您""久等了"等。礼貌文明,诚恳和善的语言表达,能引起顾客发自内心的好感,起到吸引顾客的作用。

五、服务营销对营业人员的要求

1.更新观念

作为现代企业的营销人员应树立与我国社会主义市场经济相适应的现代营销观念。其中,牢固树立服务营销观念至关重要。

①服务营销观念:热情接待顾客、送货上门、实行"三包"、"承诺制"、售后服务等。

②服务竞争是感情和关系的竞争。

③做到电脑服务、科技服务。

2.提高素质

营销人员的素质是做好商品销售工作的基础,是发挥其积极性、主动性、创造性的内在条件。

要有良好的政治素质、较高的文化素质、过硬的业务素质、健康的身体素质。

3.技术能力

营销人员的操作技术也是做好企业销售工作的一个重要条件。

①接待顾客、展示产品、算账收款、递交商品等技术。

②商品陈列、店堂布置、室内广告、柜台形象等操作技术。

③电脑知识,学会使用电子管理系统等技术能力。

4.服务规范

服务规范是科学管理的需要,是企业竞争的客观要求。

①接待规范:四声——您好、请、走好、欢迎再来。

②形象规范:统一着装、佩戴工号、衣着整洁、仪表大方。

③语言规范:不顶撞顾客、不和顾客争吵、遵守营业忌语规定。

④商品质量规范:不销售伪劣产品,假一罚十。

⑤价格规范:明码实价。

⑥商品退换规范:及时处理,按规定处理。

⑦售后服务:按约定执行。

⑧店容店貌规范:便于树立企业形象,方便顾客购买。

【案例6-4】忠实顾客是金矿

留住顾客越久,公司所赚利润就越多。而失去顾客,意味着他们正在把利润带给你的对手。

为什么留住老客户能保持利润增长呢?首先,赢得新顾客要花许多钱,而留住老顾客却花费甚少。其他原因还有:

顾客越了解你,从你那儿买的东西就越多。

零售商店可以用某种商品的优惠价格吸引顾客。当顾客逐渐了解商店的商品和员工后,就会经常光顾而且买更多东西。

拥有忠实顾客,就可以提高价格。

许多人宁愿在自己熟悉和信任的商店付较高的价码,也不愿意到不熟悉的商店碰运气。如此一来,你就可以赚得由于顾客信任而带来的额外报酬。

满意的顾客会为你做口头广告。

一些公司发现半数以上的销售额来自这种宣传。

忠实顾客就是聚宝盆。如果计算一下每位顾客自始至终在你公司花的钱,你就会知道忠实顾客多么有价值,就会明白要是能把他们留得再长一点,又能赚多少。

留意顾客动向

如何才能不失去顾客呢?需要建立一个有效的信息系统来报告哪些客户想要离开,原因是什么。注意听取顾客的意见,了解他们对公司的看法,掌握他们遇到的问题,特别是导致其离开的原因。以下方法能助你一臂之力:

①设立热线电话征求顾客意见、接待顾客投诉;

②研究一流公司留住顾客的技巧,以此为鉴设立服务基准;

③征集员工建议,开展顾客调查,召集顾客意见征询会,通过这些渠道了解顾客的看法;

④打电话给"动摇"的顾客征询他们的意见。

顾客最清楚如何改进才能令他们满意。已经离开的顾客能告诉你其中的原因,他们能为你提供一个独特的看待经营情况的角度。

树立可行目标

顾客离你而去是一种警报,导致一个顾客离开的问题,也许正困扰着其他顾客。为减少顾客流失,首先要制订为顾客服务的目标。假定公司每年失去20%的顾客,为降低这个比率,就要树立切实可行的目标。比如"6个月内能减少多少顾客流失? 一年呢? 两年呢?"

目标应该是能通过努力和影响来控制的。"赚每个顾客的钱"不一定办得到,而"留住每个赚钱的顾客"则是个好开端。不过需要把努力集中在这些方面:哪些产品和服务? 哪个市场段? 利润率多大? 在哪一段时间里?

目标必须是可以测量的。把目标具体化,使之可用测量的指标来衡量。例如:目标实现后有什么结果? 如何衡量是否达标? 将带来什么新方式? 用哪些尺度(市场占有率,顾客回头率等)来衡量工作内容和方式?

假定目标是"以优质服务降低顾客流失率",如何用可测量的指标来描述这个目标呢? 我们可用这样几种描述方式：一年内顾客流失率降低 20%；做顾客调查，使顾客满意率提高 10%；或者令市场占有率提高 10%。

既通过会议，也通过书面形式，在全公司范围内树立目标。确保企业内每个人都清楚目标，并且知道取得成绩后会得到奖励。

找出顾客流失的原因

如果公司在失去顾客，却又不知道原因，那么可以从服务过程入手找出问题。分析整个服务过程，想想服务从哪儿开始，到哪儿结束；为了得到你的产品或服务，顾客必须做些什么。另外，还要分析所有有关人员在整个过程中的行为：他们作了什么样的决定，是从哪些可能的选择中作出的。

找出企业内部存在的问题，是增进顾客忠诚的另一途径。这包括企业的方针和行为准则。有没有过时、是不是不再必要或者不切实际？是否只注重公司的利益却忽略了方便顾客？如果是这样，那就废除它们。

例如：如果来查询的顾客必须先说出订单号码，他会不恼火吗？如果一个问题要转手好几个部门，顾客能不觉得丧气吗？如果每花 5 块钱都要上级批准，办事效率能高吗？如果根据接待顾客数量而不是服务质量来奖惩业务代表，又怎可能赢得忠实顾客呢？

还要建立一个能够发现改进机会的体系。最简单也最可靠的方法，是让接触顾客的员工向顾客了解情况。要特别关注顾客认为重要的环节，尤其是他们认为你做得不够好的方面。

创造留住顾客的文化

言行一致。亲自拜访顾客，以此了解公司的表现。

分担责任。因为大多数人愿意受到信任，愿意去做重要的工作，并且希望享有作决定的权力。

分享荣誉。如果公司某人功绩显著，一定要宣传他的事迹让每个人都知道。

培训员工并赋予权力。给员工创造为顾客服务的条件，授予员工为顾客服务的权力，由他们自行设计并决定解决顾客问题的办法。

奖励能留住顾客的员工。公开表彰有助于挽留顾客的举措。

实现零流失率需要来自各级的支持。如果得不到经理们的支持，变革就不可能发生。公开实现零流失率的目标，并身体力行投入时间。如果你一直把"让顾客满意"或"为顾客服务"作为会议的第一日程，那么，全体员工很快就会意识到它的重要性了。

最后，还要把所有新政策、新战略、新体制落到实处，说服每位员工，让他们记住：顾客第一。

任务巩固

1. 品牌是制造商或经营者加在产品上的标记，商标是受法律保护的品牌或品牌的一部分，它们之间既有联系，又有区别。

2. 企业必须为其产品线上的各个产品项目制订品牌决策。品牌决策主要有：品牌化决策、品牌归属决策、个别品牌决策、品牌扩展决策、品牌重新定位决策等。企业应重视品牌营销，实施品牌战略。

3. 包装对于保护商品,促进销售有很重要的作用。企业应当运用适当的包装策略,如类似包装策略、组合包装策略、附赠品包装策略、再使用包装策略、分类包装策略等。营销人员必须建立包装概念,并在功能和心理方面对这一概念进行测试,以保证实现所预期的目标,从而充分体现产品的魅力,激发顾客的购买欲望。

4. 服务营销是企业参与竞争的重要手段,需要企业营销人员树立新观念,掌握服务规范、技术。

能力测评

【案例6-5】

有当今世界"饭店之王"美称的希尔顿旅馆业,这座辉煌大厦的一块奠基石是"微笑服务"。是希尔顿的母亲在希尔顿的成功之路上曾授予的秘诀,这秘诀是如此平常却又是那样深奥。那时,希尔顿刚经营其德克萨斯的第一家旅馆。只有掌握一种秘诀,这种秘诀简单、易行、不花钱,却又行之有效,希尔顿冥思苦想,终得其解,这种秘诀不是别的就是微笑,他发现只有微笑才同时具备以上4个条件且能发挥强大的功效。以后,微笑服务就成了希尔顿经营的一大特色。几十年来希尔顿向工作人员问得最多的一句就是:"你今天对客人微笑了没有?"

活动要求:1. 分小组讨论并用市场营销学知识分析希尔顿成功的秘诀是什么。

2. 你平时听到的哪些话是在讲服务营销的?服务营销有什么作用和意义?

3. 各小组选派一名代表在全班交流分享。

4. 任课教师点评和指导。

任务拓展

"校正服务失误"

造成大多数顾客离去的原因,往往是那些你没有了解到或者是忽视了,但却再三发生的问题。失误、麻烦或故障都迟早会惹恼顾客。如关键部件交货太迟等。处理这些问题的过程称为"校正服务失误",它包括5个步骤:

①赔礼道歉。尽快承认错误,应该以个人口吻道歉。"我很抱歉"比"我们很遗憾"要好。千万不要强词夺理。

②迅速处理。出现错误后,对顾客表现出诚意固然能起作用,但重要的是迅速处理问题,以此表明你确实把顾客的利益放在心上。

③设身处地。"受伤害"的顾客希望看到公司理解他们的感受,因而应当对他们说:"我知道你此时此刻的心情。"顾客并不指望你的服务无懈可击,但的确希望自己能够受到关心。

④设法补偿。钱不能补偿给顾客带来的麻烦,也不要这样去做。但可以用实际行动表示你的歉意。如发现供货不齐,就用快件发送余下的货物。象征性的行动和道歉的表示,能够弥补带给他们的不便。

⑤跟进措施。了解向顾客承诺的补救措施是否都已兑现,他们对此是否满意。这样做能获得有价值的反馈信息。

项目训练

一、基本训练

(一)选择题

1. 品牌与包装属于产品整体概念中的( )。

A. 期望产品　　　　B. 核心产品　　　　C. 形式产品　　　　D. 附加产品

2. 品牌中可以被识别、辨认,但不能用语言表达的部分叫( )。

A. 品牌名称　　　　B. 品牌标志　　　　C. 商标　　　　　　D. 品牌决策

3. 化妆品、餐具等产品采用一个包装整体出售,这属于( )策略。

A. 类似包装　　　　B. 多种包装　　　　C. 组合包装　　　　D. 新奇包装

4. 下列产品可以不使用商标品牌策略的是( )。

A. 火腿肠　　　　　B. 针线包　　　　　C. 方便面　　　　　D. 瓶装水

(二)判断题

1. 多品牌是指同一企业在同一产品上使用两个或多个品牌。 ( )

2. 品牌和商标的功能基本相同,因此可以等同看待。 ( )

3. 谁拥有最先进的产品,谁就拥有市场。 ( )

4. 创品牌的根本措施是确保产品的高质量。 ( )

5. 由于包装的价值是构成产品价值的一部分,所以产品包装必须与产品本身的价值相符合。 ( )

(三)简答题

1. 整体产品的构成要素有哪些? 树立产品整体概念有何意义?

2. 商标与品牌有何区别? 品牌策略有哪几种?

3. 从营销的角度考虑,企业可以实施哪些包装策略?

4. 服务营销对营业人员的要求有哪些?

(四)课堂讨论

1. 受"货卖一张皮"生意经的影响,现在许多产品的包装越来越考究,致使包装费用在产品价值中所占的比重越来越大,对此发表你的看法。

2. 先让大家观看几则重庆新世纪百货超市的"早班会活动比赛"录像,然后用所学的服务营销观念进行分组讨论,最后由每组派出代表谈谈你们的感受。

二、能力提升

(一)案例分析

1. 五粮液集团现在既有200多元一瓶的五粮液,也有100多元的五粮液,四五十元的五粮神、东方龙,还有二三十元的五粮醇、五粮湖和不到十元的尖庄,共有20多个产品项目,恰到好处地形成了适应不同消费层次的产品结构,构成了与不同档次品牌名酒竞争的市场态势。

请问:①该集团采用了什么产品品牌策略?

②这种策略有何优点和缺点?

2. 美国派克公司的高档金笔被人们视为身份与气度的象征,为扩大市场,该公司在1984年推出一种低价钢笔,结果以失败告终。

请问:①派克公司运用了什么产品品牌策略?

②这种策略有何优点和缺点?

(二)营销实训

1. 实训题目:树立整体产品的观念。

2. 背景资料:设计下列产品整体概念的3个层次:核心产品(核心利益)、形式产品(外观、品牌、包装等)、延伸产品(服务项目)。

个人电脑、饮品、汽车、全自动洗衣机。

3. 要求:先分组讨论,每组至少选择两种产品提出其3个构成部分;然后由每个同学针对一种商品进行总结,写在自己的作业本上,字迹工整。

项目 七
XIANGMU

定价策略

教学目标

● **知识目标**

能描述产品价格的构成及其影响因素

能区分产品定价的不同目标和定价方法

能判断产品定价的不同策略

● **技能目标**

能结合产品定价的目标、方法、策略,进行产品定价

● **情感目标**

能提高学生的判断分析能力

能养成学生的拓展思维、创新思维

教学任务

任务一　认识产品的基础价格

任务二　制定价格策略

任务一 认识产品的基础价格

任务导入

小明发现,自家经营的金呱呱、银呱呱价格五花八门,有 88 元、139 元、298.9 元、399 元、799 元、1 064 元……不管是价格低的银呱呱,还是价格高的金呱呱,目前都很好卖,常常是一两个月就会更换一次货品。他一直在纳闷,难道这些产品的定价有什么依据可循?

任务分析

学习产品价格的概念、构成,以及定价的主要影响因素、定价的目标和定价方法等相关知识,让学生能够理解产品定价的依据。

知识呈现

一、产品基础价格的概念和构成

(一)产品基础价格的概念

产品价格是商品价值的货币表现。

①在生产环节:表现为 $C+V+M$。即生产产品消耗的生产资料价值 C,生产产品所耗费的人工价值 V,生产工人新创造的价值 M。从货币形态上表现为生产成本、利润和税金。

②在流通环节:要加上流通费用(采购、调拨、运输、储存、保管及其他费用)、相应的利润(生产利润、销售利润)和税金(除增值税外计入商品价格中)。

(二)产品基础价格的构成

①构成:由生产成本、产品流通费用、利润、税金 4 个部分构成。

②流通环节定价公式:

出厂价 = 生产成本 + 税金 + 利润

批发价 = 出厂价 + 批发费用 + 税金 + 利润

零售价 = 批发价 + 零售费用 + 税金 + 利润

除此之外,企业可以根据市场情况灵活制订。

(三)我国产品价格的定价主体

①政府定价。

②政府指导性价格。

③企业定价。

二、产品定价的主要影响因素

(一)产品成本

企业产品定价首先应考虑成本因素。从长远看,任何产品的销售价格都必须高于成本费用,否则企业会因为长期亏损而导致停产。

(二)市场需求

一般而言,企业在充分考虑产品成本因素外,需要根据市场需求制定出产品较高的价格,以获取较大利润。反过来,市场需求又受产品价格因素变动的影响,即产品存在需求价格弹性大小不同。在正常情况下,市场需求会按照与价格相反的方向变动。

需求价格弹性简称需求弹性,是指因产品价格变动而引起的需求的相应变动率,反映需求量对价格的敏感程度,以需求变动的百分比与价格变动的百分比之比值来计算,即 $E = \Delta Q/Q \div P/P = \Delta Q/\Delta P \cdot P/Q$。

如果 $E > 1$,则需求弹性大或需求富有弹性,即价格的微小变化都会引起需求量大幅度变化,企业可通过降价、薄利多销来增加盈利。如果 $E < 1$,则需求缺乏弹性,即价格的变化不会引起需求量发生大幅度变化,企业可制定较高价格来增加盈利。

(三)竞争者的产品和价格

企业必须采取适当方式,了解竞争者所提供的产品质量和价格,让同质产品具有价格优势,非同质产品有较高的性价比。

三、产品定价的目标

产品定价目标是企业定价策略和定价方法的依据。企业定价目标主要有以下几种:

1.维持生存

企业应以维持生存作为主要目标。短期而言,制定较低的产品价格,只要能弥补可变成本和一些固定成本,企业就可继续经营,生存得以维持。

2.当期利润最大化

有远见的企业经营者,都着眼于追求长期利润的最大化,当然并不排除在某种特定情况下,对其产品制定高价以获取短期最大利润。还有一些多品种经营的企业,有些产品价格定得较高,有些产品的价格定得较低,甚至低于成本以招徕顾客,借以带动其他产品的销售,从而使企业利润最大化。

3.市场占有率最大化

市场占有率关系到企业的兴衰存亡。有些企业通过制定尽可能低的价格来追求市场占有率领先地位,即使市场占有率最大化。

4.产品质量最优化

质量是企业的生存之本。这就要求制定较高的产品价格来弥补高质量产品的生产费用以及研发的高成本。企业在采用产品优质高价的同时,还应提供优质服务。

四、产品定价的方法

(一)成本加成定价法

成本加成是根据所确定的加成率(毛利率)和单位产品的总成本来制定产品的单价,是最基本的定价方法。由于毛利率的确定方法不同,加成定价法又可分为成本加成法(顺加法)和售价加成法(倒扣法)。

1. 倒扣法

假设制造商想在销售额中有20%的利润加成,则:

$$价格 = 单位成本 \div (1 - 加成率) = [16 \div (1 - 20\%)]元 = 20元$$

2. 顺加法

假设制造商想在成本的基础上获得20%的利润加成,则:

$$价格 = 单位成本 \times (1 + 加成率) = [16 \times (1 + 20\%)]元 = 19.2元$$

在零售企业中,百货店、杂货店一般采用倒扣法来制定产品价格;而水果店、蔬菜店则多采用顺加法来定价。

(二)需求导向定价法

1. 含义

需求导向定价法是依据买方对商品价值的理解和需求强度来定价,而不是依卖方的成本定价。

2. 类型

(1)认知价值定价法

认知价值定价法,又叫理解价值定价法,就是企业根据购买者对产品的认知价值来制定价格的一种方法。作为定价的关键,不是卖方的成本,而是买方对产品价值的认同和理解。

消费者对商品价值的认知价值,是他们根据自己对产品的功能、效用、质量、档次等多方面的印象,综合购物经验、对市场行情和同类产品的了解而对价格作出的评判,其实质是商品的效用价格比,其关键是消费者对价值的理解和认可。

【案例7-1】

一般情况下,人们花几块钱可买一支普通钢笔,但名牌钢笔"派克"的最低售价定为185美元,最高售价达到3 500美元,仍有消费者购买。这就是商家采用了理解价值定价法,根据不同消费者对商品的价值理解和认可不同来进行定价。

(2)区分需求定价法(差别定价法)

所谓需求差别定价法,是指产品价格的确定以需求为依据,首先强调适应消费者需求的不同特性,而将成本补偿只放在次要地位。分为:

①以消费者差异为基础的差别定价:

收入差异:如学生电影票价低;北京房价定价高等。

不同用途差异:如工业用电与商业用电、居民用电价格不同。

②以形式差异为基础的差别定价:同一产品不同形式定价不同。如同样的商品印有特别标志(明星、名人头像)的定价高一些。

③以时间差异为基础的差别定价:如长途电话费白天定价高于夜间;旅游产品定价节假日高于平时淡季;节假日乘坐交通工具定价高于平时;美国深夜电费低,用电高峰期电费高。

④以地理位置差异的差别定价:如体育场看球赛的票价、宾馆的定价等,地理位置占据优势的定价高,相反定价低。

售价加成法(倒扣法)。

1. 倒扣法

假设制造商想在销售额中有20%的利润加成,则:

$$价格 = 单位成本 \div (1 - 加成率) = [16 \div (1 - 20\%)]元 = 20元$$

2. 顺加法

假设制造商想在成本的基础上获得20%的利润加成,则:

$$价格 = 单位成本 \times (1 + 加成率) = [16 \times (1 + 20\%)]元 = 19.2元$$

在零售企业中,百货店、杂货店一般采用倒扣法来制定产品价格;而水果店、蔬菜店则多采用顺加法来定价。

(二)需求导向定价法

1. 含义

需求导向定价法是依据买方对商品价值的理解和需求强度来定价,而不是依卖方的成本定价。

2. 类型

(1)认知价值定价法

认知价值定价法,又叫理解价值定价法,就是企业根据购买者对产品的认知价值来制定价格的一种方法。作为定价的关键,不是卖方的成本,而是买方对产品价值的认同和理解。

消费者对商品价值的认知价值,是他们根据自己对产品的功能、效用、质量、档次等多方面的印象,综合购物经验、对市场行情和同类产品的了解而对价格作出的评判,其实质是商品的效用价格比,其关键是消费者对价值的理解和认可。

【案例7-1】

一般情况下,人们花几块钱可买一支普通钢笔,但名牌钢笔"派克"的最低售价定为185美元,最高售价达到3 500美元,仍有消费者购买。这就是商家采用了理解价值定价法,根据不同消费者对商品的价值理解和认可不同来进行定价。

(2)区分需求定价法(差别定价法)

所谓需求差别定价法,是指产品价格的确定以需求为依据,首先强调适应消费者需求的不同特性,而将成本补偿只放在次要地位。分为:

①以消费者差异为基础的差别定价:

收入差异:如学生电影票价低;北京房价定价高等。

不同用途差异:如工业用电与商业用电、居民用电价格不同。

②以形式差异为基础的差别定价:同一产品不同形式定价不同。如同样的商品印有特别标志(明星、名人头像)的定价高一些。

③以时间差异为基础的差别定价:如长途电话费白天定价高于夜间;旅游产品定价节假日高于平时淡季;节假日乘坐交通工具定价高于平时;美国深夜电费低,用电高峰期电费高。

④以地理位置差异的差别定价:如体育场看球赛的票价、宾馆的定价等,地理位置占据优势的定价高,相反定价低。

（三）竞争导向定价法

1. 含义

竞争导向定价法是指通过研究竞争对手同类产品的商品价格、生产条件、服务状况等,结合企业自身的发展需求,以竞争对手的价格为基础进行产品定价的一种方法。

2. 类型

主要包括随行就市定价法和竞争投标定价法。

（1）随行就市定价法

随行就市定价法是指在一个竞争比较激烈的行业或部门中,某个企业根据市场竞争格局,跟随行业或部门中主要竞争者的价格,或各企业的平均价格,或市场上一般采用的价格,来确定自己产品的价格的方法。

（2）竞争投标定价法

竞争投标定价法又称为密封投标定价法,是指一个企业根据招标方的条件,主要考虑竞争情况来确定标的价格的一种方法。在国内外,政府采购机构以及许多大宗商品、原材料、成套设备和建筑工程项目的买卖等,往往采用发包人招标、承包人投标的方式来选择承包者,确定最终承包价格。

一般说来,招标方只有一个,而投标方有多个,处于相互竞争的地位。一个企业能否中标,在很大程度上取决于该企业与竞争者投标报价水平的比较。报价最低的投标者通常中标,他的报价就是承包价格。

任务巩固

1. 商品价格竞争是商家常采用的手段,制定好商品价格是决定市场竞争成功的关键。

2. 商家在制定商品价格时,应根据商品的成本构成、可比商品的价格,以及市场竞争的需要来制定。商品定价方法通常有成本加毛利定价、需求导向定价、竞争导向定价法等。

能力测评

案例分析:判定企业产品定价的方法。

为下列企业产品选择合适的定价方法:

企业产品	合适的定价方法	说明原因
灯具		
名人字画		
新型儿童玩具		
水果、蔬菜		

活动要求:1. 分小组讨论。

2. 小组成员交流分享。

3. 各小组选派一名代表在全班交流分享。

4.任课教师点评和指导。

任务拓展

变动成本定价法

1.相关概念

变动成本定价法又叫边际成本定价法,指企业以变动成本为依据,结合产品的边际贡献来制定产品的价格。即在定价时只考虑变动成本,不计算固定成本。

变动成本是指随着产品产量或者销售量变化而发生变化的成本。如企业的生产原材料成本、生产工人的工资等。

固定成本是指在一定生产规模条件下,随着产品产量或者销售量变化而不发生变化的成本。如企业管理人员的工资、固定资产价值等。

边际贡献就是价格超过变动成本的部分,可用来补偿固定成本。

2.基本公式

单位边际贡献 = 价格 – 变动成本

边际贡献总额 = 单位边际贡献 × 销量

净利润 = 边际贡献总额 – 固定成本总额

由　　利润 = 销售收入 – 成本

得到：

利润 = 价格 × 销量 – (变动成本 + 固定成本)

当利润为 0 时,价格 = 单位变动成本 + 固定成本/销量

当利润为目标利润时：

价格 = 单位变动成本 + (固定成本 + 目标利润)/销量

【案例 7-2】

某企业生产某产品的生产能力为 70 万件,市场对该企业产品需求量仅 40 万件,年固定成本 50 万元,单位变动成本 1.80 元,市场售价 3 元。

生产销售 40 万件时,企业获利情况如下：

单位边际贡献 = (3 – 1.8)元 = 1.2 元

边际贡献总额 = (1.2 × 40)万元 = 48 万元

净利润 = (48 – 50)万元 = – 2 万元

即亏损 2 万元。

若企业生产 40 万件不亏不赢时,产品的售价 = 单位变动成本 + 固定成本/销量 = (1.80 + 50/40)元 = 3.05 元

若另有订货 20 万件,售价为 2.4 元/件,则：

单位边际贡献 = (2.4 – 1.8)元 = 0.6 元

边际贡献总额 = (0.6 × 20)万元 = 12 万元

净利润 = (12 − 2) 万元 = 10 万元

即会赢利 10 万元。

任务二　制定价格策略

任务导入

在自家公司里,小明知道了不同的产品有不同的定价方法。但是他又发现,市场上有新品种上市时,在过节促销时,在遇到大量采购的客户时……不同的商家使用了不同卖价,难道这其中又隐藏着什么策略?为了家里的产品赢得更好的销量,小明开始了产品定价策略的学习和研究。

任务分析

学习产品定价的策略,让学生能理解和运用产品定价的策略。

知识呈现

一、产品定价策略的概念

产品定价策略是指企业为实现企业定价目标,根据市场中影响产品价格的不同因素,在制定价格时灵活采取的各种定价手段和定价技巧。

二、常用的产品定价策略

(一)高价策略

高价策略又叫撇脂定价或取脂定价法,即新产品定价的速取策略。适用于新产品确有标新立异之处,竞争对手不易推出同类产品。

(二)低价策略

低价策略又叫渗透定价法,即新产品定价的渗透策略。适用于产品市场规模大,竞争激烈的产品。

【案例 7-3】高价与低价

1945 年,美国雷诺(Reynolds)公司新品"原子笔"上市时,利用"原子时代奇妙笔"的不凡之处"可以在水中写字,也可以在高海拔地区写字"等特性和美国人追求新奇的性格,精心制定价格。当时,这种圆珠笔生产成本仅为 0.8 美元,而出厂价为 10 美元,零售价高达 20 美元。因为只有这个价格才能让人们觉得这种笔与众不同,配得上"原子笔"的名称。1945 年 10 月 29 日,在第二次世界大战后第一个圣诞节来临前投放市场,十分畅销,被顾客当作礼物购买,人们以赠送与得到原子笔为荣。一时间,新颖、奇特的原子笔风靡美国,大量的订单像雪片一样飞向雷诺公司。短短半年时间,雷诺公司生产圆珠笔所投入的 2.6 万美元成本竟然获得了 150 多万美元的利润。第二年起,生产厂家剧增,产品迅速大众化,成为普通的圆珠笔,雷诺公司鉴于竞争激烈化以及产品成本大大下降的情况,便降价至 0.7 美元。

启示:高价也可多销。

(三)甩卖价格策略

甩卖价格策略就是以成本或低于成本为限,收回资金为目的。适用于过季处理积压商品。

(四)心理价格策略

心理定价是根据消费者不同的消费心理而制定相应的产品价格,以引导和刺激购买的价格策略。常见的类型如表 7.1 所示。

表 7.1　心理价格策略

策略种类	内　　容	目　　的
尾数定价策略	对多数日用品或低档商品,在定价时,保留价格尾数,如定 9.98 元而不定 10 元,适用于单位价值较低的日常生活品	定价计算准确,给人以真实感,以满足顾客的求实心理
整数定价策略	对一些高档耐用的消费品、炫耀性商品、贵重商品,在定价时,采用整数定价策略,如 2 500 元而不标2 498元	消费者用价格高低来判断商品质量的优质,形成高价高质的感觉
如意定价策略	利用人们求吉祥如意的心理,在定价时,采用一些吉祥的数字来给产品标价,如 68 元、118 元、188 元	满足人们在价格方面的心理需求
声望定价策略	利用消费者仰慕名牌和"价高质必优"的心理,对在消费者心目中享有声望的产品制定较高的价格,名牌产品定价时多采用	满足消费者的求名心理
招徕定价策略	利用消费者的求廉心理,在一定时期内,有意识地将某几种商品的价格定得特别低,以招徕顾客。如"特价""惊爆价""减价"等。适用于日常生活必需品、购买频率高的商品	借部分商品低价销售,带动和扩大其他正常价格产品的销售
习惯定价策略	对在消费者心目中已形成习惯价格的产品,企业在定价时要按照消费者已经形成的习惯心理,力求维持产品价格不变,避免价格波动引来麻烦。家庭日常生活用品,特别是食品较适合	使消费者能顺利接受产品价格,扩大销售

(五)组合价格策略

当产品只是某一产品组合的一部分时,因为各种产品之间存在需求和成本的相互联系,而且会带来不同程度的竞争,企业要研究出一系列价格,使整个产品组合的利润实现最大化。组合价格策略通常在以下两类关联产品定价时采用:

互补产品,如钢笔、墨水,打印机、专用纸等。

配套产品,如运动衫、运动鞋,电脑系列产品等。

在产品组合定价策略中,根据补充产品定价原理,制造商经常为主要产品制定较低的价格,而对附属产品制订较高的加成。

(六)折扣定价策略

1. 数量折扣

企业为鼓励顾客大量购买,可以酌情降低产品的价格。

例如:一旅客在一年中累计乘坐飞机旅行超过 10 000 千米,每次购买机票时按基本价格结算票款,到年终,航空公司赠送旅客一张 2 000千米以内的机票。

2. 现金折扣

现金折扣是给予在规定的时间内提前付款或用现金付款者的一种价格折扣,其目的是减少财务风险。

例如:"2/10,n/30",表示付款期是 30 天,但如果在成交后 10 天内付款,给予2%的现金折扣。许多行业习惯采用此法以加速资金周转,减少收账费用和坏账。

3. 季节折扣

季节折扣是企业鼓励顾客淡季购买的一种减让。

例如:在冬季,啤酒生产厂家对进货单位给予大幅度让利;在夏季,羽绒服生产企业为客户提供折扣;旅馆和航空公司在淡季也会提供优惠。

4. 现金回扣

回扣是间接折扣的一种形式,它是指购买者在按价格目录将货款全部付给销售者以后,销售者再按一定比例将货款的一部分返还给购买者。

例如:每购买 500 元商品返还现金 100 元。

5. 折让定价

折让是企业为特殊目的,对特殊顾客以特定形式所给予的价格优惠或其他补贴。

例如:教师节凭工作证价格优惠 10%;零售商为企业产品刊登广告或设立橱窗,生产企业在产品价格上给予一定折让;当顾客买一件新商品时,允许交还同类商品的旧货,在新货价格上给予折让。

任务巩固

商品定价策略是市场营销成功的关键要素,它要考虑内部因素和外部因素。商品定价策略有新产品定价(高价策略、低价策略)、组合产品定价、价格微调策略(批量价格策略、甩卖价格策略、心理定价策略)等。

能力测评

案例分析:运用产品定价策略解决实际问题。

【案例 7-4】

美国的一个彩照实验室 1988 年推出一个"俘虏"消费者的新招牌,它首先在各大学散发宣传其彩色胶卷新产品的广告,除了说明新彩卷性能优越外,还说明由于是新产品,故定价不高,每卷只要1美元(柯达胶卷价格为每卷2美元多),以便让消费者有机会试一试。经济拮据的大学生们纷纷寄钱去购买。几天后,他们收到了胶卷,以及一张"说明书",其上写道:这种胶卷由于材料特殊,性能优良,因此,一般彩扩中心无法冲印,必须将拍摄后的胶卷寄回该实验室才行。说明书上还列出了冲印的价格,这些价格比一般的彩照扩印店的价格贵一倍。但是,每冲印一卷,该实验室将无偿赠送一卷新胶卷。精明的大学生们仔细一算,发现损益相抵后,胶卷、冲洗、印片三者的总价格仍高于一般水平,无奈已花费了1美元的"投资",只得忍气吞声做了"俘虏"。

请问:1.彩照实验室对新胶卷采用的是什么定价策略?

2.对冲印胶卷的定价又采用的是什么策略?

3.对冲印胶卷后无偿赠送一卷新胶卷,体现了什么定价策略?

4.从这个定价策略案例中,你得到什么启示?

活动要求:1.分小组讨论本案例的问题。

2.小组成员交流分享。

3.各小组选派一名代表在全班交流分享。

4.任课教师点评和指导。

任务拓展

产品价格调整策略

产品价格调整策略,分为降价和提价两种。

1.降价策略的运用

有几种情况可能导致企业考虑降价:

①过多的生产能力。

②面临强有力的价格竞争使本企业的市场份额正在下降。

③以低成本为基础进行降价,争取在市场上居于支配地位。

④发动降价以期望扩大市场份额,从而依靠较大的销量,以降低成本。

⑤在经济衰退时不得不降价。

2.提价策略的运用

企业提价的原因:

①由于通货膨胀,物价上涨,企业的成本费用提高。

②企业产品供不应求,不能满足所有顾客的需要。

③竞争者少。

3.如何减少顾客对提价的不满

可以采用以下方法减少顾客对提价的不满:

①事前给价格上涨一个合理的解释。

②提价前让顾客知道。

③学会使用不引人注目的价格策略。

④采用合同或投标条款调整价格。

项目训练

一、基本训练

(一)选择题

1. 市场需求弹性较大的商品,定价时适当(　　　　),可以增加总收入。

　　A. 提高价格　　　　B. 降低价格　　　　C. 保持价格不变　　　　D. 先高后低

2. 新产品投放市场时,制定一个较高的价格,以求在短时间内收回投资并获取利润,这是采用了(　　　　)策略。

　　A. 渗透定价　　　　B. 取脂定价　　　　C. 温和定价　　　　　D. 声望定价

3. 现在许多商场、超市经常推出"特价""惊爆价"商品,这属于(　　　　)策略。

　　A. 现金折扣　　　B. 招徕定价　　　C. 特别事件定价　　　D. 习惯定价

4. 附带产品定价时,企业往往将主要产品"引诱品"的价格定得(　　　　),将"俘虏品"的价格定得(　　　　)。

　　A. 较高,较低　　　B. 较低,较高　　　C. 较高,较高　　　D. 较低,较低

5. 以维持或提高市场占有率为定价目标的企业,通常为其产品制定(　　　　)。

　　A. 高价格　　　　B. 低价格　　　　C. 市场价　　　　D. 保本价

6. 价格调整的主要形式有(　　　　)两种。

　　A. 降价　　　　B. 重新定价　　　　C. 提价　　　　D. 进行价格组合

7. 为鼓励顾客提前付清货款,按原价给予一定的折扣,这种策略叫(　　　　)。

　　A. 职能折扣　　　B. 现金折扣　　　C. 季节折扣　　　D. 数量折扣

(二)判断题

1. 定价既是一门科学,也是一门艺术。　　　　　　　　　　　　　　　　(　　)

2. 要追求利润的最大化,就一定要给产品制定最高价。　　　　　　　　(　　)

3. 价格与需求之间的关系是反比关系。　　　　　　　　　　　　　　　(　　)

4. 市场供求状况是影响产品定价的重要因素。　　　　　　　　　　　　(　　)

5. 要想打败竞争对手,就一定要给产品定最低价。　　　　　　　　　　(　　)

6. 成本导向定价法简单易行,适合所有的产品。　　　　　　　　　　　(　　)

(三)简答题

1. 新产品定价策略有哪几种? 各适宜在什么条件下采用?

2. 常用的心理定价策略和组合定价策略有哪几种形式? 请举例说明。

(四)课堂讨论

对市场营销中的定价策略,有人有一些不同的意见,以下所列是现在存在的一些现象:原

价 20 元,现价 19.8 元,销量就会大量增加,这是自作聪明;原价 70 元,提高至 100 元,限量打 7 折销售,买的人就多,这是欺诈;超市 4 元一瓶的啤酒,酒吧要 20 元一瓶,这简直是暴利;原价 300 元的皮衣,无人问津,标价 3 000 元,却被抢购一空,这是消费者太蠢;某旅游景点突遭降温,游客被困,个别商家一包方便面售价 30 元,租一件军大衣 150 元,这是乘人之危;2003 年"非典"期间,一瓶原价 5 元的普通消毒液,20 元才能买到,商家认为这是物以稀为贵,遵循的是价值规律,等等。解释造成这些现象的原因;讨论在营销活动中,该如何处理好定价策略与营销道德、诚信和价值规律的关系。

二、提升训练

(一)案例分析

一个汉堡包的价值为多少,现在越来越难以估计。大多数西方人只要花不到 0.5 美元就可以买到一个可口的汉堡包,少数人会花 1.5 美元买一个大麦或加奶酪的汉堡包,然而,这些都是过时的风尚了。随着人们生活条件的改善,现在越来越多的人情愿花 4 美元买一个新近流行的汉堡包,即所谓的美食汉堡包,它是在一些专门的豪华餐厅里出售。

为什么美食汉堡包要卖 4 美元一个呢?在顾客的心目中,不但它比较大,而且是现做现卖,更重要的是这类餐厅提供一些较为舒适的软硬件设备。一般的汉堡包店,使用的是塑料椅,服务也一般;而在美食汉堡包餐厅,不但桌椅比较舒适,而且兼卖酒,有时还提供点菜并送到桌上的优良服务。

顾客到美食汉堡包餐厅,买一个汉堡包、外加薯条和饮料,花费 6 美元;而同样的食物,在一般汉堡包店只需要 2.5 美元。但是对有些消费者来说,舒适的环境、豪华的设备加上美味可口的汉堡包,付 6 美元完全合理,比到麦当劳和汉堡王等店更合算。

请问:①美食汉堡包采用的是什么定价方法和定价策略?

②这种定价策略的关键是什么?为什么顾客认为这是合理的价格?

③从美食汉堡包的定价策略中,你受到什么启示?

(二)营销实训

1. 实训题目:产品价格的定价方法或定价策略。

2. 背景资料:假如你负责小明家族的公司,你该如何确定产品的定价方法和策略?

3. 要求:先分组讨论,然后写在自己的作业本上,字迹工整。

项目 八

分销渠道策略

 **教学目标**

- **知识目标**

能辨别分销渠道的基本类型

能说出中间商的基本类型

能概述分销渠道选择的策略和技巧

- **技能目标**

能运用分销渠道选择的策略解释实际营销现象

会用分销渠道选择的技巧解决营销过程中的实际问题

- **情感目标**

能提高学生对现象的分析判断能力

能树立学生的发展世界观

能养成学生的创新思维

教学任务

任务一　认识分销渠道、中间商

任务二　制定分销渠道策略

任务一　认识分销渠道、中间商

任务导入

小明家的顶呱呱有限责任公司经过几个月的生产经营,有了一定的规模。但是,苦于产品销路的问题,成本和利润的回收与增长没有与规模的增长成正比。为了自家的生意,他决定从分销的基本内涵、渠道、模式、策略、技巧等方面进行认真的研究与学习。

任务分析

学习分销渠道的概念、模式和基本类型,以及中间商的基本类型,能让学生判定直接分销渠道、间接分销渠道的优缺点。

知识呈现

【案例8-1】非洲居民为什么买不到蚊香

非洲国家普遍蚊子肆虐,居民深受蚊子危害,蚊香等产品在非洲国家是非常受欢迎的。但1990年以前却很少在非洲看到中国品牌的蚊香,原因是,1990年以前中国蚊香在非洲很少有供货。当地小商店买不到,商场也买不到。你怎么能指望那些被蚊子叮得体无完肤的非洲居民熟悉中国品牌的蚊香呢?占领当地市场最有效的手段,就是占领销售点,控制渠道。对于大众消费品来说,最重要的不是你的产品和对手有多少差异,而在于你的产品是否能方便地被消费者购买。

一、分销渠道的概念

分销渠道是指产品从生产者向消费者或用户转移的过程中所经过的一整套机构或途径。在现代社会中,大部分生产企业并不是把产品直接销售给最终的消费者或用户,而是借助一系列中间商的买卖活动来实现的。所以,分销渠道的起点是生产者,终点是消费者或用户,中间环节包括批发商、零售商、代理商及储运商等,由他们构成产品的分销渠道,如图8.1所示。

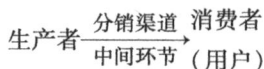

$$生产者 \xrightarrow[\text{中间环节}]{\text{分销渠道}} \begin{matrix}消费者\\(用户)\end{matrix}$$

图8.1　分销渠道

分销渠道的概念可以从3个要点理解:

分销渠道的起点是生产者,终点是消费者或者用户。销售渠道作为产品据以流通的途径,就必然是一端连接生产,一端连接消费,通过销售渠道把生产者提供的产品或劳务,源源不断地流向消费者。在这个流通过程中,主要包含着两种转移:商品所有权转移和商品实体转移。

这两种转移,既相互联系又相互区别。商品的实体转移是以商品所有权转移为前提的,它也是实现商品所有权转移的保证。

分销渠道是一组路线,是由生产商根据产品的特性进行组织和设计的,在大多数情况下,生产商所设计的渠道策略要充分考虑其参与者——中间商。

产品在由生产者向消费者转移的过程中,通常要发生两种形式的运动:一是作为买卖结果的价值形式运动,即商流。它是产品的所有权从一个所有者转移到另一个所有者,直至消费者手中。二是伴随着商流所有发生的产品实体的空间移动,即物流。商流和物流通常都会围绕着产品价值的最终实现,形成从生产到消费者的一定路线或通道,这些通道从营销的角度来看,就是分销渠道。

二、分销渠道的模式

(一)消费品分销渠道的模式

消费品分销渠道的模式归纳起来有以下 5 种,如图 8.2 所示。在销售渠道中,拥有产品所有权或帮助转移所有权的中间商称为渠道中的一级。

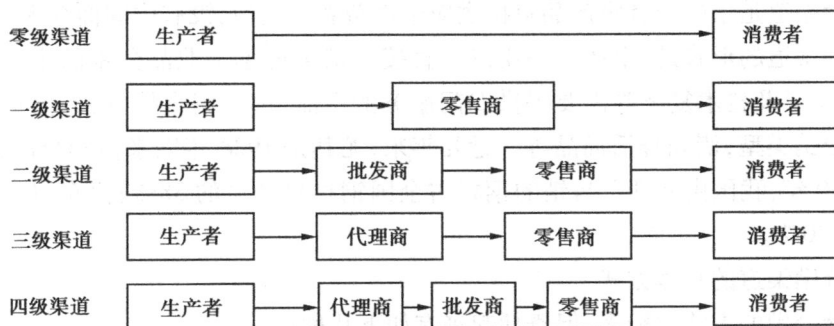

图 8.2　消费品分销渠道的模式

(二)工业品分销渠道的模式

工业品分销渠道的基本要求是环节尽量少、渠道尽量短,主要有以下几种分销渠道模式:

零级渠道是由生产者直接将产品销售给消费者或用户的一种渠道模式,如上门推销、邮寄销售、网上销售和生产者自设商店销售等。

一级渠道:包括一种类型的中间商,也即只经过一个中间环节。在消费品市场通常是零售商,在产业市场则可能是代理商或批发商。

二级渠道:包括两种类型的中间商,经过两个中间环节。在消费品市场通常是批发商和零售商,在产业市场可能是代理商或批发商。

三级渠道:经过 3 个中间环节。在消费品市场,一般是在批发商和零售商之间加入中转商,解决大量批发与零星销售之间的矛盾,或是生产者通过代理商将产品卖给批发商和零售商。

当然,还有层次环节更多的渠道模式,但不多见。因为环节越多,越难以管理,并将导致流通费用和产品售价过高、信息传递不灵等不良后果。

因此,渠道的分销效率不仅取决于渠道成员本身的努力,而且取决于相关的支持系统的运作效率,如运输、仓储部门、金融、保险公司、广告、调研、咨询公司等。

三、分销渠道的基本类型

由于我国个人消费者与生产性团体用户消费的主要商品不同,消费目的与购买特点等具有差异性,客观上使我国企业的销售渠道构成两种基本模式:企业对生产性团体用户的销售渠道模式和企业对个人消费者的销售渠道模式。

企业对生产性团体用户的销售渠道模式,有如下几种:生产者—用户、生产者—零售商—用户、生产者—批发商—用户、生产者—批发商—零售商—用户、生产者—代理商—批发商—零售商—用户。

企业对个人消费者销售渠道模式,有如下几种:生产者—消费者、生产者—零售商—消费者、生产者—批发商—零售商—消费者、生产者—代理商—零售商—消费者、生产者—代理商—批发商—零售商—消费者。

根据有无中间商参与交换活动,可以将上述两种模式中的所有通道,归纳为两种最基本的销售渠道类型:直接分销渠道和间接分销渠道。间接渠道又分为短渠道与长渠道。

(一)直接分销渠道

直接分销渠道是指生产者将产品直接供应给消费者或用户,没有中间商介入。

直接分销渠道的形式是:生产者—用户。直接分销渠道是工业品分销的主要类型。如大型设备、专用工具及技术复杂等需要提供专门服务的产品,都采用直接分销,消费品中有部分也采用直接分销类型,诸如鲜活商品等。近几年来,尤其是 1988 年以来,企业自销的比重明显增加。如1990 年,我国由钢铁厂自销的钢材占全国钢材总产量的38%;汽车以指令性计划供销的仅占 20.20%。

1.直接分销渠道的具体方式

企业直接分销的方式比较多,但概括起来有如下几种:

订购分销。它是指生产企业与用户先签订购销合同或协议,在规定时间内按合同条款供应商品,交付款项。一般来说,主动接洽方多数是销售生产方(如生产厂家派员推销),也有一些走俏产品或紧俏原材料、备件等由用户上门求货。

自开门市部销售。它是指生产企业通常将门市部设立在生产区外、用户较集中的地方或商业区。也有一些邻近用户或商业区的生产企业将门市部设立于厂前。

联营分销。如工商企业之间、生产企业之间联合起来进行销售。

2.直接分销渠道的优缺点

(1)直接分销渠道的优点

有利于产、需双方沟通信息,可以按需生产,更好地满足目标顾客的需要。由于是面对面的销售,用户可更好地掌握商品的性能、特点和使用方法;生产者能直接了解用户的需求、购买等特点及其变化趋势,进而了解竞争对手的优势和劣势及其营销环境的变化,为按需生产创造了条件。

可以降低产品在流通过程中的损耗。由于去掉了商品流转的中间环节,减少了销售损失,有时也能加快商品的流转。

可以使购销双方在营销上相对稳定。一般来说,直销渠道进行商品交换,都签订合同,数量、时间、价格、质量、服务等都按合同规定履行,购销双方的关系以法律的形式于一定时期内固定下来,使双方把精力用于其他方面的战略性谋划。

可以在销售过程中直接进行促销。企业直接分销,实际上又往往是直接促销的活动。如企业派员直销,不仅促进了用户订货,同时也扩大了企业和产品在市场中的影响,又促进了新用户的订货。

(2)直接分销渠道的缺点

在产品和目标顾客方面:对于绝大多数生活资料商品,其购买呈小型化、多样化和重复性。生产者若凭自己的力量去广设销售网点,往往力不从心,甚至事与愿违,很难使产品在短期内广泛分销,很难迅速占领或巩固市场,企业目标顾客的需要得不到及时满足,势必转移方向,购买其他厂家的产品,这就意味着企业失去目标顾客和市场占有率。

在商业协作伙伴方面:商业企业在销售方面比生产企业的经验丰富,这些中间商最了解顾客的需求和购买习性,在商业流转中起着不可缺少的桥梁作用。而生产企业自销产品,就拆除了这一桥梁,势必自己去进行市场调查,包揽了中间商所承担的人、财、物等费用。这样,加重生产者的工作负荷,分散生产者的精力。更重要的是,生产者将失去中间商在销售方面的协作,产品价值的实现增加了新的困难,目标顾客的需求难以得到及时满足。

在生产者与生产者之间:当生产者仅以直接分销渠道销售商品,致使目标顾客的需求得不到及时满足时,同行生产者就可能趁势而进入目标市场,夺走目标顾客和商品协作伙伴。在生产性团体市场中,企业的目标顾客常常是购买本企业产品的生产性用户,他们又往往是本企业专业化协作的伙伴。所以,失去目标顾客,又意味着失去了协作伙伴。当生产者之间在科学技术和管理经验的交流受到阻碍以后,将使本企业在专业化协作的旅途中更加步履艰难,这又影响着本企业的产品实现市场份额和商业协作,从而造成一种不良循环。

(二)间接分销渠道

间接分销渠道是指生产者利用中间商将商品供应给消费者或用户,中间商介入交换活动。

间接分销渠道的典型形式是:生产者—批发商—零售商—个人消费者(少数为团体用户)。现阶段,我国消费品需求总量和市场潜力很大,且多数商品的市场正逐渐由卖方市场向买方市场转化。与此同时,对于生活资料商品的销售,市场调节的比重已显著增加,工商企业之间的协作已日趋广泛、密切。因此,如何利用间接渠道使自己的产品广泛分销,已成为现代企业进行市场营销时所研究的重要课题之一。

1.间接分销渠道的具体方式

随着市场的开放和流通领域的搞活,我国以间接分销的商品比重增大。企业在市场中通过中间商销售的方式很多,如厂店挂钩、特约经销、零售商或批发商直接从工厂进货、中间商为工厂举办各种展销会等,这里就不一一列举和阐述了。

2.间接分销渠道的优缺点

(1)间接分销渠道的优点

有助于产品广泛分销。中间商在商品流转的始点同生产者相连,在其终点与消费者相连,从而有利于调节生产与消费在品种、数量、时间与空间等方面的矛盾。既有利于满足生产厂家目标顾客的需求,也有利于生产企业产品价值的实现,更能使产品广泛地分销,巩固已有的目标市场,扩大新的市场。

缓解生产者人、财、物等力量的不足。中间商购走了生产者的产品并交付了款项,就使生产者提前实现了产品的价值,开始新的资金循环和生产过程。此外,中间商还承担销售过程中的仓储、运输等费用,也承担着其他方面的人力和物力,这就弥补了生产者营销中的力量不足。

间接促销。消费者往往是货比数家后才购买产品,而一位中间商通常经销众多厂家的同类产品,中间商对同类产品的不同介绍和宣传,对产品的销售影响甚大。此外,实力较强的中间商还能支付一定的宣传广告费用,具有一定的售后服务能力。所以,生产者若能取得与中间商的良好协作,就可以促进产品的销售,并从中间商那里及时获取市场信息。

有利于企业之间的专业化协作。现代机器大工业生产的日益社会化和科学技术的突飞猛进,使专业化分工日益精细,企业只有广泛地进行专业化协作,才能更好地迎接新技术、新材料的挑战,才能经受住市场的严峻考验,才能大批量、高效率地进行生产。中间商是专业化协作发展的产物。生产者产销合一,既难以有效地组织商品的流通,又使生产精力分散。有了中间商的协作,生产者可以从烦琐的销售业务中解脱出来,集中力量进行生产,专心致志地从事技术研究和技术革新,促进生产企业之间的专业化协作,以提高生产经营的效率。

(2)间接分销渠道的缺点

可能形成"需求滞后差"。中间商购走了产品,并不意味着产品就从中间商手中销售出去了,有可能销售受阻。对于某一生产者而言,一旦其多数中间商的销售受阻,就形成了"需求滞后差",即需求在时间或空间上滞后于供给。但生产规模既定,人员、机器、资金等照常运转,生产难以剧减。当需求继续减少,就会导致产品的供给更加大于需求。若多数商品出现类似情况,便造成所谓的市场疲软现象。

可能加重消费者的负担,导致抵触情绪。流通环节增大储存或运输中的商品损耗,如果都转嫁到价格中,就会增加消费者的负担。此外,中间商服务工作欠佳,可能导致顾客对商品的抵触情绪,甚至引起购买的转移。

不便于直接沟通信息。如果与中间商协作不好,生产企业就难以从中间商的销售中了解和掌握消费者对产品的意见、竞争者产品的情况、企业与竞争对手的优势和劣势、目标市场状况的变化趋势等。在当今风云变幻、信息爆炸的市场中,企业信息不灵,生产经营必然会迷失方向,也难以保持较高的营销效益。

(三)长渠道和短渠道

分销渠道的长短一般是按通过流通环节的多少来划分的,具体包括以下4层:

零级渠道(MC):即由制造商(Manufacturer)直接到消费者(Customer)。

一级渠道(MRC):即由制造商(Manufacturer)通过零售商(Retailer)到消费者(Customer)。

二级渠道(MWRC):即由制造商(Manufacturer)—批发商(Wholesaler)—零售商(Retailer)—消费者(Customer),多见于消费品分销。或者是制造商(Manufacturer)—代理商(Agent)—零售商(Retailer)—消费者(Customer),多见于消费品分销。

三级渠道(MAWRC):制造商(Manufacturer)—代理商(Agent)—批发商(Wholesaler)—零售商(Retailer)—消费者(Customer)。

可见,零级渠道最短,三级渠道最长。

（四）宽渠道与窄渠道

渠道宽窄取决于渠道的每个环节中使用同类型中间商数目的多少。企业使用的同类中间商多，产品在市场上的分销面广，称为宽渠道。如一般的日用消费品（毛巾、牙刷、开水瓶等），由多家批发商经销，又转卖给更多的零售商，能大量接触消费者，大批量地销售产品。企业使用的同类中间商少，分销渠道窄，称为窄渠道，它一般适用于专业性强的产品，或贵重耐用的消费品，由一家中间商统包，几家经销。它使生产企业容易控制分销，但市场分销面受到限制。

（五）单渠道和多渠道

当企业全部产品都由自己直接所设的门市部销售，或全部交给批发商经销，称为单渠道。多渠道则可能是在本地区采用直接渠道，在外地则采用间接渠道；在有些地区独家经销，在另一些地区多家分销；对消费品市场用长渠道，对生产资料市场则采用短渠道等。

四、分销渠道中的中间商

（一）中间商的概念

中间商是指介于生产者与消费者之间，专门从事商品流通活动的经济组织或个人。或者说，中间商是生产者向消费者出售产品的中介机构。

（二）中间商的分类

1. 按是否拥有商品所有权，中间商可分为经销商、代理商和经纪人 3 种

经销商是指从事商品流通服务，并拥有商品所有权的中间商，如商人批发商、零售商等属于这一类。

代理商是指从事商品交易业务，接受生产企业委托，但不具有商品所有权的中间商，其利润来源主要来自被代理企业的佣金，商品的销售风险与利益一般由被代理企业承担。代理商分为总代理、独家代理和一般代理。

总代理是代理权限最大的代理，代理人是委托人在本地区的全权代表，不仅有商品专营权，还有代表委托人从事一些非商业活动。

独家代理是分地区代理，享有商品专营权，不经营代理与委托人相竞争的其他商品。

一般代理是不享有专营权的代理，代理人只是根据委托人规定的条件销售商品，收取押金，一般由零售商兼营。

经纪人俗称掮客，既无商品所有权，也不持有和取得现货，其主要职能在于为买卖双方牵线搭桥、协助谈判、促成交易，由委托方付给佣金，不承担产品销售的风险。

2. 按在流通过程中所处的地位和所起的作用不同，中间商可分为批发商和零售商两大类

（1）批发商及批发商的特征

1）批发商的概念

批发商是指专门从事成批商品买卖活动，为转售或生产加工，面对同一商品进行批购和批销的中间商。批发商从事商品批发业务，并不改变商品性质，只是实现商品在时间和地点上的转移，达到销售的目的。与零售商相比，交易对象主要是生产商、零售商，或下一层次批发商；流通过程中处于中间环节；交易中反映的主要是工商企业间、商业企业间的经济关系；交易次数少，批量较大，在市场经济中具有独特的作用。

2）批发商的类型

批发商的类型主要有以下 4 种：

①商人批发商。

商人批发商是指自己进货，取得产品所有权后再批发出售的商业企业，也就是人们通常所说的独立批发商。商人批发商是批发商最主要的类型。它又可分为执行全部批发职能的完全服务批发商和执行部分批发职能的有限服务批发商。

②经纪人和代理商。

经纪人和代理商与独立批发商的主要区别在于它们没有商品所有权，只是在买卖双方之间起媒介作用，促成交易，从中赚取佣金。经纪人和代理商一般都是专业化的，专门经营某一方面的业务。

③制造商的销售分销部或销售办事处。

制造商的分销部有一定的商品储存，其形式如同商人批发商，只不过隶属关系不同，它是属于制造商的；办事处没有存货，是企业驻外的业务代办机构。制造商自己设立分销部和办事处，有利于掌握当地市场信息和加强促销活动。

④零售商的采购办事处。

有些零售商也在中心城市及商品集散地设立采购办事处，其职能与代理商和经纪人类似，但其隶属关系是购买方。

（2）零售商的概念和经营特征

1）零售商的概念

零售商是指向最终消费者个别、直接地重复销售他们日常生活所需的商品和服务的机构和组织。商品经过零售企业最终进入消费领域，实现了社会生产目标和商品价值，保证了社会再生产的顺利进行。

零售是商品交换的一种类型，相对于其他交易类型，具有以下 3 个特征：

①交易对象是最终的消费者或者用户。他们是为了个人和家庭生活而购买和消费的。

②交易活动零星、频繁。零售商整批购进商品，然后零星分散地把商品销售出去，一般营业时间长，交易次数多，交易也频繁。

③处于商品流通的最后环节。即商品经过零售以后，进入消费领域，商品变成了消费品，满足了消费者的消费需求。

2）零售商的类型

①商店零售商。

商店零售商设有固定场所，对顾客开放营业。一般按照经营商品和服务的特色可分为以下几种：

专用品商店。它是指专门经营某一类商品，但商品的花色、品种较为齐全，如书店、电器城、家具店等。

超市。它是指以自我服务、低价销售为特征的零售机构，目前超市规模越来越大，设施越来越齐全，经营范围越来越广，是竞争力比较强的一种零售方式。

百货公司。它是以经营日用工业品为主的综合性零售店，货色品种齐全，一般设在城市商业中心或交通中心。

方便店。它是指设在居民区附近的小型商店,营业时间较长,商品主要是日用品,方便顾客购买。

折扣店。它是自助式、低价值销售商品的零售方式,店址一般设在租金低的地区,销售对象以中低收入者为主。目前,折扣商店向经营专用品方向发展,如折扣书店、折扣体育用品商店等。

仓储商店。它是指集仓储、批发、零售于一体的自选商场,这种商场形似仓库,不搞豪华装修,采用开放式货架陈列商品。通过减少中间环节,节约装修和运输费用,为顾客提供价廉物美的商品,达到以低价大量销售商品的目的。

产品陈列式推销商店。这种商店是产品目录和折扣商店的合二为一,即向顾客散发彩色印刷的产品目录,在目录中,标明每项商品的价格和折扣价。一般销售种类多、有商标的商品,如珠宝饰品、摄影器材等。这种形式已成为西方零售业中最热门的形式之一。

购物中心。它是指由大商店和小店铺组成的商场。由于购物中心内设有不同行业的店铺,经营各种各样的商品和服务,有停车场、餐饮服务,甚至设有大型娱乐场所,所以具有商品品种齐全,服务多样化,能满足一次购买所需商品,并且具有购物娱乐同时进行的优势。

②非商店零售商。

非商店零售商是指专门从事无店铺销售的零售商。根据商品信息沟通方式不同,非商店零售商可分为以下几种:

邮购公司。它是指通过报纸或杂志广告,介绍商品并接受顾客汇款订货和销售的零售商。

网上商店。它是指通过企业网站或网页,向顾客推荐和介绍商品,利用电话和电子邮件接受顾客订货,大多是派人送货上门,并取得货款。如东风汽车网站设有汽配集市、商店服务、广告直销等网页,开展销售服务。

直销公司。它是指以推销人员上门推销为主销售商品的零售商。

顾客服务部。它是指一些生产厂家自设服务机构承担产品销售服务和质量跟踪保证。

电视专卖商店。它是指通过电视广告推荐商品的专卖店。

③零售商集团。

零售商集团是以多店铺联盟的组织形式来开展零售活动。通过商店之间的联合,可以避免过度竞争,提高零售的规模经济,节约成本。具体形式有以下几种:

A. 连锁店。它是指由两个或两个以上的共同所有、共同管理的商店所组成的零售商业集团,其经营规模大,实行标准化经营,店铺统一装潢,广告费用低,管理费用少,商品比一般商店便宜。商店直接向制造方进货,又可在各店铺调剂余缺,便于减少库存资金占用,扩大销售。这些优势确保了连锁店能更加适应当今市场扩大、激烈竞争的要求,使其成为零售业中最主要的组织形式。具体形式有3种:

团体连锁店。又叫直营连锁、公司连锁、联号连锁,它是由总公司拥有分店资产所有权的连锁店。由总公司直接经营分店(各分店不是独立法人),对分店中的人、财、物实行统一管理。如重百、新世纪、家乐福等。

特许连锁店。又叫加盟连锁、合同连锁,它是指以一个规模较大、声誉较高的零售商或品牌为核心,其他零售商按照自愿参与、共享技术、共同开发市场、共担风险的原则加入而组成的连锁店。其中,核心商店向其他成员提供专门的技术和品牌商品,并对加盟店的组织、人员进行培训,对商店采购和商店管理予以协助。特许连锁由于管理规范,有效利用名牌效应,成为一种重要的零售方式。如可口可乐、麦当劳、肯德基等。

自愿连锁店。又叫自由连锁、任意连锁,它是指由若干所有者不同的中小型零售企业依靠契约自愿联合起来,所组成的一个连锁零售组织。各个分店都具有法人地位,但是在店名、外观装潢、管理制度和经营特色等方面统一操作。

【案例 8-2】

从世界上建立第一家连锁公司到现在,已有 130 年的历史,在工业发达国家,连锁经营取得普遍成功,一般都占市场销售份额的 1/3 以上。美国比例最高,约占 60%。连锁销售在发达国家较为普及,并且已经开始跨越国界,发展为跨国连锁经营,如美国的麦当劳、肯德基、沃尔玛及法国的家乐福等,其连锁分店遍布世界。其中,美国沃尔玛 1991 年的销售额达 438.87 亿美元,相当于同期我国最大的 100 家零售商销售总额的 7 倍,这一业绩就是通过它的全球 2 000 多家连锁店实现的。它们不仅实行连锁经营,而且加进了一些直销因素,消费者也从中受益。另外,许多零售企业为了建立自己的品牌,吸引顾客,促成了折扣商店的兴起,同时,发达国家反对维持零售价格等反托拉斯规定,都促使折扣商店迅速发展。在日本,折扣连锁商店已取代了百货商店的地位,成为全国最大的零售组织。从 20 世纪 90 年代开始,我国流通领域也出现了各种形式的便民连锁店、超市连锁、百货公司连锁、专卖店连锁和快餐店连锁等。

B. 销售联合大企业。它是指由多个零售机构自愿组合而成的企业集团。通常是由若干不同所有者的不同类型的商店组合在一起,实行协调统一的销售促进和经营管理。

C. 消费者合作社。这是一种由消费者自己出资、管理和拥有的零售企业,店铺大多设在社区各个居民点内,为住在周围的居民提供商品的服务。一般价格比较低,或以正常价格出售,然后根据每人购物的多少给予分红。

任务巩固

分销渠道是指产品从生产者向消费者或用户转移的过程中所经过的一整套机构和途径,中间环节包括各种类型的中间商。

分销渠道的类型多种多样,有直接渠道与间接渠道、长渠道与短渠道、宽渠道与窄渠道、多渠道与单渠道等。

中间商是介于生产者与消费者之间,专门从事商品流通业务,促进交易行为发生和实现的组织或个人。中间商包括批发商和零售商,或经销商和代理商。这些中间商类型多样,变化频繁,新的营销形式不断涌现,新的营销技术层出不穷,在市场营销活动中发挥着重要作用。

能力测评

案例分析:判定企业采取了哪些营销渠道。

【案例 8-3】可口可乐在中国的 22 种营销渠道

可口可乐作为饮料行业的第一大品牌,在中国不仅采用直接控股或与中粮、太古、嘉里等集团公司以合资的形式广设装瓶厂,进行市场开拓与分销活动,他们还采用 22 种渠道,将可口可乐产品分销到每个角落。

(1)传统食品零售渠道。如食品店、食品商场、副食品商场、菜市场等。

(2)超市渠道。包括独立超级市场、连锁超级市场、酒店和商场内的超级市场、批发式超级市场、自选商场、仓储式超级市场等。

(3)平价商场渠道。经营方式与超级市场基本相同,但区别在于经营规模较大,而毛利更低。平价商场通过大客流量、高销售额来获得利润,因此在饮料经营中往往采用鼓励整箱购买、价格更低的策略。

(4)食杂店渠道。通常设在居民区内,利用民居或临时性建筑和售货亭来经营食品、饮料、烟酒、调味品等生活必需品,如便利店、便民店、烟杂店、夫妻店、小卖部等。这些渠道分布面广、营业时间较长。

(5)百货商店渠道。即以经营多种日用工业品为主的综合性零售商店。内部除设有食品超市、食品柜台外,多附设快餐厅、休息冷饮厅、咖啡厅或冷食柜台。

(6)购物及服务渠道。即以经营非饮料类商品为主的各类专业店及服务行业,经常顺带经营饮料。

(7)餐馆酒楼渠道。即各种档次的饭店、餐馆、酒楼,包括咖啡厅、酒吧、冷饮店等。

(8)快餐渠道。快餐店往往价格较低、客流量大,用餐时间较短,销量较大。

(9)街道摊贩渠道。即没有固定房屋、在街道边临时占地设摊、设施相对简陋、出售食品和烟酒的摊点,主要面向行人提供产品和服务,以即饮为主要消费方式。

(10)工矿企业事业单位渠道。即工矿企业事业单位为解决职工工作中饮用、工休时的防暑降温及节假日发放等问题,采用公款订货的方式向职工提供饮料。

(11)办公机构渠道。即由各企业办事处、团体、机关等办公机构公款购买,用来招待客人或在节假日发放给职工。

(12)部队军营渠道。即由军队后勤部供应,以解决官兵日常生活、训练、军队请客及节假日联欢之需,一般还附设小卖部,经营食品、饮料、日常生活用品等,主要向部队官兵及其家属销售。

(13)大专院校渠道。即大专院校等食宿制教育场所内的小卖部、食堂、咖啡冷饮店,主要面向在校学生和老师提供学习、生活等方面的饮料和食品服务。

(14)中小学校渠道。指设立在公立或私立小学、中学、职业高中等非食宿制学校内的小卖部,主要向在校学生提供课余时的饮料和食品服务(有些学校提供课余时的饮料和食品服务;有些学校提供学生上午加餐、午餐服务,同时提供饮料)。

(15)在职教育渠道。即设立在各党校、职工教育学校、专业技能培训学校等在职人员再教育机构的小卖部,主要向在校学习人员提供饮料和食品服务。

(16)运动健身渠道。即设立在运动健身场所的出售饮料、食品、烟酒的柜台,主要向健身人员提供产品和服务;或指设立在竞赛场馆中的食品饮料柜台,主要向观众提供产品和服务。

(17)娱乐场所渠道。指设立在娱乐场所内(如电影院、音乐厅、歌舞厅、游乐场等)的食品饮料柜台,主要向娱乐人士提供饮料服务。

(18)交通窗口渠道。即机场、火车站、码头、汽车站等场所的小卖部,以及火车、飞机、轮船上提供饮料服务的场所。

(19)宾馆饭店渠道。集住宿、餐馆、娱乐为一体的宾馆、饭店、旅馆、招待所等场所的酒吧或小卖部。

(20)旅游景点渠道。即设立在旅游景点(如自然景观、人文景观、城市景观、历史景观及各种文化场馆等)向旅游和参观者提供服务的食品饮料售卖店。一般场所固定,采用柜台式交易,销售较大,价格偏高。

(21)第三方销售渠道。即批发商、批发市场、批发中心、商品交易所等以批发为主要业务形式的饮料营销渠道。该渠道不面向消费者,只是商品流通的中间环节。

(22)其他渠道。指各种商品展销地、食品博览会、集贸市场、庙会、各种促销活动等其他销售饮料的形式和场所。

活动要求:1.分小组讨论。

2.小组成员交流分享。

3.各小组选派一名代表在全班交流分享。

4.任课教师点评和指导。

任务拓展

批发商和零售商的职能

1.零售商的职能

批量购进,零散销售,解决供求数量矛盾。

了解市场,反馈信息,承担市场调查与求购信息反馈双重职能。

咨询服务,担保信用,解决购物双方信息不对称的矛盾。

采购配货,保障供应,解决生产地分散与消费地集中的矛盾。

预测市场,储备货物,解决供求时间不协调的矛盾。

运输储存,送货上门,解决生产者与消费者地域空间的矛盾。

广设网点,便利购销,解决生产者与消费者数量不对称的矛盾。

2.批发商的功能

开拓市场与产品推介。批发商通过其营销人员的业务活动,可以将生产者的产品有效地推广介绍给众多小客户,从而起到开拓市场、促进产品销售的作用。

集散采购与分装配货。即通过采购把分散在各地的企业的商品集中起来,再经过初步加工、整理、挑选、分级、编配和包装等活动,分散供应给零售企业和生产用户。

整买零卖与沟通产销。批发商可以整批地买进货物,再根据零售商的需要批发出去,从而降低零售商的进货成本。并作为生产者与更低一级批发商、零售商的桥梁与纽带。

仓储服务与货物运输。批发商将货物储存到出售为止,从而降低供应商和顾客的存放成本和风险。由于批发商一般在仓库储存与货物运输方面具有专业的设备与人员,而且一般距零售商较近,可以很快地将货物送到顾客手中。

融通资金与分担风险。批发商可以向客户提供信用条件和融资服务,促进产品销售,加快商品销售及周转速度。另外,如果批发商能够提前订货或准时付款,也就等于是为制造商提供融资服务,可以加快资本周转速度,提高企业再生产能力。批发商在分销过程中,由于拥有货物所有权,故可以分担失窃、损坏或滞销等各种风险。

信息咨询与终端服务。批发商可向其供应商提供有关买主的市场信息,如竞争对手的活动、新产品的出现、价格的剧烈变动等;批发商还可以经常帮助零售商培训推销人员,布置商店,以及建立会计和存货系统,从而提高零售商的经营效益。

任务二　制定分销渠道策略

任务导入

小明为了自家的生意,在了解了分销渠道的有关知识后,他决定进一步从分销的渠道选择策略和营销分销的因素等方面,为自己的产品打开市场。

任务分析

学习分销渠道的选择策略和技巧,让学生明确分销渠道选择的影响因素和选择的技巧。

知识呈现

分销渠道选择的适当与否,对商品能否迅速地进入市场,实现其价值和使用价值,有着重要的影响。这就必须分析影响分销渠道选择的因素。概括起来,影响分销渠道选择的因素主要有以下 4 个方面:

一、产品因素

产品的单价。单价较高的产品可以使用较短渠道或直接渠道销售,而单价较低的产品则应采用较长、较宽的渠道。

产品的体积和重量。对体积大、质量重的产品,可采用较短渠道;绝大多数体小量轻的产品,可采用较长渠道,广泛分销,扩大市场面。

产品的自然属性。对于一些保质期短、易腐烂变质、易碎的产品等,必须采取较短渠道;反之,则可选择较长渠道。

产品的技术性和服务要求。对于技术复杂、售后服务要求高的产品,应选择短且窄的分销渠道,也可由企业直接销售;对于那些通用性强、服务要求低、标准化的产品的销售,则可采用长而宽的渠道。

产品的时尚性和季节性。样式变化快、流行性强、季节性明显的产品,宜采用短而宽的渠道;款式不易变化的产品,渠道可长些。

产品的生命周期阶段。投入期的新产品,销售难度大,中间商经销的积极性不高,可采用较短、较窄的销售渠道,有些情况下只能由厂家直销;进入成长期和成熟期的产品,则可采用长且宽的渠道。

二、市场因素

目标市场范围的大小。市场范围大,潜在的购买者多,可采用长而宽的渠道;反之,市场范围小,潜在购买者少,可由生产者直接供应消费者或用户。

顾客的集中程度。如果市场上消费者和用户比较集中,可采用直接渠道、短渠道;消费者和用户分布广阔,应选择长渠道、宽渠道。

顾客的购买习惯。对顾客购买次数频繁,但每次购买数量少的产品,应使用长且宽的渠道;对不常购买、数量大、服务多的产品,可采用短渠道、窄渠道。

竞争对手所使用的销售渠道类型。通常情况下,企业应与同类产品的竞争者采用相同或相似的渠道。但如果竞争对手已经控制了某些销售渠道,企业就要另辟销售渠道,避免与强手正面争夺市场。

三、生产企业本身的因素

企业的规模和实力。如果企业规模大、资本实力雄厚、信誉良好,控制渠道的能力就较强,可以自由地选择分销渠道,既可直接销售或选择较短的渠道,也可选择固定中间商经销其产品;而那些规模小、资金有限、缺乏实力的企业,只能依赖中间商扩大销售。

企业的管理能力和经验。企业具有较强的营销能力和经验,可以自己直接销售产品,因而渠道可短些;否则,只有选择较长的渠道。

企业控制渠道的愿望。有些企业为了有效地控制渠道,宁愿花费较大的直销费用,承担全部的市场风险,建立短而窄的渠道;有一些企业并不希望控制渠道,则可采用长而宽的渠道。

四、外界环境因素

经济形势。在经济繁荣时,市场需求旺盛,企业可以选择最合适的渠道来进行销售;而当经济衰退时,市场需求下降,通货紧缩,这时企业应尽量减少不必要的流通环节,采用较短的渠道,以控制最终产品的价格。

国家的有关法规。在市场经济中,政府已经放开对绝大多数商品的管制,这些商品的销售渠道完全由企业决定;而对极少数关系国计民生的重要商品的销售,还要受到有关法规的限制,如专卖制度(香烟)、专控商品(某些药品)等,需要根据有关政策法规的规定选用相应的销售渠道。

任务巩固

制定市场营销渠道策略是企业面临的最复杂、最具有挑战性的决策之一。每个渠道系统都将产生不同的销售额和成本,一旦选定了某条渠道,企业必须在相当长的时间内,依靠这条渠道,同时这条渠道也将极大地影响市场营销组合中的其他因素,同时被其他因素所影响。

企业应根据产品因素、市场因素、企业自身因素、外界环境因素等,作好渠道的选择。

能力测评

课堂讨论:请同学们上网或者查阅相关资料,了解我国在直销和禁止传销方面的有关条例,结合实际分析讨论直销和传销的区别,以及我国为什么要禁止任何形式的传销活动?

活动要求:1.分小组讨论。

2.小组成员交流分享。

3.各小组选派一名代表在全班交流分享。

4.任课教师点评和指导。

任务拓展

分销渠道的新发展

1.渠道联合化趋势

渠道联合化是指在市场营销实践中,一些规模大、实力强、品牌优势明显的企业,借助自己的品牌影响力对渠道成员实施合同化管理,建立起政策统一、行动一致、风险共担、利益均沾的联合化分销系统。我国家电业在短短的 10 年时间内,便经历了从经销到自建渠道,到区域代理销售和依托专业家电连锁销售的多重渠道变革。而目前家电企业面对着成本趋高和利润缩水的双重压力,家电行业销售渠道联合化的呼声越发高涨。向分销渠道和营销要利润已成为家电企业必须攻克的堡垒,也是目前我国家电业可以发挥的最大利润增长点。

实现销售渠道联合给合作双方带来的利益是明显的。对于委托方来说,可以节省大量的人员薪资、物流运输、终端管理方面的巨大费用开支,从而使企业能够有更多的精力和财力从事研发和生产,实现产品和品牌升级,最终提高企业的竞争力;对于受委托销售方来说,可以充分利用现有的渠道资源实现资源效用最大化,在分担运作成本的同时,实现对利润的追求。

目前,一些家电企业建立集信息流、资金流、物流于一体的家电生产、流通、消费的新型家电商务联盟。有些家电企业已实现了采购渠道共享、生产资源共享、服务网络共享,那么也完全能实现渠道共享,实现成本的节约和利润的增加。

【案例8-4】

宝洁公司的巨大成功,除了技高一筹的品牌营销策略外,也得益于其成功地实施了联合化的分销渠道策略。1999 年,宝洁公司采取分销商公开招标的方式,将分销商的数目削减了40%,在全国范围内建立起由 70 家分销公司组成的、具有战略合作伙伴关系的分销商网络。宝洁公司对分销商的定位:一是现代化的分销储运中心,负责向其覆盖范围的零售商和批发商提供宝洁产品和服务,并从其客户赚取合理的利润;二是向宝洁公司提供覆盖服务的潜在供应商,并根据其覆盖目标及完成情况,获得宝洁公司提供的覆盖服务费;三是向中小客户提供管理服务的潜在供应商,负责向中小客户提供电子商务管理、店铺宣传、品类管理、促销管理等服务,并收取相应的管理服务费。同时,宝洁公司还向分销商提供有关财务、人事、法律、信息技术、储运等方面的专业化指导,并投资 1 亿多元,用于分销商电脑系统建设和车辆购置,使全国的分销商网络基本实现管理网络化,从而全面提高了整个分销渠道系统的管理水平和运作效率。

启示:市场营销中,渠道整合或借用别人的渠道营销自己的产品,是提高渠道管理水平和运作效率的重要方面。

2. 渠道多元化趋势

渠道多元化就是企业对不同的市场和不同的客户群体采取不同的分销渠道,实行多渠道渗透、低成本运转、高效益产出的分销策略。

事实上,许多企业随着规模扩大、交易量增加,单渠道分销模式越来越不适应新的市场变化。一是市场覆盖率难以达到预期目标,二是企业利润经过多个环节大幅下降,三是企业控制渠道的主动性和灵活性不足。渠道多元化较好地解决了以上几个问题。

【案例 8-5】

在实施渠道多元化策略的企业中,IBM 做得特别成功。IBM 根据不同客户对计算机的产品及相关服务的不同需求,建立了由 3 条渠道构成的复合分销渠道:一是 IBM 销售公司主要负责一些大中型企业客户;二是 IBM 直销公司主要负责向小型企业和一些个体职业客户销售计算机及配件,这两个渠道由 IBM 直接管理;三是 IBM 的分销中间商,它们向 IBM 购入计算机及相关的硬件、软件和配件,转而销售给其他行业的客户。IBM 公司的这种复合渠道策略,既通过其直销的两条渠道控制了主要客户的销售,大幅度地降低了销售成本费用,又通过其他的分销网络向全球实施强有力的市场渗透,提高其产品在全球的市场份额,收到了良好的效果。

启示:渠道多元化是实现营销低成本、高效率的又一新举措。

在新的市场环境下,渠道管理的核心在于如何提高竞争力,而渠道竞争力的内涵也不仅仅是传统的承载能力及组织构架,更多地体现在以下几点:①渠道的覆盖能力;②进、销、存的动态数据统计能力及流量、流向的跟踪能力;③渠道的快速反应能力;④新品上市的执行能力(在限定的期限达到限定的目标);⑤价格管理能力;⑥窜货管理能力;⑦市场推动能力。

任何一种渠道如果能同时达到上述所有能力,必将成为市场上最具竞争力的渠道。多元化渠道的组合,可以充分地发挥不同代理商的作用和不同类型渠道的专长能力,是当今厂商在渠道管理方面取胜的又一法宝。

3. 渠道扁平化趋势

随着市场竞争的日益加剧,现代企业缩短和加宽渠道便是企业灵活运作市场,从而获得有利竞争地位的关键和前提。传统分销渠道的经典模式是:生产企业→总经销商→二级批发商→三级批发商→零售商→消费者。这种金字塔式的分销渠道虽辐射能力强,但也存在层级多、费用高、渠道冲突严重(竞相杀价、跨区销售)、控制难度大等问题。因此,许多企业正力图将分销渠道纵向压缩,由长变短,同时进行横向延伸,由窄变宽,建立扁平化的分销渠道系统。

例如:海尔、格力和美的等家电厂家以大幅度运作二、三级市场为起点,拉开了分销渠道扁平化的序幕。渠道的扁平化意味着家电厂家要砍掉省级或地级代理,使其成为小区域代理商或经销商,厂家取代原来的省级或地级代理商,转而直供地级或县级经销商或批发商,即原来属于分销商、批发商的,现在与原来的上游省级或地级代理商平级了,同时都是厂家的代理商或者经销商了。

分销渠道扁平化,有利于厂家控制经销商和市场环境,有利于市场信息的上传下达,有利于厂家及时作出决策并进行适时调整。当然,渠道扁平化后,由于经销商数量增加、管理难度加大、管理人员增加,运营的成本也加大,管理不慎容易造成渠道冲突。对于大型企业来说,由于实力雄厚,管理水平一流,应通过以下方式实现渠道扁平化管理:

①采取在县级设立经销商的方式,通过从厂家到县级经销商这两级渠道环节,来实现对销售渠道的扁平化管理和掌控。

②采取设立地级代理商加办事处的形式来实现渠道的扁平化管理,对于县级经销商可以通过办事处的运作来实施厂家的垂直管理和一站式服务。

③设立 4S 店模式。4S 是英语单词销售(Sale)、维修(Services)、配件(Spareparts)和信息反馈(Survey)的首字母的组合。4S 店是集整机销售、售后服务、零配件供应、信息反馈于一体的服务中心。当前,包括海尔、格力、美的等在内的许多大型家电企业,以及多数品牌的汽车公司都在运用这种渠道扁平化的模式,以此来获得自己对渠道的有效掌控权。

4. 直销化趋势

直销是指在固定零售店铺以外的地方(如个人住所、工作地点及其他场合),独立的营销人员以面对面的方式,结合示范演示,将产品和服务直接介绍给顾客,进行产品的销售,除传统经营方式外,还包括邮购、目录购货、电话行销、电子购物、自动售货、会员服务、访问销售、家庭聚会销售等。直销行业存在着"单层次"和"多层次"直销。单层次直销是指由销售人员从厂家直接进货,然后直接卖给消费者;多层次直销是指由人际关系链来进行的直接销售。

就我国目前规定而言,多层次直销是被禁止的。原因就在于,多层次直销与违法的"金字塔"传销很难区别。从实践上区别直销和非法传销,主要有以下几个方面:

区别一:有无入门费

非法传销通常有几大明显的特点,首先是有相对高的入门费。一些非法传销公司会收取硬性的入门费,数额在三五百至千元不等。当然还有一些"聪明"的非法传销公司,他们会有其他的变通形式,如以入门认购产品为由来收取几百至千元不等的费用。据了解,这些非法传销企业参加者通过缴纳入门费或以认购商品等变相缴纳入门费的方式,取得加入、介绍或发展他人的资格,并以此获得回报。而在正规的直销公司是没有这一笔费用的。

区别二:有无依托优质产品

这也是非法传销公司和直销企业的一个根本区别。非法传销公司往往依托的产品是无价值但价格高的产品,一套只值几十块钱的化妆品可以标价为几百甚至上千元。而规范的直销企业的产品标价则物有所值。

区别三:产品是否流通

非法传销企业不过是个"聚众融资"游戏,高额的入门费加上无法在市场中流通的低质高价产品,不会维持太长时间。他们的销售方式是采取让入门的所有销售代表都要认购产品,但这些产品不在市场上流通,只作为拉进下一个销售人员的样本或者宣传品。最后的局面是所有销售人员人手一份,产品根本没有在市场中流通或者销售。并且这些非法传销公司的组织者的收益主要也来自参加者缴纳的入门费或认购商品等方式变相缴纳的费用,因为产品不流通,组织者多半利用后参加者所缴付的部分费用支付先参加者的报酬维持运作。

但直销企业则完全相反,一方面企业产品要求质量好,另一方面,产品在市场上的销售也比较好。对于直销企业而言,产品优良与否是决定产品销量的根本原因,因为产品的流通渠道是由生产厂家通过营销代表到顾客手中的,中间没有其他环节,并且少有广告。

区别四:有无退货保障制度

据了解,非法传销公司的产品一旦销售就无法退换,或者想方设法给退货顾客设置障碍。

这一点在直销企业中完全不同。凡是正规的直销企业都会为顾客提供完善的购货保障。如给一般顾客承诺在购货后 7 天内退回仍具有销售价值的产品,可获 100% 现金退款;对于优质顾客,有的直销企业还承诺在购货 10 天内可退回曾经使用或不具销售价值的产品(剩余量至少达一半),可获得 50% 现金退款或 50% 等值购货额。

区别五:销售人员结构有无超越性

以拉人头来实现获取收益的非法传销公司,在销售人员的结构上往往呈现"金字塔"式,这样的销售结构导致谁先进来谁在上,同时先参加者从发展下线成员所缴纳的入门费中获取收益,且收益数额由其加入的先后顺序决定,其后果是先加入者永远领先于后来者。

这种不可超越性在直销公司就不存在,在直销企业中无论参与者加入先后,在收益上表现为"多劳多得"。

区别六:有无店铺经营

我国经历了 1998 年全面整顿金字塔式传销后,很多外来直销企业纷纷转型。从那时起,"店铺雇佣推销员"的模式就成了规范直销企业的主要销售模式。这种特殊的直销经营方式,让推销员归属到店,这样不仅与公司关系直接而且还便于管理。

非法传销企业往往停留在发展人员、组织网络从事无店铺的经营活动状态。直至今天,有无店铺仍然是我国市场上区分非法传销和直销的一个直观区别。

直销作为一种营销渠道,减少了中间环节,节省了流通费用和宣传费用;直接面对消费者,充分体现了直销的特点,减少了假冒伪劣商品的可能性,有助于提高产品质量;直销也有利于提供更多的就业机会和盈利机会。同时,直销将逐渐打破国与国之间的市场界限,目前国外许多直销企业已进入中国市场,国内也有部分直销企业在开拓国外市场,以后这种趋势将更明显。直销将进一步与店铺,以及电子商务结合,打破以前单纯的"人员销售的直销模式"。

5. 规模化、连锁化和折扣化趋势

从市场经济发达的国家的发展现状看,有以下几种趋势:①规模化趋势。零售商的规模越来越大,但数量在不断减少。其特征是地处市郊,采用仓储方式,有较大的停车场,自助式购物,统一结算等。例如:日本的西武商场占了好几个街区,像一座围起来的小城镇,坐落在 72 万平方米的 12 层商业大楼里面,有 47 个出口,63 家餐厅和咖啡馆,还有一条几英里长的专门陈列时尚珠宝等商品的走廊(1 英里 = 1.6 千米)。其特色是,通过从生产者那里购进大宗商品而获得折扣,价格远远低于超级市场甚至折扣商店。②连锁化趋势。西方发达国家的连锁化趋势已跨越国界,走向世界,发展为跨国连锁化经营。例如:美国的麦当劳、肯德基、沃尔玛,以及法国的家乐福等,其连锁分店遍布世界。由于销售规模大,许多商店可直接从生产企业进货,价格较低,消费者可从中受益。如沃尔玛"天天有低价"的口号,实际上反映了实行连锁经

营规模化后,商品实现直销价格低廉的现象。③折扣化趋势。由于市场竞争激烈,各种商业业态都充分发挥自己业态的优势。日本折扣商店就是在反对维持销售价格等规定情况下,取代了百货商店的地位而发展起来的,成为全国最大的零售组织。

项目训练

一、基本训练

(一)选择题

1. 下列产品中,最适合采用广泛分销策略的是(   )。

A. 电视机　　　　　　　B. 高档家具　　　　　　C. 可口可乐　　　　　　D. 精工牌手表

2. 如果某公司建立的一级销售渠道属于宽渠道,一定是因为(   )。

A. 存在多个代理商　　　　　　　　　B. 存在多个批发商

C. 存在多个零售商　　　　　　　　　D. 存在多个消费者

3. 一些实力雄厚,管理能力强,享有盛誉的大企业,取得中间商的支持,建立的渠道系统称为(   )。

A. 渠道联合化　　　　B. 渠道多元化　　　　C. 渠道规模化　　　　D. 渠道扁平化

4. 按是否经过中间环节,分销渠道可分为(   )。

A. 直接渠道和间接渠道　　　　　　　B. 长渠道和短渠道

C. 宽渠道和窄渠道　　　　　　　　　D. 多渠道与少渠道

5. 不拥有商品所有权的中间商是(   )。

A. 批发商　　　　　　　B. 代理商　　　　　　　C. 经纪人　　　　　　　D. 经销商

6. 下列产品宜选择短渠道的是(   )。

A. 机器设备　　　　　B. 时装　　　　　　　C. 玻璃制品　　　　　　D. 食品

7. 在目前市场游戏规则不甚完善的情况下,选择中间商考虑(   )因素十分重要。

A. 经营能力　　　　　B. 资金状况　　　　　C. 信用状况　　　　　　D. 合作意愿

(二)判断题

1. 分销渠道的设计是渠道决策的核心。　　　　　　　　　　　　　　　　　(   )

2. 分销渠道就是由不同类型的中间商构成的。　　　　　　　　　　　　　　(   )

3. 批发商、零售商、制造商、消费者都属于渠道成员。　　　　　　　　　　(   )

4. 长渠道是指在同一环节层次上使用两个以上的中间商销售产品。　　　　　(   )

5. 没有中间商介入的分销渠道,称作一级分销渠道。　　　　　　　　　　　(   )

(三)简答题

1. 分销渠道有哪几种基本模式?

2. 分销渠道有几种类型?分销渠道有哪些中间商?

3.分销渠道选择时要考虑哪些因素？

二、提升训练

（一）案例分析

春兰空调在产品投入期，由于没有经销网络，采取的是企业直销方式。1987 年，春兰空调出现产销两旺的局面，直销方式已不适应进入成长期的市场发展要求，于是春兰着手积极发展分销商，实施直销制向分销商代理制的转变。1988—1995 年，中国空调市场进入高速发展阶段，为抢占更大的市场份额，春兰进一步扩大分销网络，与全国 3 000 多家有实力、讲信誉的分销商结成长期贸易伙伴关系，并通过资本运作手段，广泛吸纳分销商参股入资，从而建立起以资本为纽带，由 1 个销售总公司、13 个分公司、62 个办事处、100 013 个销售点、26 个维修公司、1 000多个特约维修点组成的空调分销体系和售后服务网络。1996 年后，中国空调市场逐步成熟，空调厂商竞争日益激烈，这时春兰又一次调整分销策略，实施"全面网点建设"计划，全力推进终端销售网点建设，使春兰空调在激烈的市场竞争中独树一帜。

请问：①春兰空调是如何进行渠道调整的？

②结合当地的市场，谈谈你对家电产品渠道建设方面的意见和建议。

（二）营销实训

1.实训题目：分销渠道的选择。

2.背景资料：设计下列产品适合的分销渠道。

洗衣粉、山西老陈醋、钟表眼镜、流行商品

3.要求：先分组讨论，每组至少选择两种产品提出其适合的分销渠道；然后由每个同学针对一种商品进行总结，写在自己的作业本上，字迹工整。

XIANGMU
项 目 九
促销策略

📖 教学目标

● 知识目标

能说出促销与促销组合的概念

能概述人员促销、广告促销、营业推广、公共关系4种促销方式的区别

● 技能目标

能用人员促销策略的特点和技巧解决实际营销问题

能用广告促销策略的特点和技巧分析实际营销问题

能使用营业推广策略的方式和技巧分析实际营销现象,提出营销措施

能运用公共关系促销策略的各种形式处理营销活动中的危机

● 情感目标

能提高学生对现象的分析判断能力

能树立学生的发展世界观

能养成学生的创新思维

📖 教学任务

任务一　认识促销和促销组合

任务二　制定人员促销策略

任务三　制定广告促销策略

任务四　制定营业推广促销策略

任务五　制定公共关系促销策略

任务一　　认识促销和促销组合

任务导入

　　每到节假日,商场超市到处贴满了商品打折的信息,有返券、折扣、特价和礼品赠送等促销活动,消费者也非常喜欢,有的消费者非常冲动,即使平时不需要的商品,看到打折优惠也会去购买。这些消费者当中以 18~40 岁的年轻女性为主,月收入在 3 000 元以上,服饰、鞋帽、箱包、化妆品等是她们经常消费的打折商品。

任务分析

　　通过促销的概念、作用、形式和考虑因素的学习与练习,能为企业选择合适的促销形式去开展促销工作。

知识呈现

一、促销的概念与作用

(一)促销的概念

　　促销,即促进销售。它是指企业通过人员和非人员的方式,把企业的商品、服务等信息传递给消费者,从而达到刺激需求、促成购买、扩大销售的目的的全部活动的总称。促销是任何企业营销计划中的重要因素,它可以使企业树立良好形象,增加销售,使渠道成员产生合作感,给消费者提供售后服务,以及开展其他活动等。

　　由此可见,促销的实质是一种沟通、激励活动;促销的方式包括人员推销和非人员推销两大类;促销的目的是促成和推动销售量的扩大。但是,促销只是一种辅助手段,其本身并不能取代销售的功能。

(二)促销的作用

1.传递供给信息,指导顾客消费

　　企业把进入市场或即将进入市场的产品或服务的有关信息传递给目标市场的购买者,引起他们的注意,使他们知晓何时、何地、以何种价格水平,能够买到多大数量、多高质量、何种规格型号、什么特色、哪一品牌、能解决消费者什么问题的产品,从而使市场上正在寻找卖主的潜在买主成为现实买主。在现代市场营销中,信息沟通是争取顾客的重要环节,也是密切营销企业与生产者、顾客之间的关系,强化分销渠道中各个环节之间的协作,加速商品流通的重要途径。

2.突出产品特点,激发消费需求

　　促销突出本企业产品不同于竞争对手产品的特点,以及它给消费者或用户带来的特殊利益,这就有利于加深顾客和公众对本企业产品的了解,建立起本企业产品的形象。有效的促销活动通过介绍产品(尤其是新产品)的性能、用途、特征等,能够诱导和激发需求,在一定条件下还可以创造需求。

3.强调心理促销,激励购买行为

现代企业促销活动其实是一场攻势强大的,体现攻心为上、先预后取等心理战略和战术的促销活动。因为促销的对象是目标市场上的消费者,要使他们产生对本企业的购买行为,"心动"是前提。企业通过促销突出宣传本企业经营产品不同于竞争对手产品的特点,以及它给消费者带来的特殊利益,显然有助于加深消费者对本企业产品的了解,帮助消费者进行正确的购买决策,采取相应的购买行为。

4.树立企业形象,赢得顾客信任

促销活动有时并不以立即产生购买行为为目的。而是通过促销活动,树立企业及其产品在市场上的良好形象,给消费者留下深刻的印象,形成消费者的特殊偏好,与企业结下深情厚谊。一旦产生购买欲望与需求,就会联想到本企业的产品。因此,企业的促销活动可以抵御和击败竞争对手的促销活动,使消费者增加购买本企业商品的信心,稳定销售形势。

二、促销方式与促销组合

促销有直接促销和间接促销两种方式,具体又可分为人员推销、广告宣传、营业推广和公共关系,如图9.1所示。在这4种促销方式中,人员推销最根本的特点是推销员"人的表现",这是促进销售的主要原因;广告促进销售的最主要原因是"告知";营业推广最主要的特点是与日常营业活动紧密结合,催化交易活动,产生短期效益;公共关系促销最主要的原因是"关系好""形象好""人缘好",追求的是远期效益。

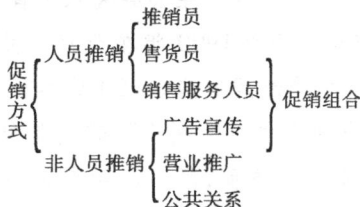

图9.1 促销方式

促销组合,是指企业在促销活动中,根据产品的特点和营销目标,综合各种影响因素,把人员推销、广告宣传、营业推广、公共关系4种促销方式有机地结合起来,综合运用,以便实现更好的整体促销效果。

任务巩固

促销,即促进销售,促销是企业营销组合4个要素之一。它是指企业通过人员或非人员的方式,把企业产品或劳务信息传递给目标消费者,从而达到刺激需求、促成购买、扩大销售的目的的全部活动的总称。促销的实质是生产者与消费者之间的信息沟通。

根据促销目标的要求,把人员推销、广告宣传、营业推广、公共关系4种促销形式有机地结合起来,综合运用,就形成促销组合策略。企业应综合考虑多种因素,作出正确的促销组合决策。

能力测评

【案例9-1】案例分析,上海"霞飞"化妆品的促销策略

上海霞飞化妆品厂针对促销对象,设计了两种类型的促销组合:(1)以最终消费者为对象的促销组合。基本策略是:以塑造产品形象的广告宣传活动,并辅之以一定的零售店营业推广活动。(2)以中间商为对象的促销组合。基本策略是:以人员促销为主导要素,配合以交易折扣加耗资巨大的年度订货会为主要特征的营业推广活动。霞飞厂在制定两种促销组合策略的基础上,对促销组合的几个方面都作了十分广泛而深入的工作。在广告方面,广告策划历年由厂长亲自决策。(1)广告费投入十分庞大,1991年为2 400万元,占当年产值的6%。(2)广告内容的制作,除聘请著名影星参与外,还把强化企业整体形象作为重点,播映一部以"旭日东升"为主题的电视广告片,同时利用中国驰名商标的优势,强调"国货精品""中华美容之骄"的品质。(3)在广告媒体的选择方面,因其目标市场是国内广大城乡中低收入水准的消费者,而电视在他们日常生活中占有重要地位,因而把70%的费用用于电视广告;20%的费用用于制作各种形式的城市商业广告和霓虹灯、广告牌;其余10%的费用用于其他的广告媒体。在人员推销方面,全厂产品的销售任务由销售全面负责,该科建制占全厂总人数的十分之一。推销人员实行合同制,每年同厂方签订为期一年的合同。推销人员若不能完成销售指标,第二年即不续签合同。推销人员的报酬实行包干制,无固定月薪收入,按销售实到货款提取0.5%的费用。推销人员工作实行地区负责制,每一省区配1~3名推销人员。此外,还派出营业员进驻全国各大百货商店的联销专柜,提高推销主动性。在公共关系方面,每年投入120万~150万元,主要公关活动有:(1)召开新闻发布会。例如1990年在北京人民大会堂召开"霞飞走向世界"新闻发布会,会议地点本身就产生不小的新闻效应。(2)举办和支持社会公益活动。如赞助"全国出租车优质服务竞赛"、上海"夜间应急电话网络",特别是针对女性文艺活动的偏好等特点,赞助华东地区越剧大奖赛。在营业推广方面,霞飞厂对零售环节采取一些常规性的推广活动,创新不大。对批发环节则集中了主要精力,主要包括两类手段:(1)经常性手段,如交易折扣、促销津贴等。(2)及时性手段,每年都举办隆重豪华的订货会,既显示企业强大的实力,同时又进行感情投资,融洽工商关系。

活动要求:1.分小组讨论本案例。

2.小组成员交流分享。

3.各小组选派一名代表在全班交流分享。

4.任课老师点评和指导。

任务拓展

促销品与主体产品的关系

第一,促销品与主体产品的位置要摆正,主体产品的品质是第一重要的,促销品提供的只是附加价值。可以冷静地观察一下,那些依靠促销品将市场哄抬起来的产品,有几个能维持下来的。

第二,突出文化品位,与主产品及礼品企业的理念相符或相近的促销品,才能起到事半功倍的效果。从马斯洛理论中我们知道,人们有多种不同层次的需求,如果都停留在一个低的层面,最好走的路也会变成走不通的路。

第三,新颖性也是促销品比较关键的问题。它需要赋予创意,要在消费者心中产生震撼与共鸣。

第四,作为营销系统中的一份子,促销品的开发过程并不是一个孤立的过程,也就是说它承载的职能是传递品牌的信息或者产品的价值,是品牌展现的另外一种方式。那么,如果选定的促销礼品本身与商品没有一定的必然联系,就会让促销礼品的存在失去原有的意义。促销品要与礼品企业的整体营销策略紧密配合,要能表现出企业的市场观念,凸显产品独特个性。

第五,促销品适宜于阶段性促销使用,应列入广告费用,而不应当作常规产品的一部分,这样做既有利于节约成本,又能起到吸引消费者的目的。

任务二 制定人员促销策略

任务导入

小李被总经理安排到销售部实习,从事销售业务。一段时间后,总经理让他根据年前市场情况作一份人员推广方案。小李不禁开始思考,他该怎样完成这个任务呢?

任务分析

通过学习人员促销的方式、策略和程序步骤,能让学生根据本公司情况,选择合适的推销方式、策略,并设计整个推销方案。

知识呈现

一、人员促销的含义和特点

(一)人员促销的含义

人员促销是指一个企业委派自己的销售人员,直接向消费者或用户销售某种产品和提供某种服务的一种直接销售方式。人员促销是一种最古老、最传统、最富技巧性的销售方式,由于这种方式有着独特的优点,因此,在现代营销活动中它仍然是最重要的促销工具。

(二)人员促销的特点

1.灵活机动,适应性强

推销人员本身就是信息传递的媒介,他们可以根据不同用户的具体情况,采取不同的推销方式,及时调整推销策略,也可以在顾客方便的时间、地点,以顾客最能接受的方式向顾客传递产品信息、推销产品。

2. 区别对待,针对性强

推销人员在推销之前往往要先对顾客进行调查研究,选择潜在顾客,直接针对潜在顾客进行促销活动。这样针对性强,成效也比较显著。

3. 双向沟通,反馈性好

人员促销属于信息的双向沟通,意见可以迅速地在双方之间交换。一方面,推销人员可以对顾客的意见进行解释和说服;另一方面,也可以及时地将意见反映给有关部门,使其做适当的产品调整。

4. 及时促成购买,缩短购买时间

及时促成购买,缩短购买时间。在人员促销中,传递信息与达成销售是融为一体的。推销人员在传递信息的同时,根据顾客的情况适时地提出销售建议,从而达成交易。

5. 搜集信息,兼做服务

推销人员在推销产品时还可以进行市场调研,搜集市场信息,同时还可以兼做一些商业性业务和售后服务工作,如签约、收钱、送货、安装和维修等。

6. 推销费用较大,对人员素质要求较高

由于人员促销是以推销人员作为传递信息的载体,因此,单位信息的传播成本大,同时要求推销人员有较高的素质,才能胜任推销工作。

二、人员促销的类型

人员促销的类型如表 9.1 所示。

表 9.1　人员促销的类型及内容

人员促销类型	内　　容
探测性促销	对初次接触的顾客,根据"刺激—反应"的模式,与顾客进行渗透性交谈,根据顾客反应来调整谈话内容,促成购买行为
创造性促销	直接将产品的某些特性有效地对顾客进行宣传,使其产生兴趣,诱发潜在需求,促使顾客发生购买行为
针对性促销	对已掌握的潜在顾客,根据产品特性进行有目的促销,用充分的数据和事实宣传引起顾客的重视,促成交易的实现
教育式促销	对新产品和初次接触企业产品的顾客,用培训教育、示范操作等方法向顾客传授产品知识,使顾客作出购买选择

三、人员促销的技巧和要求

(一)人员促销的技巧

多年来,推销人员提炼、总结出不少推销技巧,这里介绍几种比较经典的方法。

1. 威逼利诱式成交法

这种方法在广告和推销人员现场解说中经常被用到。其要点是,强调购买商品或者服务的好处和对客户的最大利益的同时,说出如果不购买,会对客户有什么坏处,并且将坏处进行强调。

【案例9-2】新兵保险

亨曼被派到美国新兵培训中心推广军人保险。听他演讲的新兵100%都自愿购买保险,从来没人能达到这么高的成功率。培训主任想知道他的推销之道,于是悄悄来到课堂,听他对新兵讲些什么。"小伙子们,我要向你们解释军人保险带来的保障,"亨曼说,"假如发生战争,你不幸阵亡了,而你生前购买了军人保险的话,政府将会给你的家属赔偿20万美元。但如果你没有买保险,政府只会支付6 000美元的抚恤金……"

"这有什么用,多少钱都换不回我的命。"下面有个新兵沮丧地说。

"你错了,"亨曼和颜悦色地说,"想想看,一旦发生战争,政府会先派哪一种士兵上战场?买了保险的还是没有买保险的?"

2. 独特卖点式推销法

如今,很多产品的价位和性能都差不多,让消费者觉得买哪一家都无所谓,这就在推销时提出了一个难题:如何让消费者下定决心买我的产品,而不是对手的产品呢?

强调产品的独特卖点被证明是非常有效的手法。而且有些时候,产品的独特卖点,往往还能掩盖产品某些方面的不足。

【案例9-3】

美国有个小贩,在推销墨西哥香蕉时,使用了很多方法都不奏效,香蕉眼看就要烂掉了。这时,他想出了一个主意,在堆积如山的香蕉旁树立一个广告牌:味道独特的香蕉,有火山的味道!吃了实在难忘!他不提香蕉的产地在哪里,很快,消费者就排起了队伍,他们很想尝尝,究竟火山味道的香蕉是什么感觉。

台湾有家礼品公司,将河边收集的鹅卵石,装在小巧的瓶子里,再配上精美的包装,美其名"情侣石",很快,浪漫的少男少女就将这一产品变为时尚。

你难道看不出自己的产品有什么独特之处吗?

3. 分解费用式推销法

这种技巧运用得当的前提是:人们能够毫不费力地作出小额数目的决定,但对于大额费用却迟迟拿不定主意。要实施这种技巧,你可以将总的费用逐项分解、缩小,以便使客户感到有能力支付或可以接受。

例如:一位人寿保险代理说:"在这张申请表上签名之后,你就必须在未来25年中,每月支付400元的保险费。"

试想一下,客户又怎能不考虑呢?

为了让客户更明快容易地表示同意,代理人可以提出下面的问题:"您希望用哪一种方式付款,每月?每季度?还是每年?""我可以用您的地址开发票吗?""请问您的太太姓什么?您真想让她成为您的受益人吗?"

因为这一类小的决定并不复杂,所以,客户会感到很容易下决心。当回答完所有的问题后,客户就能毫不痛苦、毫不为难地作出购买决定,绝大多数人都有能力作出大量细小的决定,但是一旦要求他们作出重大决定时，哪怕只有一个决定，他们也会动摇不定。要是你不希望自己碰到这类客户时脸色难看的话，那你的工作就要减轻客户决策的负担。

4.3 种选择式成交法

根据多年的体会，人们发现推销人员给客户提供的选择越多，客户越不容易下定决心。虽然没有做过正式的研究，没有获得具体的广泛例证，但能观察到很多人面临 3 个以上的选择时都会犹豫不决。

例如：珠宝商可能有几十枚钻戒想拿给客户挑选，但在市场调查之后，他搞清了客户想要的款式、色泽及价格幅度，所以，他实际给客户看的只有 3 枚钻戒。

同样，一位共同基金推销人员在摸清情况后，可以说："这些项目都是按月投资的，我这儿有 3 份计划，投资额分别是 200 元、300 元和 400 元。夫人，哪一种对您最合适呢？"遇到这种情况时，大约有一半的人会选择居中的一项，因为他们会认为选最低数额有掉价之感，而选最高数额又有露富之嫌。在剩下的一半人中，大概各有一半的人会选择最低项或最高项。当客户问："大多数人一般都选哪一项？"我们立刻可以感受到对方的谨慎态度，成熟的推销人员常常会这样回答："我建议您选中间的一项，这是较普遍的做法。"这样说的时候，你实际上已经替客户拿定了主意。

有一点需要强调的是，你需要对客户的背景有充分的了解，对客户的偏好进行充分的分析，并在推销之前做好充分的方案准备。

5. 妥协式成交法

如果除价格外所有其他异议都已经被排除，而客户仍然不肯购买的话，您可以作一些让步。看看下面这个例子。

黄页电话号码簿广告推销人员说："陈总，我知道您的广告预算很紧张，那我建议您这次不必买半页版面，先做 1/3 版的广告怎么样？"（他可以视情况一直降下去，比如 1/4 版或 1/8 版）。

保险代理人说："小徐，我了解你的意思是这次不准备买下 100 万元的保险。但你确实同意再追加投资额。这种事不能一拖再拖了。我建议你等到资金宽裕之后再做最高额投资。现在只需签一个小一些的协议，70 万元怎么样？"

运用这种成交技巧，就是要懂得"有一点总比没有好"的道理。更重要的是，一旦你赢得了第一次，你就打开了成功的大门。

6. 直接请求式推销法

这是推销人员经常采用的方法，下面是营销大师吉拉德的心得介绍：

要是和一位难以对付的客户长时间谈判，我已用尽了所有的方法，还不能推销成功的话，我会对客户说："瞧，杰里，我必须说实话，我需要你的生意。"你会对这种直接请求式的成交法居然能起作用感到大吃一惊。

要是这样仍然无法打动客户的话，我会说："我必须怎么做才能得到你的生意？"然后以惯用的手法询问客户是不是想让我跪下来求他。但对于你们中的一些人来说，可能会对跪下来做推销感到不舒服。你绝不应该过分骄傲，以至于让客户认识不到你是多么需要和感谢他们的生意合作。

另外,做推销的目的就是去解决问题。但是生意未能成交的话,你实际上又创造了另一个问题。在这种情况下,你可以针对未能成交这个问题,对客户说:"这真是滑稽可笑! 刘总,难道您不觉得在刚过去的一个小时有什么不对劲吗? 我来到您的办公室,我们的谈话就是因为您有一个问题而开始的。现在,您又弄出另一个问题,只因为您想摆脱我,不买我的货。您只需要说一句'送客'就可解决第二个问题,而我就得抬腿走人;可是您的第一个问题还是没有得到解决,不对吗? 所以,我希望我们再多花几分钟,看看能不能把第一个问题也处理掉。"

7. 骑虎难下式成交法

吉拉德曾经多次把这种技巧运用到那些丈夫和妻子,父母和孩子的身上。

例如:一位父亲带着他的女儿走进经销店,父亲打算买一辆新车送给女儿作为大学毕业礼物,在推销的某个关键时刻,吉拉德设法使那位父亲处于骑虎难下的状态——不买车的话,他会感到很尴尬。

"你知道吗? 苏娜,"吉拉德说,"你真是一位幸运的小姐。"

"这话怎样讲? 吉拉德先生。"

"因为你有一位值得骄傲的父亲,"吉拉德用一种柔和而夸张的语气说,"在我年轻的时候,我真希望也有一位这样的父亲。我想你应该感谢你父亲为你买了这么一辆漂亮的车。"

"是的,我很感激。"事实上,一些铁石心肠的父亲也会在这种情形下激动得双眼含泪。但是,吉拉德这样说的时候,心里确实是真诚的,他也确实希望他的父亲能够以这样慷慨的方式表示对他的疼爱,而且他也确实钦佩那些如此善待子女的父亲们。

8. 见证式成交法

这种方法的理论依据是:在这个世界上,追随者总是要比带头的多。因此,有些客户只有在知道有名望的人已经买过之后,他们才肯出钱购买。

某培训机构很善于利用这种见证来说服潜在消费者,他们列出一长串比较有名望的客户名单。例如:在一次推销中,一名推销人员列出了下列名单:

国泰航空有限公司

和记黄埔地产集团

亚洲电视股份有限公司

美国友邦保险有限公司

香港科技大学

TCL 计算机科技有限公司

康佳集团股份有限公司

……

这一长串客户的名单足足有 3 页纸之多,这足以让人相信这家机构的实力。他们对见证的使用,还包括客户推荐信与表扬(感谢)信。

这一类信件是对你的公司和优质服务大加赞赏的信件,常常能收到很好的促销效果。但是,有时候你得去请求客户才能获得这些信息,因为有的客户虽然感到满意,对你评价也高,但很少有人会主动写出来。实际上,吉拉德保存着很多客户来信以便说服别的客户,其中一些是客户自愿写的,另一些则是在他的请求下写的。

例如:当一位客户说:"乔,从来没有哪位推销人员像你一样忠诚地对待我。"他会趁机说:"谢谢。您能帮我一个忙吗?要是您愿意把它写下来,我会感激不尽的。"

9. 机会难得式成交法

人们都想得到那些不大容易得到的东西。如果钻石与鹅卵石毫无区别,人们也就用不着劳神费力地去把它们从地上筛选出来。

来之不易的东西具有诱惑力,是因为并非人人都能拥有。归根结底,这是一个贪婪与自私的问题。

人类的这种本性就是机会难得式成交法产生的基础。运用这种技巧时,推销人员不会问:"您想买吗?"相反,他会问对方有没有条件、够不够资格买。一旦处理得当,客户就会忘记自己在作出一个本可不做的购买决定——他们的脑子里塞满了能否买得起,是否有资格买的问题。

为了更清楚地了解这种技巧是如何起作用的,请看下面几个例子。

汽车推销人员说:"汤姆,我认为你应当考虑一下那款稍便宜的车型,我想你不可能买最新款的车。"在这里,客户受到挑战,偏要证明一下自己买得起最昂贵的车。

家具厂代表说:"我的公司在本市只需要一家经销商来代理我们出售的各式家具。坦率地说,老马,我们想跟那种实力雄厚、信誉良好的零售商合作。我不敢确定你的商店是否合适。"在这里,客户再次受到挑战,急于证明自己有能力和资格与该公司合作。

房地产代理人说:"这套房子对您来说可能大了点,也许我应该带您到别的地方看看面积小一些的住宅,那样总可以感觉满意一点。"这里,代理人向客户微妙地提出挑战,并且使他处于必须捍卫面子的状态。

在上面的每一个例子中,推销人员的战略都是"迫使"客户证明自己有资格和能力成为买主。这种技巧之所以起作用,是因为推销人员激发了客户的占有欲和自私心理。人们想得到那些别人不大容易得到的东西,而且他们希望被人接受,被人看重。

10. 以暗济明式推销法

抓鸡首先要往地上撒把米,但"撒米"的学问很大,有的大张旗鼓地"撒",倒容易引起人们的怀疑;有的"米"撒得很高明,是以明带暗,明暗相济。

美国促销奇才哈利,在他15岁当马戏团童工时,就非常懂得做生意的要诀,善于吸引客户前来光顾。有一次,他在马戏团售票口处,使出浑身的力气大叫:"来!来!看马戏的人,我们赠送一包顶好吃的花生米。"观众就像被磁场吸引了一样,涌向马戏场。这些观众边吃边看,一会就觉得口干,这时哈利又适时地叫卖柠檬水和各种饮料。其实,哈利在加工这些五香花生米时,就多加了许多盐。因此,观众越吃越口渴,这样他的饮料生意才兴隆。以饮料的收入去弥补花生米的损失,收益甚丰。这种颇有心计而又合法的促销绝招,不动脑筋是想不出来的。

提示:对不同个性客户,接待技巧不同(表9.2)。

表9.2　接待技巧

序 号	个性类型	特 点	接待要求	标准语言
1	理智型	对其所需商品的产地、名称、规格等说得很完整,且对货比较挑剔	要耐心,做到问不烦、拿不厌	"不要紧,再看看这个或者我再给您拿几件比较一下,好吗?"
2	习惯型	进店后直奔所需商品,并能讲出产地和规格,没有其他替代品	应在"记"上下功夫,尊重顾客的消费习惯,千方百计地满足其要求。这类顾客多是回头客。当他们有问题时,要立即给予回答,拿出商品马上递给他	"您想看看这个吗?需要什么款式的,我给您拿。"
3	经济型	这类顾客分为两种:一种以价格作为选购标准;另一种专买高档品	营业员要懂商品性能、特点,做到问不烦、拿不厌	"请仔细挑选,别着急。虽价格贵点,但质量很好。"
4	冲动型	听到店内有新品上市便赶到商店,不问价格、质量和用途,到店就买	在"快"字上下功夫,同时还要细心介绍商品性能、特点和作用,提醒顾客不要比较	"你需要什么样式?我马上给您拿。"
5	活泼型	性情开朗、活泼好动、选购随和、较易接待	多介绍,耐心宣传、解释,当好参谋,在"讲"字上下功夫,指导其购买	"请您看看这种,我建议您买这种商品,它比较适合您。"
6	犹豫不定型	进店后,面对商品拿不定主意,挑了很久也下不了决心	在"帮"字上下功夫,耐心介绍商品,当好顾客参谋,帮助他们选购	"这种可以吗?价格低一点,质量又较好。"

(二)对促销人员的要求

营销人员只有提供了比竞争对手更好的服务,才能吸引更多的顾客。一般而言,要成为优秀的销售人员应具备以下条件:

①了解公司的历史、目标、组织、财务及产品销售情况。

②熟悉产品的制造过程、产品质量、性能、型号及各种用途等知识。

③掌握产品用户的需要、购买目的、购买行为等。

④了解竞争者的产品特点、交易方式及营销策略。

⑤具有判断能力,能准确判断顾客的真实意图。

⑥有较强的应变能力,能得体地应付突发事件。

⑦有良好的表达能力,能说服他人、接近和打动顾客。

⑧有社交能力,擅长社交、与人共事。

⑨熟练掌握各种销售技巧。

超级销售人员的 5 项品质:旺盛的精力、强烈的使命意识、对金钱的追求、坚韧不拔的毅力、挑战异议跨越障碍的癖好。

任务巩固

人员促销是一种既传统又现代的促销方式,它具有灵活性、选择性、针对性、双向性、完整性、情感性等特点。企业应参照人员推销的程序,运用不同的推销策略和技巧,做好人员推销工作。

能力测评

案例分析与研讨。

【案例9-4】善听与善辩

乔伊·吉拉德是美国首届一指的汽车推销员,他曾在一年内推销出 1 425 辆汽车。然而,这么一位出色的推销员,却有一次难忘的失败教训。

一次,一位顾客来找乔伊商谈购车事宜。乔伊向他推荐一种新型车,一切进展顺利,眼看就要成交,但对方突然决定不要了。

夜已深,乔伊辗转反侧,百思不得其解,这位顾客明明很中意这款新车,为何又突然变卦了呢?他忍不住给对方拨了电话。

"您好!今天我向您推销那辆新车,眼看你就要签字了,为什么却突然走了呢?"

"喂,你知道现在几点钟了?"

"真抱歉,我知道是晚上 11 点钟了,但我检讨了一整天,实在想不出自己到底错在哪里,因此,冒昧地打个电话来请教您。"

"真的?"

"肺腑之言。"

"可是,今天下午你并没有用心听我说话。就在签字之前,我提到我的儿子即将进入密西根大学就读,我还跟你说到他的运动成绩和将来的抱负,我以他为荣,可你根本没有听我说这些话!"

听得出,对方似乎余怒未消。但乔伊对这件事却毫无印象,因为当时他确实没有注意听。话筒继续响着:"你宁愿听另一名推销员说笑话,根本不在乎我说什么,我不愿意从一个不尊重我的人手里买东西!"

启示:第一,倾听顾客的话实在太重要了;第二,推销商品之前,要把自己推销出去。

活动要求:1.分小组讨论本案例。

2.小组成员交流分享。

3.各小组选派一名代表在全班交流分享。

4.任课老师点评和指导。

任务拓展

电话营销的技巧

电话营销的技巧主要有以下6点：

①电话目的要明确。

②语气平稳、吐字要清晰，语言要简洁。

③必须要清楚你打电话的对象是谁。

④要在1分钟之内把自己和用意介绍清楚。

⑤做好电话登记工作，及时跟进。

⑥注意细节。

任务三　制定广告促销策略

任务导入

在市场经济环境下，广告已是无孔不入、无处不在。销售部准备在国庆节前夕通过广告来推广本公司的产品，经理将这个任务交给了小李。接到任务后，小李开始思考广告的设计，用什么形式来展示产品，选用什么广告媒体，如何设计一个完美的广告方案等一系列问题。

任务分析

通过学习广告的表现形式、不同广告媒体的特点和预算等知识，让学生能设计广告内容，选择合适的广告媒体。

知识呈现

一、广告的含义和特点

（一）广告的含义

广告是指企业或个人以付费的形式，通过一定的媒体，公开传播企业及其产品的各种信息，以达到促进销售、增加赢利的一种自我宣传方式。广告是促销组合的主体。

（二）广告的特点

1.公开表达性

广告宣传通过大众传播媒介，将企业及其商品信息传递给广大的消费者。信息接收方是一个范围广泛的群体，它不仅包括现实的顾客，而且包括潜在的顾客，从而必然起到促进产品销售的传播效果。这一特点表明，它比较适合大众的标准化的产品的宣传推广。

2.非人员性

广告不像人员促销那样具有与顾客面对面交谈的特征,它只能借助一定的媒体来发布信息、刺激需求。

3.方式灵活性

广告是一种富有表现力的信息传递方式。它可以通过声音、图像、色彩、音乐等表现手法,将企业信息传递出去,具有很强的艺术感染力,更容易加深消费者对企业或产品的印象。

4.信息传递的单向性

广告是单向的信息传播,有时不一定会引起消费者的注意。

5.效用滞后性

广告传递信息的目的是刺激需求、促进购买,但广告宣传与购买行为往往存在着时间上的分离。多数消费者都是在接受广告促销信息后加深印象,记住广告宣传的企业名称、商品品牌、价格等,为以后购买提供依据。因此,广告的促销效用具有一定的滞后性,即广告对消费者态度和购买行为的影响难以立即见效,而是要延后一段时间。

二、广告促销的内容

1.广告题材的选择

广告目的是什么,如向消费者推出首次上市的新产品;鼓励消费者继续使用某一产品;把使用其他品牌的顾客拉到自己一边来;使公司老顾客获得多种回报。

2.广告制作

要富有吸引力,即有针对性、生动性、独特性、真实性、理解性、激烈性。

【案例9-5】

香港一则宣传戒烟的广告,广告画面为一支烟烧穿心脏的形象,以此示意吸烟会导致心脏功能的破坏。这个广告没有语言文字的说明,图案简单明了,色彩主要利用黑白色的把关作用,整个画面只使用了3种不鲜艳的色彩——深黑、灰黑和白色。尽管如此,由于黑白反差使用得好,所以这个广告画面形象突出,给人以深刻的印象,是一个成功的广告。

启示:广告的制作,就是一门艺术,这个艺术运用得好,就会给人留下深刻的印象。

3.广告媒体的选择

依据媒体覆盖率、收视率、发行量、广告费用等来选择广告媒体。

报纸——方便灵活,但保存时间很短,广告表现手段受到限制。

电视——集声音、图像、情感于一身,艺术感染力强,覆盖面广,有针对性,但是厂商间广告互相干扰较多,成本较高,观众容易厌烦。

直邮——方便灵活,有针对性,可详细介绍商品,不受时间限制,但容易产生厌烦。

电台——成本低,覆盖广,但收听效果不好,针对性不强。

杂志——具有艺术效果,有感染力,针对性强,保存时间长,但广告预约时间长,传播范围有限。

户外广告——灵活多样,表现手法丰富,成本低,但针对性不强,易受社会的某些限制。

网络广告——优缺同电视广告。

例如:1991 年,美国万宝路香烟的销售额为 378.9 亿美元,而广告费开支就高达 20.46 亿美元。但香烟的卖价一直为每包 1.7 美元。

1992 年,美国地方电视台的一则广告开支为 5.7 万美元,全国电视台的一则广告收费为 15.7 万美元,而全国橄榄球超级联赛电视转播中 30 秒的广告费用为 85 万美元。

我国中央电视台的广告每 30 秒钟广告费也高达数万元人民币。

4.广告播放时间

符合消费者习惯。如儿童喜欢看动画片。

5.广告播放频率

根据企业财力确定。

6.广告经费开支

要进行合理的广告预算。

7.广告效果评价

传播效果测量和促销效果评价。

任务巩固

1.广告是促销组合的主体,是一种有效的促销工具,它具有群体传播性、非人员性、方式灵活性等特点。

2.广告决策的内容涉及 7 个方面,企业应全面分析,合理决策。

能力测评

【案例 9-6】

山东秦池酒厂原来是一家默默无闻的小酒厂,该厂厂长大胆投入巨资首夺中央电视台广告"标王"。广告在中央电视台播出后,企业知名度迅速上升,销量也成倍增长,以致供不应求,该厂私下大量收购众多小酒厂的酒加以勾兑,贴上"秦池"商标出售,取得巨额利润。看到广告带来的巨大效益,该厂长感慨"开进去的是桑塔纳,开出来的是奔驰"。因此,决定不惜代价再次争夺第二年的"标王"并如愿以偿。可是再夺"标王"并未如过去般带来滚滚财源,相反企业经营每况愈下,最终欠下中央电视台巨额广告费无力偿还。

案例思考:山东秦池酒厂的广告策略有什么问题?

活动要求:1.分小组讨论本案例。

2.小组成员交流分享。

3.各小组选派一名代表在全班交流分享。

4.任课老师点评和指导。

任务拓展

经典广告词欣赏

一起看看这些世界经典广告语是如何造就世界品牌的。

谢瑞麟钻戒:钻石恒久远,一颗永流传

雀巢咖啡:味道好极了

白沙集团:鹤舞白沙,我心飞翔

任务四　制定营业推广促销策略

任务导入

公司的产品已经摆放到了卖场,广告也投放了一周,但经理认为市场还没有明显的启动迹象,尚欠火候。于是,公司决定赶紧制订配套的营业推广方案,趁热打铁启动市场。小李自告奋勇接下任务,制订产品促销营业推广方案。他应该如何制订这一方案呢?

任务分析

先掌握营业推广的特点及针对中间商、中间商业务员、消费者等不同人群的营业推广方式,并根据企业情况确定这次营业推广的对象、目标、方式、时机等。

知识呈现

一、营业推广的概念和特点

(一)营业推广的含义

营业推广,简称SP,是指为刺激顾客需求、鼓励购买行为而采用的各种促销形式,包括代价券、奖券、竞赛、附带廉价品等。即除了人员促销、广告宣传、公共关系以外,用以刺激和增进购买的所有不规则、非周期性发生的一切促销活动,都属于营业推广的范畴。

(二)营业推广的特点

1.针对性强,促销效果明显

营业推广是一种以激励消费者购买和经销商经营积极性为主要目标的辅助性、短暂性的促销措施。营业推广直接针对顾客、经销商或推销人员,针对性强。营业推广一般都是通过提供某些优惠条件调动有关人员的积极性,刺激和引诱顾客购买。因而,营业推广见效快,对一些消费者具有较强的吸引力。

2.非规则性和非经常性

人员促销和广告宣传都是连续的、常规的促销形式,而营业推广活动则是非经常性的促销手段,它往往是为了解决营销过程中出现的具体促销问题或为了达到某种短期促销目标而临时采取的促销措施。所以,营业推广只是企业整体促销活动的一个环节,它只是辅助或协调人员促销和广告宣传的补充性措施。

3. 形式多样,应用普及

营业推广的方式繁多,如提供咨询性服务、举办展览会、博览会、示范、现场演示操作、赠送纪念品等。企业可以根据经验水平的不同特点,灵活地加以选择和应用。

4. 短期效果

营业推广往往是企业为了推销积压产品或尽快地批量推销产品,获得短期经济效益而采用的措施。这种促销方式的效果往往也是短期的,如果运用不当,容易使顾客产生逆反心理或使顾客对产品产生怀疑。这种做法有时会降低产品的身份和地位,从而有损产品或企业的形象。因此,选择营业推广形式时应慎重。

二、营业推广的方式和技巧

(一)对消费者的营业推广方式

这是生产商以最终消费者为对象而实行的营业推广方式,经常在新产品开拓市场时或现有产品需要掀起销售高潮时采用。其常用的方式有以下几种:

1. 赠送样品

即免费让消费者试用产品。通过亲身试用,消费者能领略到产品的好处和实际利益,从而迅速接受新产品,成为新产品的购买者。

2. 购买奖酬

购买一定数量商品即可获得奖金和奖品。

3. 组合销售

将新产品与原有产品配套出售或将有连带关系的产品包装在一起出售,价格略低于单件分别出售的价格。

4. 试用品尝

现场请消费者试饮饮料、品尝食品等。

5. 折价优待

由广告或商品包装发送的折价优待券,凭券到指定商店购买该商品,即可获得一定的价格优惠。

6. 以旧换新

将以前购买的同品牌的老产品或别的品牌的同类产品折价,再加上一定数量的现金即可换购该品牌的新产品。

7. 廉价包装

包装注明统一折价率,购买时按折价率付款;或包装上注明该包装是加大容量的包装;或购买时另赠送小容量包装的商品。

8. 奖励券

购买一定数量商品即可获得奖励券,凭奖励券数目的多少可换取不同价值的商品。

此外,还有现场展销、购物赠品、分期付款、限时折扣、特价优惠、购物积分、包退包换、特价日销售、义卖等。随着市场经济的不断发展,国际上通行的一些营业推广也会被逐渐推广应用。

课堂思考:服务促销属于营业推广的范畴吗?

（二）对中间商的营业推广方式

1.免费提供陈列样品

经销商在向顾客推销商品时,需要有样品在柜台或橱窗陈列。如果生产商不予免费提供,则经销商就会减少甚至不陈列样品,这样就会减少许多成交机会。由生产商提供陈列样品,经销商就会免除样品被用或废旧引起损失的担心。

2.推广资助

由于经销商经营的产品往往是众多商品,因而要其专为某一企业的商品做广告或其他推广工作,他们认为这是不值得的。所以,要刺激其推广的积极性,就必须在推广方面给予资助。一般推广资助采取的方式有:按订货量或销售额的多少发放推广津贴;与经销商联合推广,如联合做广告或联合展销等,费用由双方按比例分摊或全部都由生产商承担;为经销商提供推广指导,如提供广告样板、专橱(专柜)、设计资料,提供推广所用的材料、展品等。

3.销售竞赛

生产商在众多经销本企业产品的经销商中发起销售本企业产品的竞赛,对优胜者给予奖金或奖励。

4.协助经营

生产商为经销本企业产品的经销商提供人员培训、派员指导、举办经营研讨会、提供经营手册、发放经营简报等,帮助和促进经销商经营效率的提高。

5.发放刊物和邮寄宣传品

生产商定期出版并向经销商免费发放有关企业生产情况及产品经营销售情况的刊物,供其了解情况,学习经营经验,提高经营效率。同时,经常向经销商邮寄广告宣传品、产品目录、样品手册等,这也是采用较多的方式。

（三）对推销人员的营业推广方式

1.推销竞赛

在推销人员中举行推销竞赛活动,对优胜者给予奖励、奖金或授予某种荣誉称号,以激发士气和提高积极性。

2.推销津贴

对推销人员按完成推销量的多少发放数量不等的津贴或奖金,以激励推销人员的工作热情。

企业根据具体情况,还可以开展优胜重奖、高额补助,也可以搞超额提成、红利及利润分成等,还可以对表现出色的推销人员给予精神和荣誉上的鼓励。

任务巩固

营业推广是刺激和促进购买的所有不规则、非周期性发生的推销活动,短期效益比较明显,适宜完成临时的、短期的促销任务。

营业推广方式多样,应根据不同的对象灵活地选择应用。

能力测评

案例分析与讨论。

【案例9-7】

青岛啤酒为了打开中国香港市场,在开展人员促销和广告促销的同时,曾采用一个啤酒瓶盖(必须带铁盖内的橡皮)换取一元港币的方法。于是,中国香港大饭店的服务员都热心向顾客介绍青岛啤酒,成为青岛啤酒的推销员。这样,大大提高了销量,使青岛啤酒在中国香港这个竞争激烈的啤酒市场上占有了一定的地位。

启示:营业推广的方式是多种多样的,根据目标市场的具体情况来创新营业推广,是企业产品进入目标市场的一个重要促销手段。

活动要求:1.分小组讨论本案例。

2.小组成员交流分享。

3.各小组选派一名代表在全班交流分享。

4.任课老师点评和指导。

任务拓展

制订营业推广方案的步骤包括:

1.确定奖励规模。

2.选择奖励对象。

3.明确发奖途径。

4.规定奖励期限。

5.编制总预算。

任务五 制定公共关系促销策略

任务导入

例会上,小李得知,公司一种型号的灯具出现漏电事故,导致一家庭主妇因触电而入院抢救,其家属已向相关政府部门投诉。为安全起见,政府下达紧急停止生产销售此型号灯具的决定。经理要小李马上写一个危机公关的方案。指导相关人员处理这一危机。小李应该怎么办呢?

任务分析

通过引入公共关系的概念和特点,让学生了解公共关系的危机处理原则、方法,认识到危机公关的重要意义。通过学习,学生能够在危机来临时临危不惧,冷静沉着地应对各种复杂情况,化危为安。

知识呈现

一、公共关系的含义和特点

(一)公共关系含义

公共关系,是指社会组织运用沟通手段使自己与公众相互了解和相互适应,以争取公众的理解、支持和协作的一系列管理活动。公共关系活动有利于树立企业的良好形象,沟通与协调企业内部以及企业与社会公众的各种联系,有利于创造良好的市场营销环境。

(二)公共关系促销的特点

公共关系作为促销组合的一个重要组成部分,与其他促销方式相比,具有以下特点:

1.注重长期效应

企业通过各种公共关系策略的运用,能树立良好的产品形象和企业形象,从而能长时间地促进销售,稳固地占领市场。

2.注重双向沟通

公共关系的工作对象是各种社会关系,包括企业内部和外部两大方面。企业不是孤立的经济组织,而是相互联系的"社会大家庭"中的一份子,每时每刻都与其相关的社会公众发生着频繁广泛的经济联系和社会联系。企业既要了解公众,又要让公众认识企业,愿意购买企业的产品和接受企业提供的服务。

3.注重间接促销

公共关系的手段是有效的信息传播,而这种信息传播并不是直接介绍和推销商品,而是通过积极参与各种社会活动,宣传企业营销宗旨,联络感情,扩大知名度,从而加深社会各界对企业的了解和信任,达到促进销售的目的。

二、公共关系促销活动形式

公共关系活动的内容十分广泛,常见的有:

(一)自我宣传

有计划、有意识、有目的地利用报纸、杂志、图书、广播、电视等大众传播媒体广泛宣传自己,树立企业形象,赢得公众好评。

策划专题活动,以制造新闻来吸引新闻界报道,达到宣传企业的目的。

利用举办各种纪念会、运动会、节日庆典或利用名人、明星等特殊人物或特殊事件来达到宣传自己的目的。

【案例9-8】本店绝不食言

香港一家经营强力胶水的商店,坐落在一条鲜为人知的街道上,生意很不景气。一天,这家商店的店主在门口贴了一张布告:"明天上午九点,在此将用本店出售的强力胶水把一枚价值 4 500 美元的金币贴在墙上,若有哪位先生/小姐用手把它揭下来,这枚金币就奉送给他(她),本店绝不食言!"这个消息不胫而走。第二天,人们将这家店铺围得水泄不通,电视台的录像车也开来了。店主拿出一瓶强力胶水,高声重复广告中的承诺,接着便在那块从金饰店定做的金币背面薄薄涂上一层胶水,将它贴到墙上。人们一个接着一个地上来试运气,结果金币纹丝不动。这一切都被录像机摄入镜头。这家商店的强力胶水从此销量大增。

启示:企业善于创造新闻事件,是成功宣传企业及产品的最经济的途径。

（二）广交朋友

拓展自己的人脉圈子,广交朋友,做好、做熟、做深每个客户,扩大自己的个人影响,建立良好的个人口碑,让客户免费帮你销售。

（三）服务顾客

为顾客做好售前、售中、售后服务,能使顾客对企业更信任、更有好感,更能刺激他们重新购买、长期购买,成为企业的忠实客户。

（四）造福于社会

如希望工程、扶贫工程等。

（五）礼贤下士

如征集厂名、商标、广告用语、企业发展建议等。

（六）积极防御

涉及潜在危机或协调各种关系。

（七）亡羊补牢

提示:危机公关的处理

危机公关是指当企业遭遇突发事件或重大变故,其正常的生产经营活动受到影响,特别是原有的良好形象受到破坏时,如何从公共关系的角度应对、处理,以使企业以尽可能低的成本渡过经营危机的公关活动。

取得危机公关效果要遵守以下规则:

①企业管理层应该有强烈的危机公关意识。

②危机公关的基本原则是诚心和责任。

③危机出现后临危不乱,迅速成立危机处理机构。

④坚持企业形象高于成本的思想。

⑤搞好内部和外部公关。

⑥切实做好与媒体的沟通工作。

【案例 9-9】两篇稿件

有一天,一位叫基泰斯的美国女记者在日本东京奥达克百货公司买了一台电唱机,作为送给在东京的婆婆的见面礼。售货员以日本人特有的彬彬有礼的服务,精心挑选了一台半启封的电唱机。

当基泰斯回到住所开机试用时,却发现电唱机没有装内件,根本无法使用。她不禁怒不可遏,准备第二天一早同这家百货公司交涉,并于当晚赶写了一篇新闻稿,题目是《笑脸背后的真面目》,并发传真到她所供职的美国报社。

不料,次日清晨,一辆汽车开到她的住处,从车上走出的是奥达克百货公司的副经理和拎着大皮箱的职员。他俩一进客厅便俯首鞠躬,表示歉意。基泰斯十分吃惊地问他们是如何找到这儿的。

那位经理打开了记事簿,讲述了大致经过。原来,昨天下午清查商品时,他发现错将一个空心的货样卖给了一位顾客。此事至关重要。他迅速召集全体公关人员商议,费尽周折,从顾客留下的一张美国某报的名片里发现线索,打了35次越洋电话,最终总算从美国纽约得到了顾客婆婆家的电话号码,找到了顾客所在地。接着,经理亲手将一台完好的电唱机外加唱片一张、蛋糕一盒奉上。

奥达克百货公司所作的这一切深深地打动了基泰斯。她马上打越洋电话到美国报社,告知报社说又有新的稿件发出,昨天的传真稿件不要再发了。她随后又赶写了一篇新闻稿《35次紧急电话》。后来,报社考虑她两篇稿件的视点不同,配上编辑的话,将两篇稿件全部刊发。奥达克百货公司把基泰斯寄给他们的报纸给了日本某报,日本的几家报纸竞相转发。奥达克百货公司的声誉大大提高。

启示:一个媒体记者的两篇稿件,无意中替一家百货公司打开了危机公关的大门。

(八)大举进攻

首次开拓新市场应全方位宣传介绍企业或产品。

(九)企业形象识别(CI)

企业形象是企业在公众心目中的评价和印象。包括企业徽标、员工着装、建筑风格、包装、服务用语、代言人等。

1.商品形象

高档品还是低档品,优质品还是劣质品,安全品还是危险品,高价品还是低廉品,由商品质量来确定。

如解放碑重百经营高档优质高价商品居多;而新世纪、百盛经营中高档商品居多;好又多则经营中低档商品。

2.经营者形象

即企业管理者和员工形象。

3.环境形象

最直接、最具体、最能影响公众对企业和产品的印象。

4.商貌和商誉

商貌:企业风气、未来形象。

商誉:企业美誉度、企业知名度,即公众口碑和公众了解程度。

5.社会责任形象

如参与社会公益活动、慈善活动、协助维护社会秩序等。

任务巩固

公共关系是另一种沟通和促销手段,通过公共关系活动,企业可以提高其知名度和美誉度,营造良好的舆论环境和社会环境。

能力测评

案例分析与讨论。

【案例9-10】促销的创意

联盟促销、奇物促销、免费促销、挂羊头卖狗肉、学会用小钱赚大钱等。

(1)新书从来都是按定价卖的,可西安有家书店偏偏来了个按重量卖,卖图书称斤,七八元一斤,书还是那些书,店还是那个店,爱书者突然不知从哪儿钻出了一群又一群的,都想尝试一下这种购书方法的乐趣,个人是否吃亏反倒不是最重要的了。

(2)宜家商场出售圣诞树时,承诺可以节后回收,于是顾客数量激增。在一家市中心商场的开业典礼上,宜家向第一批光临的顾客赠送洋溢着民族特色的瑞典木屐,但是只有左脚一只。如果你还想要右脚那一只,就得到那家坐落在偏远处的新店走一遭。于是,那就会有更多的光顾者和更高的销售纪录。

(3)目前,全球盛行的品牌"捆绑"销售,也是以前少有的促销手法。如可口可乐与联想、摩托罗拉与桑塔纳的联手,都比单个公司独自促销的效果好得多。还有相关企业如大商场、婚纱摄影社、旅游公司等进行的组合式营销,效果也比单打独斗的好。

(4)日本一商人将真水果挂在假树上卖,给顾客一阵意外的喜悦。后来,他连假树也一起卖了,赚了很大一笔。

(5)哈尔滨的一些小贩,对鸡蛋、鸭蛋的卖法来了改革,变成了蛋黄蛋清分开卖。这一新招受到不同需求者的欢迎,市场境况也明显改观了。

(6)苏州一菜市场设炒菜店,满足了那些买了菜又不想自己烹调的顾客的需要,结果不仅菜卖得更多,整体的收入也增加了。

活动要求:1.分小组讨论本案例采取了哪些促销策略?
　　　　　2.小组成员交流分享。
　　　　　3.各小组选派一名代表在全班交流分享。
　　　　　4.任课老师点评和指导。

任务拓展

危机公关的5S原则

危机公关5S原则,是指危机发生后为解决危机所采用的原则。其包括承担责任原则、真诚沟通原则、速度第一原则、系统运行原则、权威证实原则。

项目训练

一、基本训练

(一)选择题

1. 一些知名企业经常为各种体育比赛、文艺活动提供赞助,这是( )促销手段。

A. 广告宣传　　　　　B. 人员促销　　　　　C. 公共关系　　　　　D. 营业推广

2. 女性时装做广告,最适宜的媒体是( )。

A. 电视　　　　　　　B. 杂志　　　　　　　C. 路牌　　　　　　　D. 广播

3. 儿童产品选择( )媒体效果最好。

A. 户外广告　　　　　B. 电视广告　　　　　C. 网络广告　　　　　D. 路牌广告

4. 一家公司推销大型的机器设备,选择( )促销手段,效果最佳。

A. 上门推销　　　　　B. 演示推销　　　　　C. 公共关系　　　　　D. 刊登广告

5. 广告的优点是( )。

A. 见效快,刺激性强

B. 具有很强的公众性,渗透性

C. 灵活机动,针对性强

D. 易于和消费者培养感情,促成立即购买

6. 公共关系促销的对象是( )。

A. 社会组织　　　　　B. 中间商　　　　　　C. 公众　　　　　　　D. 企业

(二)判断题

1. 促销的实质是营销者与购买者之间的信息沟通。　　　　　　　　　　　　　( )

2. 公共关系的目标是塑造企业形象,提高企业的知名度和美誉度。　　　　　　( )

3. 最适宜完成一些短期促销任务的促销工具是营业推广。　　　　　　　　　　( )

4. 评估广告效果好坏的指标是看销售量的大小。　　　　　　　　　　　　　　( )

5. 人员促销最大的特点是面对面地与顾客交流。　　　　　　　　　　　　　　( )

(三)简答题

1. 人员促销的特点是什么?一个优秀的促销人员应具备哪些条件?

2. 常用的公共关系促销活动方式有哪些?

3. 列出至少5种针对消费者的营业推广方式。

(四)课堂讨论

郝经理是某制药集团公司的销售部经理。去年该公司招聘了一批刚毕业的大学生,其中有一位学化学的小尧,被认为很有发展前途。公司指定他做A地区的销售工作,并设立了一种很有吸引力的佣金制度。一年下来,尽管小尧工作十分努力,可是业绩就是上不去,他也承认

A 地区潜力不小。面对这种情况,如果是你该怎么办?(展开讨论)

这时,有人给郝经理出了几个主意,你看哪个最好?

A. 在办公室张榜公布每个地区的销售业绩,让大家都知道谁干得好、谁干得差。B. 郑重地告诉小尧,下季度如果仍达不到规定的销售指标,就要请他另谋高就。C. 郝经理带小尧去走访几家新客户,给他示范推销的技巧,传授一些推销的经验。D. 顺其自然,通过实践摸索与经验积累,他早晚会成熟起来的。

除了以上的主意,你还有没有更好的,说出来与大家共享。

二、能力提升

(一)案例分析

1. 在广州百货大厦的小家电柜台前,两个营业员正在做榨汁机的示范表演。一个营业员面前摆放了橘子、苹果、西瓜等水果和玻璃器皿,他左一下、右一下拨动着榨汁机,鲜美的水果原汁流入杯中。另一个营业员向顾客介绍说,这种榨汁机是超级玻璃制成的,防酸、防碱、防裂、打不碎,接着拿起大锤猛砸几下,又把榨汁机狠狠地摔在地上。结果,榨汁机丝毫未损。看到这样的展示,围观的人信服了,纷纷购买。

请问:①这两个营业员运用了什么推销技巧?

②谈谈这件事对你的启发,再举出一些其他的例子并分析。

2. 某大型商场开业在即,为使商场开业伊始就有较高的知名度,商场精心策划了开业庆祝活动,以期引起消费者的关注。开业当天,商场搞抛发礼券活动,每张礼券 50 元,共抛发 2 000张,先后有数万人参加礼券争抢活动。结果,商场周围交通堵塞,现场秩序失控,导致一些人被挤伤。当地几家媒体纷纷对活动带来的问题进行了报道。尽管活动的开展客观上使商场提高了知名度,但知名度带给商场的却是商场不希望看到的结果。

请问:①这是一种什么促销活动?他们的失误在哪里?

②结合实际,谈谈你的看法和建议。

(二)营销实训

1. 实训题目:人员促销模拟训练。

2. 背景资料:请同学们发挥自己的推销才能,试图解决以下几个推销难题。

①将高跟鞋推销给 70 岁以上的男顾客。

②将古玩(如文房四宝)推销给外国游客。

③将唇膏推销给中学 50 岁的数学男老师。

④向某富商推销 14 英寸黑白电视机。

⑤推销一把锄头给一位白领女士。

⑥向一得道高僧推销玫瑰花。

⑦向一路人推销卫生纸。

3. 要求:先由同学两两自愿组合,选择一个题目进行模拟训练,然后分组讨论推销的最佳方案,最后由每个同学针对一个题目进行总结,写在自己的作业本上,字迹工整。

项 目 十

如何成为一名优秀的营销员

教学目标

● 知识目标

能掌握销售员应具备的基础知识

能掌握一定的商务礼仪知识

● 技能目标

能结合销售员所具备的综合能力找到目标客户

能及时拜访客户

能成功签约和服务客户

能及时收、催款项

能管理好客户档案

● 情感目标

能提高学生对事物的分析判断力

能培养学生认真、敬业的职业素养

能培养学生较好的表达及沟通能力

能培养学生的创新思维能力

教学任务

任务一　正确选择目标客户

任务二　及时拜访客户

任务三　成功签约和服务客户

任务四　及时收、催款项

任务五　管理好客户档案

任务一　正确选择目标客户

任务导入

职业学校毕业后,小明即将进入自家公司工作,但他认为自己还缺乏大量的实践和管理经验,因此,他决定先从销售员开始做,积累一些实战经验。很快,他成为了××公司的一名红酒推销员。一天,他来到一家公司准备向其经理推销红酒,走进经理办公室后,却发现沙发上坐着一名年轻、时尚的女士和一名年长、沉稳的男士。女士正在查阅文件,男士正在喝茶。小明见状赶紧询问了男士的姓名之后,就开始"×经理"地称呼了,并开始了红酒的推销,还当即开了一瓶让男士品尝。这位男士边品尝边赞不绝口地说"好酒"。小明听了心里乐开了花,认为今天的生意是做成了。没想到,一会儿男士就对女士说:"×总,我们公司今年年终要发员工福利,这酒不错,能否考虑一下?"谁料,女士果断拒绝了:"不行,不发酒。"原来,年轻女士才是公司真正的老总。小明傻眼了,后悔自己没有看准客户,白白丢失了一个机会。不过,为了下一次生意的成功,他决定认真学习如何选择目标客户。

任务分析

通过对如何识别、挖掘潜在客户的学习,让学生能正确找到目标客户,以及学会收集客户资料,并能加以开拓。

知识呈现

一、认识销售人员的职业前景

销售工作是需要销售人员通过与潜在顾客之间的信息沟通,说服顾客购买某种产品或服务,并为顾客提供售后服务,以确保顾客保持长期满意度的过程。

随着市场经济的发展,销售人员有着广阔的发展前景和空间,可从最基层的销售培训生发展到销售经理,再到营销总监甚至是总裁。因此,销售人员的职业发展前景如图10.1所示。

作为一名优秀的销售人员要明白,尽管同为销售工作,但因公司的性质、市场特征、定位及顾客群的分布不同,都将采用不同的工作方式。但一些基本的销售技巧却是大致相同,需要每一位销售人员,尤其是新销售员必须掌握的。

| 总裁 |
| 市场营销总监 |
| 全国销售经理 |
| 大区销售经理 |
| 区域销售经理 |
| 地区销售经理 |
| 大客户销售员 |
| 销售人员 |
| 销售培训生 |

图 10.1　销售人员职业生涯发展规划图

二、识别潜在客户

(一)潜在客户的定义

①对某类产品(或服务)存在需求且具备购买能力的待开发客户,这类客户与企业存在着销售合作机会。经过企业及销售人员的努力,可以把潜在客户转变为现实客户。

②有购买某种产品与服务的需要,并且能够作出决定,有购买能力的顾客和企业。

(二)潜在客户的特点

1.有购买能力

有足够的支付能力,信用状况良好。可从以下两个关键点来判断潜在客户的购买能力。

(1)信用状况

从客户的职业、身份地位、收入状况等信息来判断其是否具有购买能力。

(2)支付计划

销售人员可从客户期望通过一次付现,或要求分期付款(首付金额的比例)等来判断客户的购买能力。

2.有购买决策权力

能准确判断客户是否具有审批权和决策权。

结合以上两个要素及潜在客户特点的分析,销售人员就基本能确定客户是否能成为自己的潜在目标客户,是否需要继续深入跟踪,从而进一步开展工作。

三、找到潜在客户

(一)随时记录

销售人员应随时记录有价值的信息。

1. 期刊、报纸、杂志等资料信息

有关期刊、报纸等,销售员应经常翻阅,发现有价值的内容,随时记录。

2. 广播、电视等视听媒体信息

在广播、电视等媒体中有关潜在客户的宣传或广告,销售人员也应随时做好记录。

3. 充分利用网络媒体

充分利用网络技术,利用搜索引擎,如 Google、百度、新浪等,筛选有用信息。

4. 查看公司客户名单

通过查看公司客户名单,销售人员可记录相关信息,寻找合作机会。

(二) 随时挖掘

1. 从朋友圈中挖掘

通过身边的朋友圈扩大产品的知名度,从而扩大客户群。

2. 不断增加与外界的商业联系机会

销售员要善于抓住每个机会与外界建立商业联系,以此挖掘潜在客户。

3. 结交金牌销售员

销售员应主动结交一些同行精英,与他们建立良好的关系,不但能从中获取经验,还能增加商业伙伴。

(三)从产品的更新换代中挖掘客户

销售人员要充分利用其销售产品的生命周期,提前规划,从产品的更新换代中挖掘潜在客户。

①了解产品的使用寿命,分析客户再次购买的时间。

②查看公司以前的销售资料,从中发现需要更新换代产品的老客户。

③锁定目标潜在客户。选择恰当的时间找机会接触客户公司的采购人员或相关负责人,并与之建立良好关系。

四、收集潜在客户的信息

(一)收集客户资料

销售员需要收集的客户资料包括:客户背景整理、与自己业务相关的项目资料、相关人员的个人资料,如表 10.1 所示。

表 10.1　收集客户资料的具体内容

资料类别	具体内容
客户背景资料	1. 客户名称、所属及组织结构 2. 客户各种形式的通信方式 3. 区分产品的使用部门、采购部门、支持部门 4. 了解产品具体使用人员、维护人员及管理层 5. 同类产品安装和使用情况 6. 客户的业务情况 7. 客户所在的行业基本情况

续表

资料类别	具体内容
与自己业务相关的项目资料	1. 客户最近的采购计划、采购预算、采购时间表及采购流程等 2. 通过项目要解决什么问题 3. 解决人和影响者
相关人员的个人资料	1. 家庭情况 2. 毕业的学校和受教育程度 3. 个人爱好,如运动、宠物、喜欢的书籍等 4. 上次度假的地点和下次休假的计划 5. 工作行程安排,在企业中的作用 6. 同事之间的关系 7. 今年的工作目标及个人发展计划和打算

（二）客户资料的收集方法

销售人员可从互联网、广告、各类展会、公司年鉴等收集。

五、开拓潜在客户

（一）直接拜访

"上门拜访"是销售人员常用的一种开拓潜在客户的方法。这种方法能迅速掌握客户的情况,直接、效率高,同时也能提高销售员的沟通能力、积累销售经验、提升销售技巧等。

（二）连锁推荐

该方法是一种通过老客户推荐新客户的方法。

【案例 10-1】

世界超级汽车销售员乔·杰拉德平均每天要售出 5 辆汽车,他最擅长的就是该方法。每当有客户向他推荐并成功销售后,他便支付给推荐人介绍费 25 美元。在当时,25 美元可是一笔较庞大的金额,也能足够吸引一些人主动为他介绍客户。看似连锁推荐法较简单,但他用什么赢得了别人的信任呢?

乔·杰拉德严格要求自己"言而有信""一定要迅速支付佣金"。譬如,当买车的客户忘了提到介绍人时,只要有人提及:"我介绍××向您买了部新车,怎么还没有收到佣金呢?"乔·杰拉德一定会告诉他:"很抱歉,××没有告诉我,我立刻把钱送给您,您还有我的名片吗? 麻烦您记得介绍客户时把您的名字写在我的名片上,我就可以把钱寄给您了。"有些客户并无意赚取这 25 美元,也不愿意接受钱。此时,乔·杰拉德就会送他们一份精美的礼物或安排一顿免费的大餐。

这就是乔·杰拉德成功的方法。因此,销售人员应根据产品特点、市场状况等来寻找中间人,让他们协助宣传产品。

（三）内部之间的客户资料交流

内部资料的交流,是一种资源共享的形式,既节省了时间,又提高了效率。

1. 接收前任销售员的客户资料

销售员可从前任销售员处接收有用的客户资料,详细了解细节,根据具体情况安排下一步的跟进和访问工作,这是扩大资源的有效途径。

2. 现有销售员之间的互换资料

销售员之间可互换客户资料,这也是增加客户量的方式之一。例如:A销售员通过之前的方式联系客户,若一直未有结果,就可以和B销售员交换一下客户,换一种沟通方式,也有成功的机会。

(四)用心服务客户

【案例 10-2】

一位商人买了套新房,虽然他非常满意,但由于买价高,因此一直心存疑虑,不知道是否值得。当他搬进新居后不久,该房地产的经纪人来电话说要登门拜访。得到应允后,经纪人来到这个商人的新居。首先,经纪人向他道贺,赞赏他独具慧眼,挑中这个小区的房子。接着,又聊了关于周边的传闻轶事,并透露买该小区的几位房东都是当地赫赫有名的人士。经纪人滔滔不绝地介绍,其态度也不逊于销售时的殷勤。通过半天的沟通,这位商人再也不担心房价的事情了。他们也从一般的交易关系成为了有共同语言的朋友。

对于经纪人来讲,本来可以用半天的时间去开发新的客户,但事实证明他的选择是正确的,这也是间接开发客户的方式。大约过了半个月,这位商人通知他,他的朋友也想在该小区买房,希望他能推荐一套好的户型。很快,这位经纪人的下一笔业务也谈成了。

在销售中,用心服务客户是尤为重要的。销售员需主动提高客户满意度,培养其忠诚度,让他们自觉成为宣传员,从而扩大客户群体。

(五)销售信函

运用信件、E-mail来赢得客户的方法可以为潜在客户展现出明确的利益,获得客户信任。但在使用该方式时,应根据客户姓名和需求来跟客户沟通。

(六)电话销售

"电销"是销售人员经济、有效开展业务的方式之一。销售员应自己定制计划。例如:规定自己每天至少打5个电话给新客户,一年下来就能增加1 500个与潜在客户接触的机会,至少有15个客户可能会与你发展成合作关系。

(七)建立人际关系网

销售人员在从事销售前需要做一些相关的准备,这些准备有利于销售员工作的开展。准备工作包括产品知识、技巧、意愿、耐力、客户基数等,其中,客户基数就是人际关系。销售员可以通过准备名片、参加各类社团活动、公益活动等来建立人际关系网。

(八)网络媒体拓展

销售员可利用网络来扩大自己的客户资源。如加入行业论坛、聊天群组、建立个人网页并推广,或者进入相关论坛发布帖子等,可以让很多有需求的人成为其客户。

（九）利用技术进步拓展客户

1.把握人们对各种商品的"渴望"周期

使用的商品坏了或者使用者不喜欢了,人们希望拥有更新、更顶级的商品来赢得赞叹或者身份象征时,就是销售员的机会来了。

2.利用人们不希望拥有旧式产品的心理赢得客户

大多数人不希望使用旧商品。因此,当企业有了新的产品,或者是价格、外观等有了新的变化,销售员都应该与老客户再次联系。这一策略成功的关键是知道如何与老客户沟通。

3.了解目前客户使用产品的情况

花一些时间来了解客户使用产品的情况,知道何时及如何与他们联系,将新的产品和创新情况通知他们,这样将有助于销售员增加新产品的销售数量。

任务巩固

1.要成为一名优秀的销售员,首先要会识别客户,然后学会利用各种资源挖掘潜在的客户。

2.学会在有限的时间里收集潜在客户的信息并高效率地开拓更多的潜在客户。

能力测评

案例分析:识别客户、挖掘潜在客户。

【案例10-3】

几年前,广州××公司为了获得某市一个系统计费的项目,组织了一个由系统集成商、代理商等十几个人构成的小组,天天跟客户在一起,还帮客户做标书等。双方关系非常不错,大家都认为这个订单十拿九稳。但结果却是,××公司输得一干二净。

中标方是上海的一家公司,其代表是一个其貌不扬的年轻女子。事后,××公司的代表问她:"你们是如何赢的?我们也很努力啊!"这位女士反问他:"你猜在签这个合同前我见了几次客户?"××公司的代表说:"我们公司的代理商在那边待了一个月,你少说也有20多次吧。"她笑着摇摇头,说:"我只去了3次。"只去了3次就拿下了2 500万元的订单,几乎是天方夜谭。而且,据这个女士说,客户方她一个人也不认识。

那她怎样创造奇迹呢?

她第一次来到某省,谁也不认识,就分别拜访了局里的每一个部门;拜访到局长的时候,发现局长不在。于是,她去办公室询问,办公室人员告诉她局长出差了。她详细打听了局长去哪儿,住哪个宾馆等。大致了解情况后,她立即给该宾馆的前台打了个电话,说:"我有个非常重要的客户住在你们宾馆里,能不能帮我订一个精致的果篮,写上我的名字,送到他房间去?"接着,她又联系自己公司的老总,说这个局长非常重要,正好去上海出差了,请老总无论如何要在上海见局长一面。然后,她订了最早的一班飞机回上海;等她赶到宾馆时,发现老总已经和局长在喝咖啡了。在聊天中,得知局长会有两天休息时间,老总就邀请局长到公司参观。参观后,双方都交流得非常愉快。得知局长喜欢话剧,她又安排局长去看了当时正在热映的话剧。当局长离开上海时,她在机场对局长说:"我们谈得非常愉快,一周后,我们能不能到您那里做技术交流?"局长很痛快地答应了。一周后,公司的老总就带队去了某省做了技术交流。在交流中,大家都可以感受到局长的倾向性,后来又去拜访了两次,再第三次就签单了。

××公司的代表听后说:"你好幸运,刚好局长去上海开会。"谁知,女士拿出一个小本子,说:"不是那么幸运的,我所有的客户的行程都在这上面呢。"打开一看,所有客户的名字、籍贯、爱好、拜访的时间、最近的动向,甚至航班号都记得清清楚楚。这下,××公司的代表不得不心服口服。

活动要求:1. 分小组讨论本案例中该女士成功的原因在哪里? 她用到了哪些技巧? 假如你是该公司的销售员,你打算怎么做?

2. 小组成员交流分享。

3. 各小组选派一名代表在全班交流分享。

4. 任课教师点评和指导。

任务拓展

对客户进行分类

可按表10.2对客户进行分类。

表10.2 潜在客户的分类

分类标准	类 型
客户的需求	根据客户对自己产品或服务的需求,按照可能有需求和没有需求分为目标客户、潜在客户和无效客户
客户的重要程度	按照客户的可能购买数量,将客户分为重要客户、次要客户和一般客户
客户的规模	按实际情况划定一个标准,给客户设定规模,如按照客户公司的人数、经济类型和成立时间等设定大客户、中小型客户等
客户可能成交的时间	按客户可能成交的时间间隔长短进行分类,可分为长期维护客户、短期维护客户和近期维护客户

对于潜在客户的分类,不但能决定访问的对象和顺序,还能达到均衡化销售的目的,使销售业绩不致发生很大的起伏。同时,也能筛选出暂时不能实现的潜在客户,进而放弃对其的跟踪,从而节省时间和精力。

任务二　及时拜访客户

任务导入

小明在经历了上次识别客户的失败后,学会了经常反思,他明白了要成为一名优秀的销售员还有很多需要学习的知识。因此,接下来,他开始思索找到了潜在客户后,该如何及时地去拜访他们,既不会显得唐突,又能提高销售的成功率呢? 带着这个思考,他开始了如何及时地拜访客户的学习。

任务分析

通过学习如何拜访客户,让学生掌握人际交往关系的原则,为提高工作效率做好铺垫。

知识呈现

一、预约准备

预约,即确定约见对象,要求销售员通过一定的渠道征求客户的意见,并商定拜访的时间、地点。

预约是拜访客户的第一步。为了能顺利见到客户,销售员一定要提前预约,尽量不要唐突拜访。

【案例 10-4】

销售员:您好!

前　台:请问您找谁?

销售员:我是××广告公司的销售员小李,找贵公司负责广告的王先生谈宣传的事情。

前　台:王先生有事出去了。

销售员:啊? 那我白跑一趟了。

前　台:你们有预约吗?

销售员:没有,我以为他每天都在。

前　台:怎么可能呢? 你只能改天再来了。

这位销售员因没有预约,不但没有见到负责人,还浪费了自己的时间和精力。

二、选择正确的预约方式

一般来讲,销售员应该选择什么样的方式预约才能更顺利地见到客户呢? 较常用的预约方式有电话预约、电子邮件预约、函约、直接约见、托约 5 种。

（一）电话预约

电话是销售员开展工作的重要沟通工具,利用电话约见客户更是常用的方式。但这里所说的电话预约是指通过电话联系来赢得与客户见面的机会,并非指"电销"。以下是"电话预约"应注意的5方面:

①克服心理障碍。敢于表明自己的身份,同时吸引客户的兴趣。

②打电话的目的是约见负责人,销售员切不可将谈话主题扩散到销售产品的特性或讨论到产品的价格等细节问题上,这样很容易导致客户在了解不全面的情况下而拒绝见面,从而失去合作机会。

③不要在电话里抨击竞争对手,这样会使自身形象大打折扣。

④交流时谈吐语速要适当,态度要诚恳热情。

⑤除非特殊情况(朋友关系除外),尽量不要打负责人的私人电话。

（二）电子邮件预约

撰写电子邮件,应注意以下3点:

①邮件内容一定要简单明了,只要将预约的时间、地点和事由说清楚即可。

②邮件中言辞诚恳,态度坦诚,用真诚打动客户,从而很快给予你答复。

③邮件一定要有标题,而且标题要清楚、明白,以防被客户当做垃圾邮件删除。

（三）函约

函约就是销售员利用信函、邀请函等约见客户的一种方法,其优势、不足、适用与不适用的情形,都需要注意。

1. 优势

选择面广;主动性强。

2. 不足

速度慢;易受偶然性因素的制约;途中容易丢失。

3. 适用情况

外地客户或一般客户;在公司搞活动或举办展示会、新闻发布会等。

4. 不适用情况

情况较紧急,如展会日期临近或本公司业务推广活动马上就要进行时。

（四）直接约见

直接约见是与客户当面约定拜访事宜的方法。销售员在使用这种方法时,也需先了解其优势和不足。

1. 优点

①可以成功地接近客户,消除与客户之间的隔阂。

②直接面对客户,可以使客户对销售员产生一定的信任感;同时,也便于让客户对销售员的仪表、风度、气质产生第一印象。

③销售员可有针对性地制订计划,并做好接近客户的准备。

2. 不足

①会受到地理方面的局限。

②双方可能达成口头约定,有可能被客户遗忘。

③有当面被拒绝的时候,让销售员较被动。

因此,销售员在采用直接约见客户的方式前要慎重考虑,最好在去拜访之前通过电话或其他方式再确定一下。

(五)托约

托约,指销售员选择第三者代为约见客户的约见方式,如信件传递、他人代约等。托约的方式有电话托约、口头托约、便条托约、信函托约、礼品托约等。

以上5种约见客户的方式,销售员可根据具体情况、客户的不同来分别选用不同的方法,也可以把几种方式结合起来使用。总之,只要达到与客户顺利见面的目的即可。

三、应对客户的拒绝约见

约见客户时,销售员可能会遇到各种困难,或者因各种原因而遭到客户的拒绝。遇到客户拒绝,销售员该如何应对呢?

【案例10-5】以"没有时间"为拒绝理由

销售员:王总,您好!我是××公司的销售员,是做企业培训的。您什么时候方便,我去拜访您?

王总:我没有时间了,马上要开会,以后再说吧!

销售员:我理解,王总。您管理这么大一个公司,忙是一定的。所以为了避免浪费您宝贵的时间我才先给您打电话,确认一下具体约见时间。请问明天或者后天我可以去拜访您吗?

王总:我现在没时间,马上要开会了。

销售员:王总,我知道您工作忙,但还是打电话给您了,就是怕稍有拖延对你们公司的利益造成损失啊!

王总:那我再看看时间,回头再联系你!

销售员:王总,您手头有日程表吗?我们只要花15分钟的时间!我们干脆现在就敲定一个时间如何?星期二上午10点方便还是周三上午比较好?

王总:那就周三上午吧!

销售员:好的,谢谢您为我牺牲您宝贵的时间,我一定准时到!

成功原因分析:

该案例中,客户以没时间为由拒绝,其实只是个托词。销售员给了客户两个时间选择,让客户感觉方便灵活。另外,销售员告诉客户只需占用他15分钟时间,即使再忙,总可以挤出15分钟,让客户无法再次拒绝。

【案例10-6】以"发资料来看看"为拒绝理由

销售员:张总,您好!我是××公司的销售员,主要做寿险的。您什么时候方便,我去拜访您?

张总:请你把资料发个传真或寄一份过来,看看再说吧。

销售员:张总,我们的资料都是精心设计的纲要和草案,必须配合人员的说明,而且要对每一位客户分别按个人情况再作修订,等于是量体裁衣。因此,最好是我在星期一或者星期二过来看您吧。您看上午还是下午比较好?

张总:那先帮我做个计划吧,拿着我的计划过来。

销售员:请您告诉我您的年龄、收入等信息,我帮您设计一份适合您的寿险计划。

张总:……

销售员:好的,我记下了,那下周二上午我过去看您?

张总:好的,我等你!

销售员:打扰您了,再见!

成功原因分析:

销售员用产品"量体裁衣"的特性来引起客户的兴趣,吸引客户进一步了解,从而达到约见客户的目的。

因此,销售员平时要多注意沟通技巧,这样才能有利于接下来工作的开展。

任务巩固

1.销售员应掌握多种沟通技巧,在正式拜访前要先联系好客户,做好准备工作,得到应允后再正式拜访。

2.在拜访客户的过程中,如果遇到困难和阻碍,要学会用技巧来突破阻碍,不要轻易放弃。

能力测评

案例分析:讨论如何拜访客户(包括用语措辞及商务礼仪方面应注意的内容)。

【案例10-7】糊涂的销售员

小李刚从大学毕业不久便谋到一份推销打印机的工作。这天早上,他匆匆忙忙起床,头发都来不及好好打理,随便套了一件T恤衫和牛仔裤就出门了。他今天来到××公司找陆主任推销公司的新产品。以下是他和陆主任的对话。

小李:早上好,刘主任,我是小李,昨天上午和您通过电话。今天急着赶过来就是要给您一个惊喜,我们公司又有新产品问世,这是产品资料,您看看!

陆主任:你把资料留下,我看看再说。另外,我姓陆,不姓刘。

小李:哦,对不起啊,我昨天电话里听错了。(销售员发现客户的桌子上有一张小男孩的照片,顺手拿了起来。)多可爱的孩子啊,您真有福气,一定是您的儿子吧,长得太像您了!

陆主任:那是我的小外甥,我还没结婚呢!

小李:(尴尬地)不好意思,我又弄错了。

这位糊涂的销售员小李,工作才开始就弄错了两个信息,弄巧成拙,自制尴尬。如果你是这位客户,你会怎样想? 你会和这样的销售员及其所代表的企业合作吗?

活动要求:1.分小组讨论本案例的问题。

　　　　2.小组成员交流分享。

　　　　3.各小组选派一名代表在全班交流分享。

　　　　4.任课教师点评和指导。

任务拓展

学会推销自己

销售员首先要学会推销自己,只有在客户心中树立了良好的形象才能留住客户的心。同时,销售员代表着公司形象,也有责任维护公司的公众形象。因此,注重个人形象是销售员首先要学会的社交技巧。具体内容如图10.2所示。

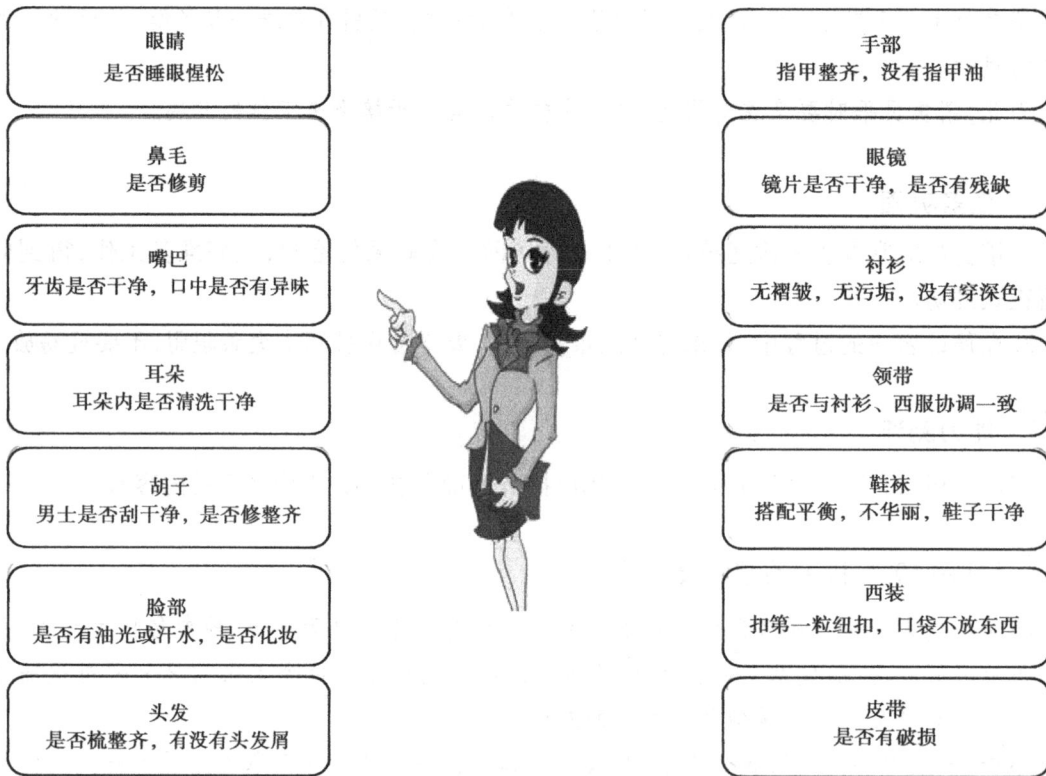

眼睛
是否睡眼惺忪

鼻毛
是否修剪

嘴巴
牙齿是否干净,口中是否有异味

耳朵
耳朵内是否清洗干净

胡子
男士是否刮干净,是否修整齐

脸部
是否有油光或汗水,是否化妆

头发
是否梳整齐,有没有头发屑

手部
指甲整齐,没有指甲油

眼镜
镜片是否干净,是否有残缺

衬衫
无褶皱,无污垢,没有穿深色

领带
是否与衬衫、西服协调一致

鞋袜
搭配平衡,不华丽,鞋子干净

西装
扣第一粒纽扣,口袋不放东西

皮带
是否有破损

图10.2　职场礼仪中个人形象应注意的内容

把握每一处细节,给客户一个良好的第一印象非常重要。

任务三 成功签约和服务客户

任务导入

经过几次波折和经验教训的总结,小明总算和××公司的王总建立了较好的合作关系,王总也似乎有了订货意向,但由于这是小明的第一个客户,小明非常重视,也担心在签约中出现任何差错,因此,他又开始积极思索怎么能顺利地和第一个客户签约。带着这个问题,他又开始学习如何和客户成功签约以及服务好客户的需求。

任务分析

通过学习如何与客户成功签约以及服务好客户的需求,为成为一名合格的销售员打好基础。

知识呈现

一、捕捉购买信号

(一)何谓购买信号

购买信号,是指客户通过语言、表情、行为等表现出来的,表明其可能采取购买行为的信息。

在销售员与客户的洽谈中,如果客户已经产生购买意向,一般不会直接表露,但通过语言、表情、行动流露出来。尽管购买信号并不一定成交,但销售员则可把它当成有利时机,进而引导客户成交。

(二)捕捉购买信号

购买信号的表现形式很复杂,客户无意中流露出来的种种言行都可能是购买信号,销售员要善于捕捉这些信号。

①销售员要在平时的工作中逐渐积累,了解客户的购买信号,同时认真研究各种类型和性格的客户的语言、行为特点。

②销售员在与客户的交往、商谈中要细心,洞察客户的每一个动作、语言细节的变化。

③发现购买信号时,销售员要不失时机地引导客户、促成交易。

二、抓住购买时机

销售员一定要把握好购买时机,利用各种技巧把客户引导到购买意向上去。不管客户如何反应,销售员都要准备好妥善的应付言辞,让对方感觉"我会买下来"。

①销售员要不失时机地提出购买建议,促使客户作出购买决定。

②交谈中,销售员除要耐心详细地说明外,还要引导对方提问,以打消客户的顾虑,使其迅

速作出购买决定。

③向客户提问或提出购买建议时,销售员语气要自然、态度要随和,不要让客户感觉到压力和销售员迫切希望成交的目的。

三、引导成功签约

【案例10-8】销售斧头给总统的销售员

2001年5月20日,美国一位名叫乔治·赫伯特的销售员,把一把斧头成功地推销给了布什总统。他也因此获得了创立于1927年,被称为世界上最权威、最有影响力的推销员组织的布鲁金斯学会所颁发的"金靴子"奖。

布鲁金斯学会每期学员毕业时,都会设计一道最能体现推销员能力的实习题,让学员去完成。完成实习题的学员将获得一只由布鲁金斯学会颁发的刻有"最伟大的推销员"的金靴子。

在克林顿执政期间,该学会出了这么一道题:请把一条三角裤推销给总统。8年间,无数学员为此绞尽脑汁,都无功而返。布什执政后,学会把题目改成:请把一把斧头推销给布什总统。这似乎又是一个无法成交的"题目",永远也不会变为现实。但乔治·赫伯特却完成了。

面对记者的采访,他说:"我认为,把一把斧头推销给布什总统是完全可能的,因为布什总统在德克萨斯州有一个很大的农场,里面绿树成荫。于是我胸有成竹地给他写了一封信:'尊敬的布什总统,祝贺您成为美国的新一任总统。我非常热爱您,也很热爱您的家乡。我曾经到过您的家乡,参观过您的庄园,那里美丽的风景给我留下了深刻的印象。但是,我发现庄园里的树上有很多粗大的枯树枝,我建议您把这些枯树枝砍掉,不要让它们影响庄园里美丽的风景。现在市场上所卖的那些斧子都是轻便型的,不太适合您,正好我有一把祖传的比较大的斧头,非常适合您使用,而我只收15美元,希望它能够帮助您。如果您有兴趣的话,请按这封信所留的信箱给予回复……'"

布什看到这封信以后,立刻让秘书给乔治·赫伯特寄去15美元。于是,一个几乎不可能实现的销售成交了,一个空置了许多年的天才销售奖项终于有了得主。

分析其成功的原因:

乔治·赫伯特之所以能够成功,首先是他找到了总统的需求,引发了总统的兴趣;然后,他又以祝贺的方式找到了合适的时机,并勇于向总统提出成交,最终成功地达成了销售。

由此可见,从销售员准备接触客户到成功签约,对客户的服务始终存在,只是各个环节的侧重点有所不同而已。

四、为客户服务的原则

客户服务应遵循的总体原则就是用心、真诚、履行承诺。无论是企业还是销售员都应如此,同时还要注意以下5个要点:

1.树立正确的服务观念

企业的生产和一切营销活动都要以客户的需求为中心展开,不要单纯地追求企业自身的经济效益。服务措施只有长久和守信,才能收到好的效果。

2.培养良好的服务态度

热情、周到、细心、为客户着想是每一位销售员都应做到的。不同的客户,由于其性格、年龄、职业、受教育程度和消费习惯等的不同,他们的购买动机和心理需求也会有所差异,所要求得到的服务期望也不一样。因此,销售员在面对每一位客户时,都要留心观察,设身处地地为其着想,热情细致地为他们提供所需的服务。

3. 尊重每一位客户

不论客户购买量是多少,也不论客户是否西装革履,销售员都要一视同仁,切不可以貌取人,差别对待。如果让客户感受到不平等的待遇或受到轻视,那么交易将很难达成、重复购买将很难实现,还可能通过辐射传导影响企业的声誉和未来的发展。

4. 符合客户的需求

【案例 10-9】细心的空乘人员

一个人乘坐某航空公司的飞机出差。飞机降落之后,他提着随身携带的一捆资料走到了机舱门口。空中小姐在向他微笑道别的同时递给了他两块小方巾,说:"先生,请用小方巾裹着绳子,不要勒坏了您的手。"

这位先生备受感动,从此每次出差或带家人出门,总是首选这家航空公司。

一句话、两块小方布,换来了客户长久的选择,这就是服务的真谛。

服务的真谛就是在客户需要的时候,用客户希望的方式提供给他需要的服务。客户不需要服务时,即使提供的服务再周到,也毫无意义。

5. 提供独特的优质客户服务

在目前激烈的市场竞争氛围中,企业之间的竞争在很大程度上是服务的竞争。要想在竞争中脱颖而出,企业的服务必须独具匠心,有自己的特色和个性,以满足客户多方面的需求。

基于以上要点,销售员在销售过程中就要把握好客户的特点和需求,因人而异,为客户提供满意的服务。其具体做法如表 10.3 所示。

表 10.3 销售服务内容

销售阶段	服务内容
售前	1. 做好市场调查,收集客户资料,了解客户需要,然后选择适当的产品介绍给客户; 2. 确认客户预订的产品是否有适合的使用条件,如有问题要事先安排好补救措施
售中	要详细说明产品性能,知道正确的使用方法,让客户牢记日常维护要领,叮嘱客户管理方法及保存、保养方法
售后	1. 适时回访,及时发现问题并解决; 2. 定期检修,发生故障时及时抢修; 3. 旧产品使用一段时间后,要在适当的时候劝导客户换用新产品等

任务巩固

1. 销售员要善于察言观色,捕捉客户的购买信号,如果有机会,就要主动引导客户,尽快下订单。

2.在引导客户的过程中,要善于发现客户和产品之间的内在联系,让客户感觉购买产品是非常有必要的。

3.在服务客户的过程中,一定要用心服务,对售前、售中和售后3个环节都一并重视。

能力测评

案例分析:讨论如何成功引导客户促成交易以及如何服务好客户。

【案例10-10】聪明的销售员

小张是一名汽车销售员,小伙子聪明伶俐、反应快,很会抓住客户的心理,因此,他的成交量在公司一直是名列前茅。以下是他和客户的一段对话。

小张:李总,我已经拜访过您好多次了,您对我公司的汽车性能、价格也相当认同,而且也听朋友夸赞过我公司的售后服务。今天,我再次拜访您,不是向您推销汽车的。您也是销售界的前辈,我在您面前销售东西压力实在很大,大概您也能看出来的。请您本着爱护晚辈的态度,指点我一下好吗?我哪些地方做得不好,请您为我指出以便我在今后能改善。

李总:你不错呀,人很勤快,对汽车的性能也很熟悉。看你这么诚恳,我就坦白告诉你,这一次我要给企业的10位经理换车。所换的车一定要比他们现在的车子高级一些,以鼓舞士气,但价钱不能比现在的贵,否则我宁可短期内不换。

小张:您实在是位好的企业家,购车也以鼓励士气为出发点,今天真是又学到了新的知识。李总,我给您推荐的车是由美国装配直接进口,成本偏高,因此价格也不得不反映成本,但是我们公司月底将从墨西哥OEM进口同款车,成本较低,并且您一次性购买10辆,我一定说服公司尽可能将价格降到您的预算范围内。

李总:哦,的确,很多美国车都在墨西哥OEM生产,贵公司若有这种车,倒替我解决了换车难题!

活动要求:1.分小组讨论本案例中小张成功的原因在哪里?他用到了哪些技巧?假如你是该公司的销售员,你打算怎么做?

2.小组成员交流分享。

3.各小组选派一名代表在全班交流分享。

4.任课教师点评和指导。

任务拓展

与客户告别

不管成交与否,与客户告别都是销售活动中必不可少的一环。此时,销售员的表现对于销售业务的发展起到一定的推动作用。

与客户告别时,分为未成交时的告别和成交后的告别两种情况。在这两种情况下,销售员的心情是不一样的,所以对离开时的表现要求也不一样。

1. 未成交告别

交易没有谈成,销售员一定会有挫折和失败感。其实,大可不必如此。失败的原因有很多,销售员应认真分析后总结经验,逐步提高自己的销售技巧,这才是明智的选择,千万别失去信心和作出不理智的行为。销售失败离开时,千万不要迁怒客户,应注意做好以下 3 项工作:

(1)正确对待

"买卖不成仁义在",这一次没谈成,但却沟通了与客户的感情,至少也是认识了一位潜在客户,留给客户一个良好的印象也是一种成功——为赢得下次生意成功播下种子。

因此,销售员应有一颗平常心,乐观地对待事物,只有在乐观和坚定的精神状态下内心才得以平衡;要正确对待自己的失败,在告别时言行举止才能坦荡从容。

(2)塑造形象

有些销售员面对失败,心中感到沮丧,并在表情上有所流露,失魂落魄,言行无礼。其实大可不必这样,销售员完全可以利用告别的机会再一次塑造良好形象,为下次推销铺平道路。

如"百忙之中打扰您,谢谢!"然后友好地与客户告别,或者客气地说声"谢谢您的约见,打扰了""打扰您了,再见""希望以后能有机会为您服务,再见"等,这些告别语都可以加深客户对你的好印象。

(3)请求推荐客户

虽然业务没有谈成,但是销售员在离开之前,还是应真诚地告诉客户:"我们的产品您已经很了解了,希望将来有合作的机会,如果您朋友、合作伙伴有这方面的需要,请您转告我,好吗?"请求客户推荐其他客户,是自己业绩提升的重要途径。

2. 成交后告辞

成交后,双方皆大欢喜,销售员向客户告别时要讲求礼貌,态度诚恳,给客户留下一个好的印象,这对建立长期的合作关系有着相当重要的影响。销售员辞别客户时,应该注意以下 4 种行为:

(1)向客户表示谢意

销售成功,销售员达到了目的,客户需求得到了满足,虽然双方互惠互利,但是成交后,作为一种礼貌,销售员要感谢客户能在百忙之中抽出时间进行商谈,感谢给予自己帮助。

(2)赞赏客户购买的明智之举

销售员在达成交易后,离开之前应以适当的方式或语气赞美客户做了一个不错的选择或者明智的决定,满足其渴望被肯定、赞许的心理。

(3)向客户保证

在向客户告别之前,为了表示对客户负责和对客户利益的关注,销售员应主动向客户保证:"如果有什么问题或要求请随时通知我们,我们会竭尽全力帮助解决。"

(4)主动告辞

手续办完后,销售工作告一段落,销售员要适时、主动地提出告辞,勿打扰客户的工作秩序。

任务四　及时收、催款项

任务导入

小明终于与××公司的王总成功签约了,他非常激动,毕竟这是他进入公司以来做成的第一笔业务。于是,在王总缴纳了定金后他及时发了货。但接下来,他又担心如何能尽快把货款全部收回。如果催得过紧,他怕引起王总的反感,说他不信任人,从而影响今后的合作;倘若不催,公司这边也不好交代,自己的收益也要受影响。因此,带着这个问题,他又开始学习如何及时向客户收、催款项。

任务分析

通过学习如何向客户收、催款项,完成实际销售,成长为一名合格的销售员。

知识呈现

签完合同并不意味着销售工作的结束,收到款才是真正的成交。一般公司对销售员的考核,都是和当月回款数挂钩的,而不是看实际签单额。因此,收款环节对销售员来说是至关重要的。而客户的信用情况是销售员确定付款方式和合作方式的重要依据。了解客户的信用情况、确定收款方式,是销售员必须要做的工作。

一、调查客户信用

在与客户接触的过程中,销售员应随时注意、留心观察客户的信用情况。当然,要了解客户的信用状况,仅靠感觉是不够的,还要进行科学的调查和分析。

(一)对客户信用调查的目的

①了解往来客户的信用情况,保障业务的安全,防止呆坏账的出现。

②找到信用优良的潜在客户,进行重点跟进,扩大自己的业务源泉,提高业绩水平。

(二)确定客户信用等级

通过对客户的信用调查和资料分析,销售员可以划定客户的信用等级,从而决定用何种付款方式和确定赊销额度,具体情况如表 10.4 所示。

表 10.4　客户信用等级及区分

信用评定等级	信用评分	付款方式选择	赊销限额(万元)	备　注
一级:优秀	80 分以上	后付款	100	要求担保
二级:良好	60~80 分	后付款或分期付款	50	要求担保

信用评定等级	信用评分	付款方式选择	赊销限额(万元)	备 注
三级:应注意	40～60分	预付款或分期付款	30	要求担保
四级:重点防备	40分以下	预付款	0	

二、做好收款工作

销售员的收款工作是根据合同约定的付款方式和时间来进行的,其困难程度不亚于销售工作。因此,销售员对收款工作也要做好规划,以协调各方关系,减少障碍,顺利完成收款任务。

(一)收款时的工作

销售员向客户收取货款时应注意以下6个要点:

①客户付款,不论是支票还是现金,都要现场点清;为防止假钞,要留心支票的各种有效凭证及填写是否正确等。

②若客户不能一次性支付全部货款时,销售员要将尚欠的款项再列入"收款回执联",并请客户签字确认。

③若客户对售货清单内的货款整笔支付时,应将客户签名的"收货回执联"交还客户,表明货款两清。

④若客户在付款时要求折让,销售员可在权限范围内同意客户的请求,但要先向自己的主管汇报请示,同时请客户填写"折让证明单"。

⑤收取货款时,如果客户有事外出,可向其他有关人员收取;如对方因手续或责任上不允许,而客户短时间内无法赶回时,销售员可暂时离开并留下字条,待稍后或改日再拜访并收取货款。

⑥收款后,要礼貌道谢后再离开。

(二)货款收回后的工作

货款收回后,销售员还要继续做好以下3项工作:

1. 认真记录每天回收的货款

销售员对每天回收的货款逐一做好记录,以免日后发生分歧。销售员可自行设计"货款回收登记日报表"(表10.5)。

表10.5 货款回收登记日报表

姓 名			部 门				日 期			
项次	客户名称	售货清单号码	销货金额	货款回收		折让	合计	尚欠金额	预计回收时间	备注
				现金	支票					

2. 及时交款并销账

销售员收回款后，无论是现金还是支票都要及时交到财务部，以免发生意外；若是支票更要及时交回，以免收到空头支票。

交款时要填好回款单，表明是哪家客户的哪笔货款；若收的是以前的欠款，要跟本公司财务部说明，划掉这笔未回款。

3. 客户核对或沟通，表示谢意

当确认客户的货款已到本公司账户，销售员应发感谢函或电话拜访客户，表示谢意，以增进与客户的感情。

三、做好催款工作

合格的销售员，除了有好的业绩以外，还要尽力减少甚至杜绝呆坏账的发生。在日常工作中，销售员应向客户提供良好的产品、优质的服务，以尽量减少客户拖欠款的借口。但总有客户会因为一些原因不能及时付款，此时销售员千万不要采取过激行为，如诉诸法律等，除非必要；否则，一般不要采取这一方式。发生客户拖欠款时，销售员要先分析客户拖欠款的原因，然后再采取针对性的应对办法。

（一）预防拖欠款的发生

销售员在工作过程中，要重视货款的回收工作，防止拖欠款的发生。常用的方法主要有 4 种，具体内容如表 10.6 所示。

表 10.6　预防拖欠款发生的方法

约定预收款	1. 这是防止拖欠款发生的最直接的方法； 2. 销售员在与客户商讨协议时，可将预付款作为成交的条件，哪怕在其他方面作出一些让步，也要让客户预付款
合同要明确各项事宜	1. 合同中应明确各项事宜，尤其是付款方式和付款时间； 2. 防止客户找借口不付款； 3. 即使客户不按时付款，诉诸法律时也有据可依
做好每次业务记录	1. 每一次出货、发货都做好记录并让客户方签字（当面或传真方式）； 2. 明确在哪一天客户购买了哪些品种，合计多少钱； 3. 每一笔货款按约定该何时回笼等，以免日后发生争议
时刻关注客户企业一切异常情况	1. 包括客户企业法人代表易人、经营转向、办公地点更换、企业破产等； 2. 一旦有意外情况，销售员应马上采取措施，防患于未然，杜绝呆账、死账的发生

（二）制定催款策略

销售员一旦发现客户有拖欠款迹象，应尽快探知客户拖欠款的原因，然后制定相应的收款策略。

（三）催收拖欠款的要点

催收拖欠款有如下 4 个要点：

1. 把握好时机

销售员在催收货款时,可直截了当地告诉客户前来的目的,让客户打消任何拖、赖、推、躲的念头。

2. 掌握好时间

根据拖欠款客户付款积极性的高低,销售员在收取欠款时要掌握好时间。对待不同的客户应在不同的时间收取。

3. 清楚账目,心中有数

销售员在收欠款的过程中还需归纳整理账目,并与客户对清账,留下其签字依据,以免日后产生争议。

4. 有礼有节,松紧有度

在收到拖欠款后,销售员要做到有礼有节,松紧有度。在填单、签字、销账、登记、领款等每一个结款的细节上,销售员都要向其具体的经办人真诚地表示谢意。

任务巩固

1. 通过对客户收、催款技巧的学习,能及时收回款项,这也是一名合格销售员的基本要求。

2. 在收、催款的过程中,要注意交谈方式和礼节,尽量让客户主动缴纳欠款。

能力测评

案例分析:讨论如何成功向客户收、催欠款。

【案例10-11】销售员小张巧妙收回欠款

××公司已经拖欠了××公司3个月的货款,累计欠款额达10万元,销售员小张通过电话方式催收客户所拖欠款项,请看下面他们的对话场景。

销售员小张:您好,请问王总在吗?

王总:我就是,你是哪位?

销售员小张:我是××公司的销售员小张,能不能打扰您5分钟?

王总:是你啊,什么事?

销售员小张:王总,您什么时候方便,我过去结款?

王总:欠你多少钱?

销售员小张:一共10万元。

王总:什么? 10万元,有那么多吗?

销售员小张:您已经3个月没有给我结款了,3—5月您一共进货4次,累计货款10万元整。您看我明天上午过去结款行吗?

王总:最近我们公司资金也很紧张,过几天吧。

销售员小张:我理解您经营公司的难处,可是您那么大的公司也不在乎这点钱。为了给您赊账,我可没少跟经理费口舌。现在您迟迟不结款,我除了在经理面前抬不起头外,还被公司扣发了一个月的奖金。用这钱请您吃饭也比被公司扣了强啊,您说是不是?

王总:(发出笑声)有这么严重吗?

销售员小张:我说的千真万确,您再不给我结款,说不定下个月我就会被辞退,喝西北风了!

王总:让我和财务商量一下,你明天给我打电话吧!

销售员小张:好的,那我明天上午10:00给您打电话。拜托您一定帮我解决啊!

王总:没问题!

销售员小张:谢谢您,再见!

活动要求:1.分小组讨论本案例中销售员小张成功的原因在哪里? 如果你是该公司的销售员,你会怎么做?

2.小组成员交流分享。

3.各小组选派一名代表在全班交流分享。

4.任课教师点评和指导。

任务拓展

催收拖欠款的7种方法

表10.7所示的是7种催收货款的常用方法,可供销售员参考。

表10.7 货款回收方法解析图

方 法	实际操作	实施对象及实际情况
软磨法	耐心礼貌地采用信函、传真、电话,甚至亲自上门等方式软磨	关系重要的客户或大客户、老客户
轰炸法	三番五次通过措辞强硬的信函、电话、传真手段直接催款,亲自上门表明立场	关系一般的客户或销售员手里客户较多时
关系法	通过第三者来协调解决付款问题,找人帮助说情、讲理、沟通感情、发展关系,使问题得到解决	关系重要、是销售员手上的重点客户
代价法	停止发新货,前款到账再发新货	企业产品有市场优势,客户资源较多时
压力法	通过新闻单位、公众舆论部门或客户的同行单位,给客户制造压力,促使客户早日还款	关系一般且拖欠款时间过长的情况
奖励法	雇请个人或公司帮助收款,给予佣金或奖励的办法	欠款时间过长,几乎成为死账的情况
法律法	依据法律程序来调解或仲裁	上述办法都无用的情况

以上7种催收欠款的方法,是针对货款数额较大、收取极其困难时使用,销售员应注意针对不同客户来制定好策略,以达到收款的目的,切不可盲目实施,以免造成不必要的后果。

任务五 管理好客户档案

任务导入

小明终于一步步成长为了一名合格的销售人员,但他不满足现状,他希望能成为公司最优秀的销售员之一,因此,他开始继续为之努力。随着客户量的渐渐增多,客户资料的信息量也越来越大,如何管理好这些信息资料,以便在日后的工作中能及时跟进客户,这成为了小明目前急需思索的问题。因此,带着这个疑问,他又开始学习如何管理好客户的档案资料。

任务分析

通过学习如何管理好客户的档案等资料,成长为一名优秀的销售员。

知识呈现

客户,指经销企业产品的零售商、批发商以及购买企业产品的集团购买者和普通消费者。客户管理主要指销售员对自己有业务往来的客户进行系统的辅导与激励,从而创造新的业绩。

销售员要想提升客户的满意度和忠诚度,也必须对"产品使用者"(包括中间商和最终消费者)加以有效管理,这样才能服务好客户并继续增加销售机会,提高销售业绩。

一、了解客户管理的方法

进行客户管理,最好的方法就是建立客户档案资料,即建档管理。建档管理是将客户的各项资料加以科学化的记录、保存,并分析、整理、应用,借以巩固双方的关系,从而提升销售业绩的管理方法。

对客户进行建档管理,客户资料卡是一种很重要的工具。接下来就重点介绍如何科学利用客户资料卡。

二、巧用客户资料卡

(一)客户资料卡的内容

通常,客户资料卡中应包括客户基础资料、客户特征、业务状况、交易现状4个方面,具体内容如表10.8所示。

表 10.8　客户资料卡内容一览表

资料项目	具体内容
基础资料	主要包括客户的名称、地址、电话、所有者、经营管理者、法人代表及他们个人的性格、爱好、家庭、学历、年龄、创业时间、与本公司的起始交易时间、企业组织形式、业种、资产等

续表

资料项目	具体内容
客户特征	主要包括服务区域、销售能力、发展潜力、经验观念、经营方向、经营政策、企业规模、经营特点等
业务状况	主要包括销售实绩、经营管理者和销售员的素质、与其他竞争对手之间的关系、与本公司的业务关系及合作态度等
交易现状	主要包括客户的销售活动现状、存在的问题、保持的优势、未来的对策、企业形象、声誉、信用状况、交易条件,以及出现的信用问题等方面

(二)客户资料卡的建立与管理

1.制作客户资料卡

销售员在第一次拜访客户后就应开始制作、建立该客户的"客户资料卡"。

在制作客户资料卡时,销售员最好将不同的客户用不同的颜色标出,可以以地区、企业规模、所属行业、营业规模、信用额度等不同分类方式来进行。通过这些各式各样的分类,按不同的用途来排列,可以使销售政策的制定工作做得更好。

2.填写客户资料卡

销售员应遵循客户资料卡随时建立、随时填写的原则,也就是将整理好的客户资料填写完整。随着时间的推移和接触客户次数的增多,销售员还应随时对客户资料卡进行不断地完善和修订。

3.客户资料卡的分类管理

销售员应将填写好的客户资料卡保存好,并在开展业务的过程中充分地加以利用。利用客户资料卡的功能可以有效地提升业绩。同时,销售员应按照本身的实际需要,针对客户的不同情况对客户进行分类管理。表10.9列出了3种客户分类方法,可供参考。

表10.9 客户分类的3种情况

分类方法	具体做法
按成交金额	按客户成交金额高低进行 ABC 分类管理,并以不同色卡进行"颜色管理":A 级为"重量级、常交易的客户",B 级为"次重量级客户",C 级为"轻量级客户"
按是否已成交	将客户分类为"现有、已交易的客户""可能客户"和"潜在客户",从面对"潜在客户"进行推销,使他们成为"现有、已交易的客户"
按个人推销习惯	将客户分为"固定卡""攻击卡"和"开发卡"; 固定卡:指已购买本企业产品的客户; 攻击卡:指已购买竞争对手产品的客户,若再加推销,有望成为本公司客户; 开发卡:指尚未购买本公司和竞争对手产品的客户

4.利用客户资料卡进行客户管理的原则

在利用客户资料卡进行客户管理时,销售员应注意把握动态管理、突出重点、灵活运用的原则。

（1）动态管理

客户资料卡建立后,销售员不能置之不理,那样就会失去价值。客户的情况总是不断地发生变化,所以对客户的资料也应随之进行调整。通过调整,剔除陈旧的或已经变化的资料,及时补充新的资料,在档案上对客户的变化进行追踪,使客户管理保持动态性。

（2）突出重点

销售员应从众多的客户资料中找出重点客户。重点客户不仅要包括现有客户,而且要包括未来客户和潜在客户。这样可以选择新客户、开拓新市场,为市场的发展创造良机。

（3）灵活运用

客户资料收集管理的目的是为了在销售过程中加以运用。因此,销售员不能将建立好的客户资料卡束之高阁,要进行详细的分析,通过资料的归类分析,从而提高客户管理的效率。

5.客户资料卡实例

表10.10 列出的是某销售员建立的某一客户资料卡范本。

表 10.10　客户资料卡

××企业资料卡

卡号：　　　　　　　　　　　　　　　编号：

客户名称：

地址：　　　　　　　　　　　　　　　邮编：

电话：　　　　　　　　　　　　　　　传真：

性质：□个体　□集体　□合伙　□国营　□股份公司　□其他

类别：□代理商　□一级批发商　□二级批发商　□重要零售商　□其他

等级：□A 级　□B 级　□C 级

联系人员情况表

人员	姓名	性别	出生年月	民族	职务	婚否	电话	住址	素质
负责人									
影响人									
采购人									
收货人									

工商登记号：　　　　　　　　　　　　税号：

往来银行及账号：

资本额：　　　　　　　　　　　　　　流动资金：

开业日期：

营业面积：　　　　　　　　　　　　　仓库面积：

雇员人数：

店面：□自有　□租用　　　　　　　　车辆：

运输方式：□铁路　□水运　□汽运　□自提　□其他

续表

付款方式：	
经营额：	
经营品种及比重：	
辐射范围：	
开发日期及开发人：	
填表人：	填表日期：

三、客户管理分析

客户管理分析也是客户管理内容的一部分。它是销售员在建档管理的基础上，通过客户的资料对客户各项指标进行分析，从而帮助自己更好地制定销售策略，提高销售业绩的一种方法。

（一）整理资料

销售员进行客户管理分析时，应首先将所收集的客户档案、销售业绩和对客户的访问资料进行整理，然后列在表格中，格式如表 10.11 所示。

表 10.11 客户资料表

序　号	客户代号	销售额	累　计	访问次数	累　计
1					
2					
3					

（二）划分客户等级

根据客户的销售额，可以将客户分为 A,B,C 三级，具体分为以下 3 个步骤：

1. 计算客户月均销售额

将客户连续 3 个月（或 1—3 月）的每月销售额累计后平均计算，求出客户的月平均销售额，具体内容如表 10.12 所示。

表 10.12 客户月平均销售额统计表

月　份	销售额（元）	累　计（元）	月平均销售额（元）
1	5 000	5 000	
2	2 500	7 500	4 000
3	4 500	12 000	

2. 将客户排序

根据月平均销售额，按照客户销售数额的高低进行排序，如表 10.13 所示。

表 10.13　客户月平均销售额排行榜

序　号	客户代号	月平均销售额	备　注
1			
2			
3			

3.划分客户等级

依据某个月平均销售额为"等级标准额",再将客户划分为若干等级。如以排位第 4 的客户的月平均销售额作为 A 级客户标准额,在此标准额以上的均为 A 级,依次类推,确定 B 级、C 级,完成划分。

(三)客户名册登记

1.按客户来电或开拓先后顺序列出客户名册

名册的样式如表 10.14 所示。

表 10.14　客户名册表

次序＼项目	客户名称	职　业	兴　趣	地　址	电　话	拜访日期

2.按客户等级及职业、收入进行整理

客户等级分类表的样式如表 10.15 所示。

表 10.15　客户名册表

A 级	客户名称							
	职业							
	收入							
B 级	客户名称							
	职业							
	收入							
C 级	客户名称							
	职业							
	收入							

(四)确定客户访问计划

企业各级销售主管及销售员对所负责的客户的访问工作,应有周密的计划。访问次数依客户级别不同有所差异,具体如表 10.16 所示。

表 10.16　客户访问计划建议表

项　目	房地产销售代表		组　长	主　管	经　理	总经理/ 副总经理	备　注
	访　问	电　话					
A 级	每月 3 次	每月 2~3 次	每月 1 次	每月 1~2 次	每半年 1 次	每 1 年 1 次	
B 级	每月 2 次	每月 1~2 次	每月 1~2 次	每月 2~3 次	每 6~12 月 1 次	有必要时	
C 级	每月 1 次	每月 1 次	有必要时	有必要时			

任务巩固

1.通过学习对客户资料的管理,不仅能使工作更得心应手,也能提升客户的满意度和忠诚度。

2.在学习的过程中,要建立客户档案,并能对其进行管理,尤其要注重对大客户的管理。

能力测评

假设你是一名房地产公司的销售员,结合前面所学的知识,试着设计一张客户资料卡。

任务拓展

大客户管理

"20% 的大客户可为企业带来 80% 的利润",这说明了大客户对企业营销的价值。实行对大客户的专门管理也是企业销售部门工作的关键所在。一般规模较小的企业,大客户数量相对较少,可以直接由企业主管人员管理;如果企业的大客户超过 20 个,那建立专门的大客户管理制度就很有必要了。

1.识别大客户

大客户,指对产品(或服务)消费频率高、消费量大、能给企业带来高利润率,并对企业的经营业绩能产生一定影响的关键客户。除此之外的客户群可划入中小客户的范畴。

2.建立客户信息管理系统

企业有必要引入大客户管理系统,以大客户的信息资料为基础,围绕大客户进行有目的的分析,使决策层对大客户的发展趋势、价值倾向、行为倾向有一个及时准确的把握,并能对重点大客户进行"一对一"分析与营销,如图 10.13 所示。

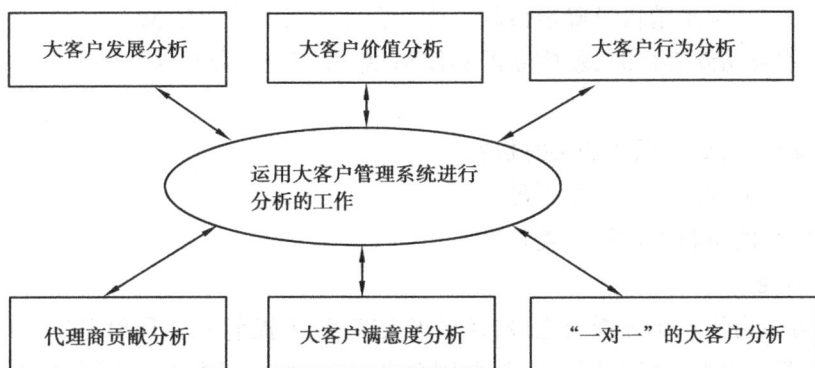

图 10.3 运用大客户管理系统进行分析的工作

项目训练

一、基本训练

(一)选择题

1.销售员要开拓潜在客户,可用到的方法有( )。

A. 直接拜访   B. 连锁介绍   C. 用心服务

D. 销售信函   E. 电话拓展

2.拜访客户前,正确的预约方式有( )。

A. 电话预约   B. 电子邮件   C. 发邀请函   D. 托约

3.为客户服务有哪些原则?( )

A. 服务观念   B. 服务态度   C. 尊重客户   D. 满足客户需求

4.催收拖欠款时,销售员应做好哪些准备工作?( )

A. 心理准备   B. 资料准备   C. 行动准备   D. 形象准备

5.在利用客户资料进行客户管理时,销售员应注意把握哪些原则?( )

A. 动态管理   B. 静态管理   C. 突出重点   D. 灵活运用

(二)判断题

1.直接拜访客户就是销售员直接上门拜访。 ( )

2.面对非初次见面的客户,应使用"自我介绍 + 利益陈述"的开场白。 ( )

3.在与客户沟通时,销售员可适时转移话题,主动掌握沟通局面。 ( )

4.在与客户沟通的过程中,尤其要注意客户的购买信号。 ( )

5.催收客户欠款要把握好时机。 ( )

6.销售员可利用网络来扩大自己的客户资源。 ( )

7.服务客户只需注意售前服务和售中服务。 ( )

8.面对无理取闹的客户,销售员也不必做到有礼有节了。 ( )

9. 客户的信用状况是销售员确定付款方式和合作方式的重要依据。　　　　（　　）

10. 销售员在拜访新客户时，就应立即制作和建立客户的"资料卡"。　　　　（　　）

（三）简答题

1. 与客户交流时，如何抓住购买时机？

2. 简述直接约见客户的优点和不足。

3. 如何将客户的资料卡进行分类管理？

（四）课堂讨论

　　泰国的东方饭店堪称亚洲饭店之最，几乎天天客满，不提前一个月预定是很难有入住机会的，而且客人大都来自西方发达国家。赵总因公务经常出差泰国，并下榻在东方饭店，第一次入住时良好的饭店环境和服务就给他留下了深刻的印象，当他第二次入住时几个细节更使他对饭店的好感迅速升级。那天早上，在他走出房门准备去餐厅的时候，楼层服务生恭敬地问道："赵先生是要用早餐吗？"赵先生很奇怪，反问："你怎么知道我姓赵？"服务生说："我们饭店规定，晚上要背熟所有客人的姓名。"这令赵先生大吃一惊，因为他频繁往返于世界各地，入住过无数高级酒店，但这种情况还是第一次碰到。赵先生高兴地乘电梯下到餐厅所在的楼层，刚刚走出电梯门，餐厅的服务生就说："赵先生，里面请。"赵先生更加疑惑，因为服务生并没有看到他的房卡，就问："你知道我姓赵？"服务生答："上面的电话刚刚下来，说您已经下楼了。"如此高的效率让赵先生再次大吃一惊。赵先生刚走进餐厅，服务小姐微笑着问："赵先生还要老位子吗？"赵先生的惊讶再次升级，心想"尽管我不是第一次在这里吃饭，但最近的一次也有一年多了，难道这里的服务小姐记忆力那么好？"看到赵先生惊讶的目光，服务小姐主动解释说："我刚刚查过电脑记录，您在去年的6月8日在靠近第二个窗口的位子上用过早餐"，赵先生听后兴奋地说："老位子！老位子！"小姐接着问："老菜单？一个三明治，一杯咖啡，一个鸡蛋？"现在赵先生已经不再惊讶了，"老菜单，就要老菜单！"赵先生已经兴奋到了极点。上餐时，餐厅赠送了赵先生一碟小菜，由于这种小菜赵先生是第一次看到，就问："这是什么？"服务生后退两步说："这是我们特有的××小菜。"服务生为什么要先后退两步呢，他是怕自己说话时口水不小心落在客人的食品上，这种细致的服务不要说在一般的酒店，就是全球最好的饭店也是罕见。从此，赵先生每次到泰国出差都只选择东方酒店。

　　①以上的实例说明了什么？你从中得到什么启示？

　　②结合实际，销售员在销售的实际工作中还应注意哪些细节？

二、能力提升

（一）案例分析

　　××航空是国内的一家"廉价"航空，其"廉价"不仅体现在机票价格中，更体现在旅客的行李和机上服务中。由于公司的低成本运作，机票价格低廉，因此每位旅客的免费托运行李不得超过15千克，在飞机上除一瓶矿泉水外，再无其他免费餐饮。机上取消了头等舱座位，其目标客户群体也很明确，只针对普通大众客人而非商务客人，并且公司不定期推出1元、9元、19元等超低价吸引顾客。虽然取消了免费餐饮，但公司仍在机上有偿售卖餐饮及其他纪念品，并且效果出奇的好。××航空走的差异化营销路线似乎很迎合大众的口味，但有一点差异化服务，就是当航班延误时也不存在对旅客的赔偿，这一点也在旅客订票时用书面明确告知旅客，在得到旅客认可后才出票。曾经就出现过一次飞机延误 8 小时,多名顾客没有得到公司的合理解释要求经济赔偿而拒绝登机,最后经多方协调航空公司赔偿给每位顾客 200 元才让事情得以平息。但令人大跌眼镜的是,航空公司以"威胁航空安全"为由,将得到赔偿的顾客直接列为"暂无能力服务旅客名单",也就是"黑名单",令部分当事人再无法乘坐××航空的航班。

请问:①结合你所学习到的营销知识谈谈××航空的经营有哪些特色?

②你认为××航空的做法是否欠妥,列举你的理由。

③全班可分正方、反方讨论,各方将讨论结果拿出来进行辩论。教师进行点评。

(二)营销实训

1.实训题目:服务营销的应用。

2.背景资料:假设你需要创办一家生产电子产品零件的公司,你会如何经营?

3.要求:先分组讨论(提出的对策要有一定的新颖性),然后写在自己的作业本上,字迹工整。

一个优秀营销员的经典案例

案例一　重庆直辖的机遇

1997 年 3 月 14 日第八届全国人民代表大会第五次会议通过了《第八届全国人民代表大会第五次会议关于批准设立重庆直辖市的决定》,决定批准设立重庆直辖市,撤销原重庆市。重庆直辖市设立后,由国务院依据宪法和有关法律的规定,对其管辖的行政区域的建置和划分作相应的调整。重庆市成为中国继北京、上海、天津之后的第四个直辖市。

重庆的直辖,对于当时的中国来说是一件很大而又非常轰动的事件,它对中国以及重庆今后的建设起着重大的作用。而此时,距离重庆直辖市正式挂牌的日子——6 月 18 日,还有 3 个月的时间。而此时,作为一家铝业公司的经理,应该进行怎样的思考呢?

显然,它应该思考这一大事件对本行业的影响和自己正面临的机遇。

在经过反复的思考和详细的分析之后,这名经理认为:原来的重庆市作为四川省的一个普通市,所管理的范围只是当时的九区十二县,而在直辖之后,重庆市的范围新增加了万、涪、黔等很大的一片地区,而当时重庆市所使用的车牌都是以"川 B×××"为样式,而直辖之后势必采用新的车牌样式,可所有的车牌都是用铝合金板做成,这就和本公司的业务有了直接的交集。如果新重庆全部换用新的以"渝 A"或"渝 B"开头的车牌,这将是一个多么巨大的市场!而直辖的重庆为了展示自己的新形象,也一定会作出迅速更换新车牌的决定。

查阅有关资料得知:当时在重庆市被交警部门认可的车牌生产企业只有一家! 机遇就这样摆在了有准备的人的面前!

这样,在中央刚宣布重庆直辖之时,该经理立即针对这家车牌生产企业确定了相关的营销政策以及准备了相关详细资料,及时而准确地对该企业进行了相应的营销工作,该经理还亲自出马与企业的相关领导进行了直接的沟通,本着为企业服务的良好愿望和诚恳的精神,终于获得了生产企业上下人员的信任。由于在当时还没有任何一家铝业公司认识到这一市场的重要性,在几乎没有竞争对手的情况下,从容地成为了该企业的合格供货商。

与最先预料的一样,在直辖市正式挂牌之后,政府立即对新重庆的车牌进行了全面的更换,由于准备充分,相应的货源早已整装待发,在其他竞争对手刚醒悟过来的时候,这家铝业公司已经正式和车牌生产企业签订了供销合同并进行了生产。

事实证明,这一市场是巨大的,随着合作的进一步扩大,后来重庆的几乎所有的交通标志都成了这家铝业公司的产品,从而确立了自己在这一行业的牢固地位。

案例二 电厂"标准化"的启示

我国是一个能源需求大国,在社会的不断发展中,对能源的需求也会成倍的增长,尤其对电量的需求是与日俱增。国家的需求与社会的需要恰好就是一个美好的市场,而这方面,作为一个营销人,应该有着怎样的关注呢?

1996 年,鉴于社会各方面对用电量的不断增加,必须对我国各地的发电厂以及用电网进行规范治理,国家对全国的发电厂提出了"标准化"的有关方案,要求各发电厂按照国家的有关标准严格执行,并在一定的时间内通过国家有关部门的检查验收。

这样的政策,对于一个普通的企业营销人员来说,它意味着什么呢?

一次,在与一个电厂的供应人员偶然的聊天中,铝业公司的营销人员得知电厂方面正在为一种铝材的供应发愁:它必须是不怕雨淋的、软硬适中的、易加工的、表面光洁的并且是经久耐用的。这位营销人员听到这些并不在意,在他的营销经历中,对材料的类似要求可谓数不胜数。对方只是一个不起眼的小电厂,需要的数量也不多,也就是几吨货物的数量。

但是,对方无意中说起的一句话,立刻引起了该营销人员的注意:现在国家对所有的发电厂都按照统一的国家标准进行整改。

是啊,在没有统一的标准之前,我国的发电厂都是按照当时的行业标准进行建设:在包围管道与锅炉的外包装方面,都是用价格比较便宜的镀锌铁板进行包装,虽然它价格低廉,但在几年后由于镀锌层的脱落,铁皮便会开始生锈,以至于在短时间内,管道与锅炉的外包装就开始脱落,从而严重影响电厂的生产与安全。

为了改变这一严重制约电厂生产与安全的问题,势必对外包装的材料进行彻底的改变。

沿着这一思路,营销人员设想:虽然这个小电厂用料不多,然而,根据自己的感觉,这个小电厂在"标准化"方面却走在了各个大电厂的前列。如果试着制造一种材料来满足这个电厂的需求,不但对自己是一个有益的尝试,也是在最小的风险情况下作出的一个大胆的投资。如果成功,则可以向全国的电厂推广使用,那便是一个可遇而不可求的巨大市场;如果失败,区区几吨货物,自己的企业也能够吸收消化。

结果既然出现,立即的行动便是成功的保证!

运用自己对铝加工产品的认识,综合电厂方面具体的使用要求,迅速形成了一份产品的可行性报告并得到同事的一致赞同。于是,在最短的时间内,这位营销人员便确定了材料的材质、状态,以及规格,并且交予制造人员进行生产,很快,产品就呈现于人们的面前。

为了更好地掌握产品的使用情况,这位营销人员更是亲自押车送货到发电厂,用整整一周的时间充分地了解电厂的各种使用情况及使用位置,并充分地和电厂方面的技术人员进行了有效的沟通。

事实证明,除了运输和包装的几个小问题之外,该产品的其他方面都能完全达到电厂的使用要求。这标志着一个新兴的市场已经被该营销人员撕开了一个突破口。

随后的工作便是如何走向全国的市场了。

首先,制订该产品的说明书,详细地说明产品的材质、状态、性能、使用的国家标准,以及运输、包装和使用的注意事项等。

其次,将该产品的化学成分和制造的国家标准、包装标准,以及运输标准翻制成册,以便用户查找与使用。

再次,是根据电厂使用的具体情况制订明确的售后服务标准。

最后,是将全国的各大发电厂按照省份的不同——进行详细的清理,制订出清晰的营销路线图。

当这些工作在短期内完成之时,便是营销征途起步之日。

结果可想而知,在用户想之前先想,在用户做之前先做,本着一切为用户着想的原则会有不成功的先例吗?

就这样,一个最初只有几吨货物的生意最后终于被做成有着几千吨货物的大市场。

案例三 免费的货物

在 20 世纪 90 年代,我国就开始了高速列车的试制工作。

由于是试制,就难免有许多的材料和部件需要重新的设计和制造,有许多特殊的材料在市场上就没有标准的部件,这往往就成为了项目的制造瓶颈。

在一个冬天的下午,生产资料供应商的营销人员突然接到铁道制造供应部门的电话:立即需要一种铝制的特殊合金的管状材料。并说,他们的供应人员已经找遍了我国有关的南北生产工厂,但是,一无所获。而新车又马上面临着既定的试车日期,希望能尽快提供材料,不然,将危及整个项目的调试与生产,并强调这不单是一个经济问题,更是一个较大的政治问题!

供应商的营销人员仔细地分析了这一特殊的合金管材,发现它确实在市场上非常少见,它不但有着特殊的材质,而且口径很小,管材的管壁也非常的薄……而它的用量又非常的少,只需要几千克的量,市场上的稀少是在所难免了。

本着客户的需要高于一切的想法,营销人员动用了自己所有的供应渠道,下定决心,争取将客户的问题在自己的手里解决。

放下手里的一切工作,发动所有的供应关系,几乎将整个西南地区的生产厂商都翻了一个底朝天,终于,功夫不负有心人,在晚上就接到了好消息!尽管天已经黑了下来,为了真实地验证货物的质量,还是立即坐车去将材料进行了验证并带了回来。然后,马上电话告知铁道部供应部门,准备立即发运!

铁道部方面在得到消息后,并没有让该营销人员立即发运,因为不论用什么方式发运,时间都已经来不及了,明天,明天这个货物就必须用到新车上面。

怎么办?

此时已经是晚上,现在唯一的办法就是:如果明早有直达新车制造地的航班,自己亲自送过去!好在这个材料不重,随身携带也没有多大的问题。

决心一定便开始行动,立即给航空订票部门打电话,得到的回答是明早正好有航班过去并且还能订票。这样,营销人员简单地整理了一下自己的行囊,通知铁道部方面明早安排人员接机,之后就立即上路了。

第二天,收到货物的试车单位立即对营销人员所携带的货物进行了验证,发现正是他们急需的材料!感慨于营销人员的努力,铁道部门有关人员望着一脸疲惫的他说:将这个材料开一个价,再高的价格我们都认!并且对于你来去的差旅费,我们都全部报销。

其实,该营销人员还真的没有想过价格与路费的问题,只感觉能与客户一道解决燃眉之急是自己的责任。此时,问题解决,心情轻松,此材料就当成自己的一点心意免费送了吧。

这样的举动,大大地出乎铁道有关部门的预料。这是从来没有发生过的事情,千里经商只为财,还从未听说千里送货不要钱的。感动之余,来而不往非礼也,该铁道生产部门当年就定下一个规矩:只要是该营销人员能供应的货物,在同等条件下,优先!

如此,该营销人员就这样通过自己的努力顺利地成为了铁道部门的优质货物供应商,打开了铁道部的大门。

案例四　孩子的成长是一个家庭最重要的问题

在现代社会中,任何一个企业的资金周转问题都是企业管理者的重点问题。一个企业,如果周转资金不足或发生了资金链的断裂,轻者让企业遭受一定量的损失,重者可以让企业死无葬身之地。

2001年,中国经济正以全球瞩目的速度飞速地上升,经济指标一路飘红,风景这边独好。然而,经济的高速提升,也遭受着体制的限制,著名的"三角债"事件在神州大地上越演越烈,以至于中央为此专门发文,在全国范围内进行"三角债"的专项清理。

资金周转问题正折磨着一个一个的企业老总。

重庆的一家企业也不例外:业务高速地上升,但资金的回笼总是不尽如人意,企业时刻处于空账的状态。这就要求企业营销人员在与客户交流时,时刻注意客户的动态,掌握客户的各种需求,从而及时有效地让货款回流。

当时,正好有一家国有企业,每月的用货量很大,价格也算适中,客户的资金也较为雄厚,但就是其资金的安排非常缓慢,经常是在货物送到的一两个月之后,货款才能付出。这样,就无形之中对该公司的资金进行了挤压,让这家公司的资金链处于非常危险的境地。

这样的情况当然必须改变,他们最初采取了最原始的办法:每一次货物送到之后,就派专人蹲守,采取催、逼加死缠烂打的方式催促。其间,营销人员在这家国有企业里采取了很多的方式:耐心的解释、苦心的分析、感情的联络等,但都收效甚微,以至于重庆公司有放弃这一客户的想法。

但是,营销的经验告诉我们,冒犯一个客户就是冒犯一方客户,放弃一家用户有可能就是放弃一方用户,货物有价而企业信誉无价啊。

既然客户是上帝,就让我们试着去摸清上帝的脾气吧。

重庆公司的营销人员静下心来,仔细地分析了这一国有企业的特点:这是一家大型的国有企业,它处于从计划经济向市场经济转轨的过程,工作人员还习惯于计划经济时代的慢节奏和工作方式,在处理具体的问题时,仍然是依靠"等、靠、要"的方式进行,因而,在支付货款的整个流程中,具体的办事人员就按规定的流程,不慌不忙、按部就班地工作,当整个付款的流程慢慢走完时,时间就已经是一两个月之后了……

这样的情况原本就是根本违背市场规律的做法,也是必须得到根本改变的工作方法。

但是,怎样才能有效地改变这一不利的环境呢?

请客吃饭?聊天谈心?……这样的念头一一的在营销人员头脑中闪过,也都一一被自己否决。这家国有企业的办事人员是一个很正直而有些因循守旧的实在人,只要他稍微地将自己的主动性发挥一点,事情便会得到莫大的转机。

这真是一个让人头疼的事情,公司营销人员几乎想不出任何办法去改变一个成年人的行事方式。

怎么办呢?

事情的转机几乎就在绝望之时产生。

在一次与该办事人员的闲聊中,重庆公司的营销人员无意中得知:该办事人员有一女儿正在积极准备高考,这无疑成为了当时他全家最关心的大事!

如果在关键的时刻能真诚地帮助到客户,对于业务的开展就是事半功倍的事情。

该营销人员还从新闻中知道,从当年开始,高考英语增加听力考试。而听力考试的有关教材在当时的整个西南地区也只有重庆的一家出版社正在少量发行,其女儿及其学校也正在为没有听力考试的复习资料苦恼而痛苦着。

机会就这样无意中摆在了营销人员的面前,他马上坐飞机回到重庆,通过教育界人士的指点,迅速将英语听力考试复习资料买到手,用特快专递送到了该办事人员手中。

可想而知,这对于一个考生的家长来说,应该是一份多么让人惊喜的礼物!感激之情无以言表!

最后,他在电话里表达到:货款的事情,自己以后一定主动积极地办理,绝不拖延!

从此以后的日子里,重庆公司与这家国有企业进行了良好的合作,营销人员不但不用亲自去催货款,而且与该办事人员成为了无话不说的好朋友、好伙伴。

案例五 5 张名片

人们常说:如果一个人充满着自信就成功了一半。

是的,自信是成功的基石,在营销工作方面尤其如此。

笔者在从事营销工作之前对这方面的知识完全处于"文盲"的状态,对所从事的有色金属行业方面的知识更是闻所未闻,在同事的面前简直就是一个专业知识的"白痴"。

刚参加工作时,知识的缺乏、同事的白眼、领导的轻视……一度让自己有辞职回家的念头。百无聊赖之中,看到了有日本推销之神称号的原一平的故事,才真正感觉到自己的希望所在。

原一平在最初从事推销工作时,给自己定下一个非常简单而易行的原则:每天发 10 张名片给客户。既然他号称推销之神,这样的原则理应有着正确的道理。那么,自己作为从事本行业的新人,也一样定一个简单的原则:每天发 5 张名片给客户。

这个原则虽然简单,自己却深知这其中的艰难,试想一天 5 张,一月便是 150 张啊,这样的数量已经胜过许多营销员一年的数量了。仔细思考,认为经过自己的努力,应该是能完成这样的任务,而这样的任务一旦持续地进行下去,那自己成功的影像便出现于期待的眼前。想到这些,不由得深深地在内心对自己拼命地吼道:我一定能完成这样的工作,自己一定会成为本行业最出色的营销人员!

接着,便是通过自己手里的一切资料,诸如报纸杂志、电话黄页、互联网络等对自己潜在的客户进行全面的扫描,并按地区、行业、规模等进行归类,由于自己对一切都感到非常的陌生,决定从较小的客户入手,随着自己经验的取得,再拜访较大的客户,以此先易后难的办法,试着让自己慢慢地树立起应有的自信。

在正式出发前,对自己当天的走访路线按客户的位置进行了详细的规划,对客户所需的资料进行了仔细的准备,对自己企业产品的详细情况早已将它刻在了脑海之中。

面对客户时怎样开口说第一句话?怎样进行自我介绍?自己脸上应保持怎样的笑容?自己的坐姿应怎样?自己的站姿又该如何?怎样递上自己的名片?怎样使相互之间的谈话得到延续?最后又该怎样结束?……诸如此类的问题已经在脑海上演 N 遍了。

当面临着自己走访的第一家客户时,由于此前没有这方面的任何经验,扑扑的心跳、紧张的表情那是再自然不过的表现。但是,坚信自己正在做着的是这世上最阳光的事业,是的,它就是这世上最阳光的事业——我是来为客户服务的,是来解决客户的需要的,是用自己的劳动成为企业间连接的纽带的,是用自己的真诚去感动客户的真诚的……所以,我应该坚定地走进客户的大门、走进客户的内心!

终于,自己的第一张名片顺利地递给了客户,由于准备得当,整个过程顺利而从容。在按既定路线走访第二家客户的路上,便赶紧地将刚才的整个过程总结一遍:根据客户的反应来判断自己的得失,争取在面对第二家客户时,能做得更好。

一天下来,终于完成既定的任务,精疲力尽是对当时的情况如实地描写。可是,事情还远没有完,利用夜晚的时间赶紧用笔对自己一天的情况进行完整的总结,并对客户进行分门别类,标注清楚,准备在一周之后回访。相信:精诚所至,金石为开。

每天5张名片的发出的确是一个艰难的过程,但随着时间的推移,名片越发越多,而自己在这样的过程里也逐渐地进入到本行业的核心圈之内,逐渐由一个彻底的外行成为了一个真正的内行。

这样的日子持续3个月之后,蓦然回首,才发现已经将本市所有潜在的客户一网打尽。此时,业务已接踵而至,自己的业绩也呈现出一片欣欣向荣的景象了。

在以后的日子里,自己坚持着这样的做法,以至于后来自己的客户遍布全国,走向了世界。

五张名片,虽然简单,却也复杂。将简单的事情持续地做到最好,一定会得到一个不简单的成就。

参考文献

［1］韩德昌.市场营销基础[M].北京:中国财政经济出版社,2005.

［2］叶叔昌,邱红彬.营销调研实训教程[M].武汉:华中科技大学出版社,2006.

［3］叶生洪,张泳,张计划.市场营销经典案例与解读[M].广州:暨南大学出版社,2006.

［4］孙金霞,市场营销[M].北京:电子工业出版社,2007.

［5］魏炳麒.市场调查与预测[M].大连:东北财经大学出版社,2005.

［6］范伟达.市场调查教程[M].上海:复旦大学出版社,2005.

［7］钟新联,帅应来.统计基础知识[M].北京:中国财政经济出版社,2002.

［8］任洪润.市场信息的收集与处理[M].北京:电子工业出版社,2006.

［9］张劲珊.网络营销操作实务[M].北京:电子工业出版社,2006.

［10］屈冠银.市场营销理论与实训教程[M].北京:机械工业出版社,2006.

［11］秦永良.市场营销基本技能[M].北京:中国劳动社会保障出版社,2007.

［12］叶会秋.市场营销基础[M].广州:科学出版社,2012.

［13］胡砚飞.推销员变CEO[M].广东:汕头大学出版社,2013.

［14］胡介埙.现代推销理论与实务[M].大连:东北财经大学出版社,2013.

［15］童旭红,范小青.推销实务[M].北京:中国人民大学出版社,2013.

［16］吴建芳,吴谦.金牌销售不会告诉你的秘密[M].北京:中国铁道出版社,2014.

［17］教育部办公厅.关于制订中等职业学校专业教学标准的意见.教职成〔2015〕5号.

［18］程淑丽.销售员岗位培训手册[M].北京:人民邮电出版社,2001.